新质生产力与新国企

李锦　李棉◎著

中国经济出版社
CHINA ECONOMIC PUBLISHING HOUSE

图书在版编目（CIP）数据

新质生产力与新国企 / 李锦，李棉著 . -- 北京：
中国经济出版社，2024. 8 -- ISBN 978-7-5136-7852-0（2025.4重印）

Ⅰ. F279.241

中国国家版本馆 CIP 数据核字第 2024DS1420 号

选题策划　高　旭　刘金龙　陈利军
责任编辑　李　强
责任印制　李　伟
封面设计　新成博创 XIN CHENG BO CHUANG

出版发行　中国经济出版社
印 刷 者　北京富泰印刷有限责任公司
经 销 者　各地新华书店
开　　本　710mm × 1000mm　1/16
印　　张　24
字　　数　329 千字
版　　次　2024 年 8 月第 1 版
印　　次　2025 年 4 月第 2 次
定　　价　78.00 元
广告经营许可证　京西工商广字第 8179 号

中国经济出版社　**网址**　www.economyph.com　**社址**　北京市东城区安定门外大街 58 号　**邮编**　100011
本版图书如存在印装质量问题，请与本社销售中心联系调换（联系电话：010-57512564）

导 论

一场全新的生产力变革，正在向我们走来。

党的二十届三中全会通过的《中共中央关于进一步全面深化改革、推进中国式现代化的决定》明确提出，当前和今后一个时期是以中国式现代化全面推进强国建设、民族复兴伟业的关键时期，提出“健全因地制宜发展新质生产力体制机制”的任务。

发展新质生产力，主要力量在企业，尤其是国有企业。“新质生产力”是经济学领域的新范畴，“加快形成新质生产力”是我国经济也是国有经济发展的新课题。作为中国特色社会主义重要物质基础和政治基础，国有企业要在推进新质生产力发展中发挥关键作用，责任极其重大。本书是国有企业新质生产力的学习读本，是专为国有企业而写的。

长期以来，解放和发展生产力是中国共产党的历史使命，也是推进社会主义现代化建设的内在需要和关键环节。在中国共产党的领导下，我国在不同时期采用了不同的经济发展战略，并由此体现出对解放和发展生产力这个重大主题的回应。由此延伸开来，在政治经济学视域中，“新质生产力”这个概念究竟是指什么？如何理解这一概念的具体内涵？在实践层面，对于中国高质量发展实践以及现代新国企而言，怎样形成“新质生产力”？其任务、着力点、实现路径与要求，都突出地摆在我们面前。

生产力是生产方式中最活跃、最革命的内容，是人类社会发展进步的最终决定力量。2023年9月，习近平总书记在新时代推动东北全面振兴座谈会上提出加快形成新质生产力。2024年1月31日，习近平总书记在中共中央政治局第十一次集体学习时，首次全面系统阐释了新质生产力的重要概念和基本内涵，指出了生产力跃迁发展的路径和方式，对我国企业发展、产业升级和新的国企范式形成提出了新的要求。习近平总书记发出加快发展新质生产力扎实推进高质量发展的号召，提出从理论上进行总结、概括，用以指导新的发展实践，充分凸显了以习近平同志为核心的党中央深刻把握历史大势、洞察时代风云的领导艺术，以及对下好先手棋、打好主动仗的战略考量。这为新时代新征程下我国加快科技创新、推动高质量发展提供了科学指引，也为中国式现代化语境下新国企建设昭示了方向。新质生产力的提出，对我国经济高质量发展具有重要意义，对我国经济理论创新也具有促进作用。因此，本书是对习近平总书记关于新质生产力的重要论述的学习读本。

本书的任务是，以中国式现代化阶段高质量发展方向为引领，以马克思主义政治经济学、习近平经济思想、习近平总书记关于国企改革发展党建重要论述为理论支撑，以习近平总书记关于新质生产力的重要论述为基础，对新质生产力的概念、内涵、本质、特征进行解读，阐述形成新质生产力的时代背景与理论逻辑，探索国有企业新质生产力形成的有效路径，对国有企业发展新质生产力的前景进行擘画，对国有企业发展新质生产力的使命任务与要求进行阐述。2023年9月习近平总书记第一次提出新质生产力的概念并论述了相关内容。实际上，在党的十八大以后习近平总书记便开始不断发表重要观点，经过思想孕育、概念提出、进入决策、理论阐述、部署实施的过程，最终形成了完整的思想理论体系。

本书围绕以下四个问题形成逻辑体系：为什么要发展新质生产力？新质生产力是什么？发展新质生产力应该做什么？怎样做？这四大问题，每一个都依据国有企业实践来回答。因此，本书也可以作为指导国有企业发展新质生产力的实践读本。

任何概念的提出都有其深刻的时代背景。新质生产力的提出正值我国内外部发展环境发生巨大变化之际——新一轮科技革命蓄势待发、大国竞争加剧，我国经济社会发展的内外部环境与过去大相径庭，我国国有企业自身转型升级面临难点。在此背景下，加快形成与高质量发展和中国式现代化要求相适应的新质生产力变得日益紧迫。本书第一章在回答新质生产力观点的形成和发展过程后，首先从党领导下先进生产力的具体表现形式说起，笔者通过对近十多年国家重大政策的全程解读，认为“三期叠加”提出了新时代中国经济发展的最初认识，“经济新常态”构成了中国经济发展的基本语境，“供给侧改革”调整了中国经济发展的结构，“高质量发展”提出了塑造中国未来前途的大逻辑，“双循环”是新形势下期待的经济发展格局，“新质生产力”则释放了驱动高质量发展的新动力。每隔两三年，党中央便会审时度势适时提出新的经济发展思路。值得强调的是，一些发达国家借助自身的技术垄断，不断制造各种冲突和脱钩，企图以不公平的手段拖慢我国在新一轮科技革命和产业变革中的发展。可以说，新一轮科技革命和产业变革、大国竞争加剧以及我国国有企业经济发展方式转型等重大挑战在当下形成历史性交汇，为我国创造了重要的战略机遇。从多种角度来认识发展新质生产力的重要性、必要性与迫切性，深刻认识新质生产力的重大意义，是本书第一章回答的问题。

从经济学角度来看，新质生产力有别于传统生产力，代表一种生产力的跃迁。正如习近平总书记所指出，新质生产力是创新起主导作用，摆脱传统经济增长方式、生产力发展路径，具有高科技、高效能、高质量特征，符合新发展理念的先进生产力质态。它由技术革命性突破、生产要素创新性配置、产业深度转型升级而催生，以劳动者、劳动资料、劳动对象及其优化组合的跃升为基本内涵，以全要素生产率大幅提升为核心标志，特点是创新，关键在质优，本质是先进生产力。这一重要论述立意高远、内涵丰富，体现出我们党对生产力发展规律的认识和把握达到一个新的高度，对马克思主义生产力理论作出了原创性贡献，进一步丰富和发展了习近平经济思想。新质生产力在本质上属于马克思主义的生产力范畴，具有前瞻性、实践性、全面性、发展性的性质。本书的第二章对习近平总书记这些重要论述进行解读，有利于我们深刻把握其理论价值和实践意义。

习近平总书记关于新质生产力的每次讲话，都涉及新兴产业与未来产业。这传递出一个强烈的信号，即新质生产力就是新质态的生产力，有别于传统生产力，其涉及领域新、技术含量高，是科技创新发挥主导作用的生产力，代表生产力演化中的一种能级跃迁。本书中，笔者不仅总结了四次工业革命的起因、过程与内容，而且探讨了新的技术变迁带来的价值冲击。18世纪中叶以来，人类历史上先后发生了三次工业革命，发源于西方国家及衍生国家，并由它们所创新且主导。第一次工业革命所开创的“蒸汽时代”（1760—1840年），标志着农耕文明向工业文明的过渡，是人类发展史上的一个奇迹；第二次工业革命使人类社会进入了“电气时代”（1860—1950年），使得电力、钢铁、铁路、化工、汽车等重工业兴起，石油成为新能源，并促使交通迅速发展，逐渐形成一个全球化的国际政治、经济体系；两次世界大战之后开始的第三次工业革命，开创了“信息时代”（1950年），全球信息和资源交流变得更为迅速，大多数国家和地区被卷入全球化进程之中。第三次信息革命方兴未艾，全球新一轮工业革命已经蓬勃兴起。前两次工业革命让中国陷入了落后挨打的尴尬局面。在第三次工业革命中中国搭上了列车的后半节。被世界第一次、第二次工业革命近乎抛弃了的近现代中国，在中国共产党的领导下，仅用了短短70多年，就将一个典型的农业国家建设成了一个较强的工业化国家，大踏步赶上了世界发展的步伐。中国的工业革命进入了新的革命，这就是中国的第四次工业革命，与中国特色社会主义进入新时代同时同步。当前，新一轮科技革命和产业变革在信息革命基础上孕育兴起，其有着以大数据、互联网、云计算、区块链及人工智能等工具体系为代表的生产力系统，是完全不同于传统的新质生产力，带来的是根本不同于以往的新质态发展。中央企业在这方面已经创造了许多骄人的成就，譬如中国空间站遨游太空、蛟龙潜水器探秘深海、“中国天眼”FAST巡天观测、国产大飞机C919飞向蓝天……科技创新，如同撬动新事物的杠杆，总能迸发出令人意想不到的强大力量。当前经济增长的重要引擎“新三样”（载人电动车、锂电池、太阳能电池）都是从战略性新兴产业、未来产业孵化而来。笔者判定第四次工业革命是中国不能输的一场革命。我们如何在这场历史浪潮中利用科技的力量再次取得飞跃？如何在不断变化的世界中保持生命力，打造创新型社会与现代化新国企？本书第三章解读了第四次工业革命的本质、后果和影响，强化了人们对这个问题的认识，并帮助人们更好地认识新质生产力与新一轮技术革命的内在联系，列出核心问题与可能的应对措施。

习近平总书记指出，新质生产力“由技术革命性突破、生产要素创新性配置、产业深度转型升级而催生”，已经规划了明天的图景，且讲得明确而清晰。笔者认为这为我们推动新质生产力加快发展、突出重点、把握关键、找准着力点，提供了顶层设计。本书按照习近平总书记提出的三项内容，在第五章至第七章，回答了发展新质生产力“做什么”的问题，并涉及“怎么做”，为国有企业描绘出一幅“施工图”。

科技创新是发展新质生产力的第一要素。加快构建新发展格局，推动高质量发展，迫切需要科技创新做好动力引擎、当好开路先锋，必须加强科技创新特别是原创性、颠覆性科技创新，加快实现高水平科技自立自强，打好关键核心技术攻坚战，使原创性、颠覆性科技创新成果竞相涌现，培育发展新质生产力的新动能。

生产要素创新性配置是发展新质生产力的实现途径。在当前复杂多变的内外形势下，当务之急是千方百计激活创新主体，更为充分发挥企业在科技创新和产业创新中的主体作用，使国企成为创新要素集成、创新成果转化的生力军。对此笔者提出配置生产力的观点与思路。

产业深度转型升级是发展新质生产力的价值体现。加快形成新质生产力，要通过科技创新驱动产业向现代化转型升级，及时将科技创新成果应用到具体产业和产业链上，完善现代化产业体系。具体实施体现在：一是大力培育壮大新兴产业。把轨道交通装备、船舶与海洋工程装备、新能源汽车、光伏、通信设备、动力电池、稀土等产业在世界制造业中的优势地位稳固住。二是积极培育建设未来产业。把握人工智能、人形机器人、元宇宙、下一代互联网、6G、量子信息、深海空天开发等前沿技术研发和应用推广。三是加快改造提升传统产业。我国传统产业在制造业中的占比超过80%，加快企业数字化转型步伐，加快服务型制造发展。

当然，新质生产力本身就是绿色生产力，必须打造高效生态绿色产业集群。本书以连续三章论述习近平总书记指出的“技术革命性突破、生产要素创新性配置、产业深度转型升级”后，第八章以绿色发展是高质量发展的底色为题，论述坚定不移走生态优先、绿色发展之路，加快绿色科技创新和技术推广应用，构建绿色低碳循环经济体系。

第九章回答了发展新质生产力时期的国企改革问题，这是全书中分量较重的一章。新质生产力的提出，带来的是发展命题，也是改革命题。党的二十届三中全会指出，“健全相关规则和政策，加快形成同新质生产力更相适应的生产关系，促进各类先进生产要素向发展新质生产力集聚，大幅提升全要素生产率。”怎么形成与发展新型的生产关系？笔者以“深化提升国企改革，造就新型生产关系”为题进行研究，仅从每节标题中就可以看出这种研究的重点——新质生产力与新型生产关系、新型生产关系的基本特质、新质生产力发展与新质的制度供给、新型国有经济与深化国企改革、深化国企科技人才体制改革。对习近平总书记的论述，笔者从国有企业角度进行研究，并且提出破解难题的思路。笔者分析了新质生产力创新的三个阶段：第一阶段是“0~1阶段”，是从无到有的阶段；第二阶段是“1~10阶段”，是转化创新环节；第三阶段是“10~10亿阶段”，是应用或扩展创新阶段。在“0~1阶段”具有“大规模试错”的可能，企业常有“九死一生”的经历，第二阶段是十有九难，但是没有致命性的风险，没有大规模试错的可能。笔者根据这些观点，对国有企业改革从“着力打通束缚新质生产力发展的堵点卡点”出发，提出国有企业改革的建议，包括“营造鼓励创新、宽容失败的良好氛围”，使得新一轮国有企业改革与新型生产关系的结合更近一点、紧一点，促使增强国有企业核心功能与提高国有企业核心竞争力的改革任务落到实处。因此，使得本书更贴近实际、现实需要。

当然需要指出的是，形成新质生产力不可能一蹴而就，一定要深刻理解党的二十届三中全会因地制宜发展新质生产力的要求。一是要坚持新质生产力发展，从实际出发，遵循其内在规律与实践要求，实事求是，因地制宜。要坚持过程论的思想，在国际科技竞争白热化的今天，发展新质生产力需要长期持续投入和努力，有一个从研发、研发成功以及推广应用的不断成熟过程。因此，面对纷繁复杂的困难挑战，必须准确识变、科学应变、主动求变，同时不要一味地追求奇迹，要保持韧性、耐心和定力。二是要以系统观念为指导，用系统思维谋划和解决产业链供应链面向未来的发展问题。切忌只考虑上新项目，不顾能力所及、环境影响和长远发展。发展新质生产力不再是加大投资就能快速实现的基建类工程，而是需要多维度的体系促成，特别要重视传统产业的技术改造与转型升级。三是要运用联系的思维科学方法，充分认识新质生产力是以高质量发展与中国式现代化的背景作为动力提出来的，掌握新质生产力发展的衡量标准。四是要有改革发展稳定的思维，当前推动新质生产力发展不具韧性和安全的项目不能上马。在企业推动建设中，要从自身情况和环境条件出发，对产业链供应链的整体情况进行认真分析梳理，避免因国内国际偶然因素、突发事件和不利影响带来的冲击，以致出现堵链、阻链、掉链甚至断链风险。这些内容构成了本书的第十章，回答了新质生产力“怎么做”的问题。

新时代国有企业面临历史上又一次伟大变革。伟大的变革当有伟大变革时代的精神。新质生产力带来的企业革命非同凡响，有同样非凡的认识力，才能掌握新质生产力发展系统性变革的复杂性。国有企业要认真贯彻落实党的二十届三中全会决策部署，深入学习领会习近平总书记关于新质生产力的重要论述，理解问题、探寻对策，从而认认真真抓好贯彻落实。全书最后一节以“在新质生产力发展中实现国企的深层变革”收尾，强调国有企业以思想变革为指导，为推进新质生产力积厚理论基础；以理念变革为前提，为发展新质生产力确立灵魂；以学习变革为先行，为发展新质生产力提供知识基础；以教育变革为条件，为发展新质生产力夯实人才基础；以科技变革为动力，为发展新质生产力注入强劲动能；以产业变革为关键，为发展新质生产力拓展实现路径；以布局变革为抓手，为发展新质生产力提供产业基础；以体制机制改革为动力，为发展新质生产力提供创新生态；以方法创新为保障，从实际出发谋划新质生产力事业。以更加艰巨的付出、更加艰苦的努力、更加充分的底气与更加坚定的自信为发展新质生产力注入源源不竭的源头活水，在发展新质生产力的历史进程中实现国有企业自身的伟大变革。

百舸争流，奋楫者先。加快发展新质生产力，为国有企业提供大有作为的天地。国有企业要坚决贯彻落实党的二十届三中全会精神，坚定信心、迎难而上、攻坚克难，以更具前瞻的战略眼光、更加有效的务实举措、更为积极的主动作为，抢抓战略机遇，坚定不移推动产业转型升级发展，在加快发展新质生产力过程中完成中国式现代化新国企的华丽转身。

目　录

第一章

我国生产力发展新历史的开始

党的二十届三中全会提出高质量发展是全面建设社会主义现代化国家的首要任务，要“发展以高技术、高效能、高质量为特征的生产力”。这一概念与理论体系的提出，不仅意味着以科技创新推动产业升级，更体现了未来我国产业发展的方向，也为新时代新征程建设现代化新国企指明了方向。

从理论与实践的结合上理解新质生产力，正确认识我国生产力发展新的历史方位，深刻认识加快形成新质生产力的重大意义，是新质生产力主要承担者——企业尤其是国有企业的重大任务。

第一节　新质生产力观点的形成和发展

新质生产力，是2023年9月习近平总书记在黑龙江考察调研期间提出并为全党所接受的新概念。

2023年9月7日下午，习近平总书记在哈尔滨主持召开新时代推动东北全面振兴座谈会时指出："积极培育新能源、新材料、先进制造、电子信息等战略性新兴产业，积极培育未来产业，加快形成新质生产力，增强发展新动能。"一句话中出现了五个"新"，提出了两种"产业"，落脚点是"新动能"。

2023年9月8日上午，习近平总书记在听取黑龙江省委、省政府工作汇报时强调："整合科技创新资源，引领发展战略性新兴产业和未来产业，加快形成新质生产力。"和前一天的表述放在一起看，这次强调了"整合资源""引领发展"，两次都提及了"战略性新兴产业"和"未来产业"。这意味着，"新兴产业""未来产业"和"新质生产力"紧密相连。

2023年以来，习近平总书记围绕高水平科技自立自强的重要讲话，频率很高，内容很多，分量很重。这次在东北提出"新质生产力"，指向意味非常明显。这是从东北地区的战略地位与现实问题出发，基于经济转型发展、创新驱动发展和区域协调发展等多重考量，为东北地区乃至全国创新发展进一步明晰行动方向。

显然，新质生产力驱动的"新经济"截然不同于东北地区传统的"老工业”。对东北地区等区域而言，加快转型发展是必答题。因此，面向未来，这些区域的发展引擎、创新动能和牵引力量，对加快向新质生产力转换、转移和集聚具有重要作用。

首先，经济转型发展的主要引擎，亟须向新质生产力转换。东北地区作为中国的重工业基地，长期以来以重工业、传统制造业等为主导。然而，随着国内外经济形势与发展格局变化，东北地区面临产业升级、创新发展等重要任务。新质生产力对应的是新的生产方式、新的科学技术和新的产业形态，这正是东北地区经济转型所需要的发展模式。

其次，创新驱动发展的重中之重，亟须向新质生产力转移。新质生产力强调的是创新和创造力，突出高质量发展新动能，这正是东北地区有待提升的核心竞争力。东北地区需要鼓励企业加大研发投入，推动技术创新和产业升级。

最后，区域协调发展的促进力量，亟须向新质生产力集聚。随着我国经济进入新发展阶段，振兴东北地区日益成为区域协调发展的重要任务。促进区域协同创新、资源共享和优势互补等，是新质生产力渗透和扩散的应有之义，也是实现区域协调发展所需要的牵引力量。

所以，东北地区等区域更应主动作为、因势利导推动生产力变革，通过提升改革牵引力、强化开放支撑力、加大创新驱动力，创造良好的营商环境，在开放中增活力，在创新中强内功。唯有如此，方能迎来高质量发展的新转机。

然而，新质生产力不仅仅是针对东北地区，更是指向整个中国。这不仅是摆在中国眼前的事情，也是着眼于中国的未来的事情。

2023年12月11日至12日举行的中央经济工作会议明确提出，以科技创新推动产业创新，特别是以颠覆性技术和前沿技术催生新产业、新模式、新动能，发展新质生产力。发展新质生产力正式被写入中共中央文件。

新质生产力成为党和国家领导经济工作的坚强意志。2024年1月22日，国务院总理李强主持召开国务院常务会议强调，要统筹高质量发展和高水平安全，以人工智能和制造业深度融合为主线，以智能制造为主攻方向，以场景应用为牵引，加快重点行业智能升级，大力发展智能产品，高水平赋能工业制造体系，加快形成新质生产力，为制造强国、网络强国和数字中国建设提供有力支撑。显然，新质生产力正在进入实际场景应用。

2024年1月31日下午，中共中央政治局就扎实推进高质量发展进行第十一次集体学习，习近平总书记系统阐述了新质生产力，并进行了全面阐释、系统部署。

为什么要强调新质生产力？当前，高质量发展已成为经济社会发展的主旋律，但制约因素还大量存在。

高质量发展需要新的生产力理论来指导，而新质生产力已经在实践中形成并展示出对高质量发展的强劲推动力、支撑力，需要从理论上进行总结、概括，用以指导新的发展实践。

什么是新质生产力？此次集体学习进一步作出了阐释。总体定义：概括地说，新质生产力是创新起主导作用，摆脱传统经济增长方式、生产力发展路径，具有高科技、高效能、高质量特征，符合新发展理念的先进生产力质态。

动力来源：由技术革命性突破、生产要素创新性配置、产业深度转型升级而催生。

基本内涵：劳动者、劳动资料、劳动对象及其优化组合的跃升。

核心标志：全要素生产率大幅提升。

“特点是创新，关键在质优，本质是先进生产力。”习近平总书记强调。

怎样加快发展新质生产力？

首先，要继续做好创新这篇大文章，培育发展新质生产力的新动能。习近平总书记鲜明指出，科技创新能够催生新产业、新模式、新动能，是发展新质生产力的核心要素。

这次集体学习作出一系列部署，包括加强科技创新特别是原创性、颠覆性科技创新；及时将科技创新成果应用到具体产业和产业链上；加快发展方式绿色转型，助力碳达峰碳中和等。

其次，要进一步全面深化改革，形成与之相适应的新型生产关系。加快形成新质生产力，既是发展命题，也是改革命题。要深化经济体制、科技体制等改革，着力打通束缚新质生产力发展的堵点卡点；要扩大高水平对外开放，为发展新质生产力营造良好国际环境。

通过全面深化改革，推动生产关系与生产力发展要求相适应，从而让新质生产力加快培育、迸发活力。

最后，要畅通教育、科技、人才的良性循环，完善人才培养、引进、使用、合理流动的工作机制。

可以说，此次集体学习，围绕加快发展新质生产力、扎实推进高质量发展的理论和实践、内涵和外延、方法和路径等，党中央作出了进一步阐释和部署。

在中央政治局会议召开一个月后，发展新质生产力被写入2024年的政府工作报告，并被列为2024年十大工作任务的首位。

政府工作报告中“大力推进现代化产业体系建设，加快发展新质生产力”成为2024年十项任务之首，并一改往年以宏观经济政策方向为首项任务的惯例，首次将产业列为首项，可见政府对产业政策的关注和重视程度的提升。十四届全国人大二次会议审查国务院《关于2023年国民经济和社会发展计划执行情况与2024年国民经济和社会发展计划草案的报告》及2024年国民经济和社会发展计划草案，将“加快形成新质生产力”作为2024年国民经济和社会发展计划的首要任务，并提出了6个要求，对政府工作报告中关于“新质生产力”的内容作出了补充。

政府工作报告部署发展新质生产力时，总体上强调充分发挥创新主导作用，以科技创新推动产业创新，加快推进新型工业化，提高全要素生产率，不断塑造发展新动能新优势，促进社会生产力实现新的跃升，并从以下三个方面提出要求。第一是推动产业链供应链优化升级。第二是积极培育新兴产业和未来产业。第三是深入推进数字经济创新发展。这三大任务，全部是国有企业发展的内容，并在此基础上专门讲述了国企改革的内容，即“完善中国特色现代企业制度，打造更多世界一流企业。深入实施国有企业改革深化提升行动，做强做优主业，增强核心功能、提高核心竞争力。建立国有经济布局优化和结构调整指引制度”。这体现了习近平总书记在政治局会议上强调的生产关系必须与生产力发展相适应的要求。

2024年两会期间，习近平总书记就怎么落实的问题提出方法论。2024年3月5日，习近平总书记在参加江苏代表团审议时强调，要牢牢把握高质量发展这个首要任务，因地制宜发展新质生产力。在新质生产力发展全面启航时刻，为加快形成新质生产力、推进高质量发展提出科学的方法论与行动指南。3月6日，习近平总书记看望参加全国政协十四届二次会议的民革、科技界、环境资源界委员，并参加联组会，听取意见和建议。重点讲科技界委员和广大科技工作者培育发展新质生产力的新动能。3月7日下午，习近平总书记出席人大解放军和武警部队代表团时指出，从实际出发，大力推进自主创新、原始创新，打造新质生产力和新质战斗力增长极。习近平总书记三天参加三个代表团，围绕怎么落实问题的主题进行讨论，特别是因地制宜的方法论。“要防止一哄而上、泡沫化，也不要搞一种模式。各地要坚持从实际出发，先立后破、因地制宜、分类指导，根据本地的资源禀赋、产业基础、科研条件等，有选择地推动新产业、新模式、新动能发展，用新技术改造提升传统产业，积极促进产业高端化、智能化、绿色化。”

在两会前，习近平总书记重点讲新质生产力“为什么”“是什么”的问题，这次在两会上的讲话，着重指出新质生产力发展中应当注意的问题，并回答了“怎么干”的问题。

两会结束一周后，3月18日，习近平总书记、李强总理同一天南下。习近平总书记在湖南主持召开新时代推动中部地区崛起座谈会时强调，在更高起点上扎实推动中部地区崛起，以一个很长段落讲述新质生产力内容，把这场战役引向“产业创新”战场。习近平总书记在湖南的讲话把新质生产力放在首位。这一段讲话把新质生产力发展向前推进了一大步，其内容是：“要以科技创新引领产业创新，积极培育和发展新质生产力。立足实体经济这个根基，做大做强先进制造业，积极推进新型工业化，改造提升传统产业，培育壮大新兴产业，超前布局建设未来产业，加快构建以先进制造业为支撑的现代化产业体系。更加重视科技创新和产业创新的深度融合，加强重大科技攻关，增强产业创新发展的技术支撑能力。强化企业创新主体地位，构建上下游紧密合作的创新联合体，促进产学研融通创新，加快科技成果向现实生产力转化。深入实施制造业重大技术改造升级和大规模设备更新工程，推动制造业高端化、智能化、绿色化发展，让传统产业焕发新的生机活力。”

3月5日习近平总书记在参加江苏代表团审议时的讲话已经发出鲜明信号，强调“因地制宜发展新质生产力”“发展新质生产力不是忽视、放弃传统产业”。这次湖南讲话，是对江苏代表团讲话的展开。

习近平总书记关于新质生产力的湖南讲话，表明我国的新质生产力发展已经进入实施阶段。我们来回顾一下习近平总书记关于新质生产力的几个阶段。

第一阶段，思想孕育阶段。自党的十八大以来，习近平总书记针对新兴产业、未来产业与科技创新问题发表了一系列讲话，为新质生产力的提出奠定了深厚的基础。

第二阶段，概念提出阶段。2023年9月，习近平总书记在东北考察时提出了新质生产力的重要概念。

第三阶段，决策阶段。2023年12月在中央经济工作会议上，新质生产力作为一个重要的思路出现在中央文件上。

第四阶段，理论形成阶段。2024年1月31日，习近平总书记在中央政治局会议上对新质生产力理论进行充分阐述，新质生产力理论与发展思路形成完整的体系。

第五阶段，部署阶段。新质生产力的部署实施主要体现在政府工作报告中，把新质生产力理念贯彻到各项工作。

第六阶段，实施阶段。这就好比淮海大战，从淮海到徐州再到碾庄，一步一步地展开。

新质生产力从提出到实施是一个历史发展的过程。新质生产力是立足于我国经济发展实践基础、时代特征和目标任务，针对加快构建新发展格局和着力推动高质量发展提出的重大命题，加快形成新质生产力成为我国全面建设社会主义现代化国家的战略取向。

3月5日，在全国两会首场“部长通道”上，国务院国资委党委书记、主任张玉卓受邀接受采访。随后，张玉卓一边用新质生产力标准对中央企业2024年推进高质量发展的做法作出总结概括，一边陈述对2024年推进新质生产力的思路。对于2024年加快发展新质生产力，张玉卓谈到国务院国资委对推动央企强化科技创新主体作用，布局新领域新赛道，加快发展新质生产力的考虑。张玉卓用三个字定位中央企业今后的发展，第一是“源”，技术源头；第二是“升”，产业升级；第三是“态”，产业生态。首先，技术要有来源。2023年全国的研发投入是3.3万亿元，其中中央企业的投入是10660亿元，接近全国的1/3。因为中央企业超过70%的资产集中在石油化工、冶金矿业、能源资源、建筑建材等传统产业，存在产业布局“现代感”不强等问题。针对此，2023年国务院国资委先后启动产业焕新和未来产业启航行动，鼓励国资央企以更大力度加快布局战略性新兴产业。力争到2025年战略性新兴产业营收占比显著提升，带动形成新的一批百亿元级产业；到2030年战略性新兴产业实现资产倍增。国务院国资委按照“四新”（新赛道、新技术、新平台、新机制）等标准，遴选确定首批启航企业，启动三批中央企业创新联合体建设，围绕战略性新兴产业和未来产业等重点领域，在工业软件、工业母机、算力网络、新能源、先进材料、二氧化碳捕集利用等方向组织中央企业续建3个、新建17个创新联合体。计划到2025年，中央企业战略性新兴产业的占比达到35%，在类脑智能、量子信息、受控核聚变等方面提前布局。

国有企业技术储备足、人才队伍强、资金实力雄厚，发展新兴产业有责任有使命，也有基础有条件。一旦做起来，行动快。

中国中车，创新发展储能装备，构建起完整产业链并掌握核心零部件生产制造技术，中标量稳居行业第一。

中国移动，发力人工智能赛道，成功打造千亿参数多模态大模型，支持语言、视觉、语音、结构化数据等模态。

中国石化，加快发展氢能产业，已建成氢燃料电池供氢中心11座、加氢站128座，北京至上海“氢能高速”初步建成。

中国电信，依托自身云网融合优势，建成全球规模最大、用户最多、应用最全的量子城域网。

国投通过“控股直投+基金投资”，投资参股了粤芯半导体等一批独角兽企业。

安徽探索国资引领的投资模式，推动集成电路等战略性新兴产业集聚发展。

北京打造电子信息、汽车、节能环保三个“千亿级”产业集群……

一批国资央企在产业上深度布局，成效初显。一时间，国企很快做出反应，有种雨后春笋的态势。

显然，新质生产力已成为经济与国企改革发展的强大动力。习近平总书记提出了新质生产力重要论述，成为国资央企发展新的动力，正在转化为国资央企的新任务、新要求、新标准。

第二节　党领导下先进生产力的表现形式

新质生产力是新时代中国共产党领导发展先进生产力的具体表现。

党的二十届三中全会提出，必须坚持科技是第一生产力、人才是第一资源、创新是第一动力，深入实施科教兴国战略、人才强国战略、创新驱动发展战略，开辟发展新领域新赛道，不断塑造发展新动能新优势。这深刻体现出党对科技推动生产力发展的规律性认识。新质生产力的提出，意味着党中央将以更大决心推动以科技创新引领产业全面振兴，以产业升级构筑新竞争优势、赢得发展主动权。

把眼光放远一点，回顾中国共产党的发展历史，可以发现，新质生产力是中国共产党对生产力理论的继承与发展。中国共产党成立之后，我国的现代化史本质上就是社会生产力的解放史和发展史。在不同时期，立足于特定的经济条件和发展战略而形成一系列经济制度，由此对生产力发展提供驱动力量，并随着条件和战略的转变，对经济制度进行必要的动态调整，以使生产力发展保持平稳快速状态，这是1921年以来中国共产党在经济建设领域采取的基本方式、得出的主要经验。一代又一代的中国共产党人将马克思主义基本原理同中国革命、建设和改革实践相结合，推动生产力理论的创新发展。

在新民主主义革命期间，早期的中国共产党人根据马克思主义的生产力学说，提出通过发动武装革命才能推翻束缚生产力发展的旧社会，才能解放和发展生产力的观点。在社会主义革命和建设时期，毛泽东同志认为，全国人民的主要任务是集中力量发展社会生产力，实现国家工业化，逐步满足人民日益增长的物质和文化需要。在改革开放和社会主义现代化建设新时期，邓小平同志认为，社会主义的本质就是解放和发展生产力，改革与革命一样具有扫除发展障碍、解放生产力和发展生产力的功能，并明确提出“科学技术是第一生产力”的著名论断。江泽民同志指出，“科学技术是先进生产力的集中体现和主要标志”。胡锦涛同志提出科学发展观，认为“生产力的发展必须建立在可持续发展的基础上，不能把当代人的幸福建立在对后代人的资料的过度消耗之上”。

党的十八大以来，党在领导经济工作中相继提出“经济新常态”“新发展理念”“供给侧结构性改革”“高质量发展”“双循环新格局”“新质生产力”，这是一脉相承的科学推进。党中央高度重视发展数字经济，将其上升为国家战略。党的十八届五中全会提出，实施网络强国战略和国家大数据战略，拓展网络经济空间，促进互联网和经济社会融合发展，支持基于互联网的各类创新。党的十九大提出，推动互联网、大数据、人工智能和实体经济深度融合，建设数字中国、智慧社会。党的十九届五中全会提出，发展数字经济，推进数字产业化和产业数字化，推动数字经济和实体经济深度融合，打造具有国际竞争力的数字产业集群。

党的二十大报告指出：“推动战略性新兴产业融合集群发展，构建新一代信息技术、人工智能、生物技术、新能源、新材料、高端装备、绿色环保等一批新的增长引擎。构建优质高效的服务业新体系，推动现代服务业同先进制造业、现代农业深度融合。加快发展物联网，建设高效顺畅的流通体系，降低物流成本。加快发展数字经济，促进数字经济和实体经济深度融合，打造具有国际竞争力的数字产业集群。优化基础设施布局、结构、功能和系统集成，构建现代化基础设施体系。”也就是说，新时代的中国特色社会主义市场经济建设一定要走好科技创新进步这手棋，抢占先机、获取智能化数字化时代的发展优势。为此，在实现中国式工业化的高质量发展进程中，无论是公有制经济，还是非公有制经济，都必须自觉提高自主创新能力，大力发展新质生产力。从社会经济实践的角度讲，发展新质生产力就是要大力发展新能源、新材料、新技术的先进制造业和电子通信业等产业，发展数字农业、数字工业和数字服务业。

回顾中国共产党成立以来、新中国成立以来，特别是改革开放以来，生产力发展带来的巨大进步，我们信心百倍。根据世界银行数据库的资料，1978—2022年中国GDP和人均GDP的年均增长率分别为9.12%和8.14%，远超同期世界平均水平（分别为3.00%和1.56%）。按照2015年不变价美元计算，1978—2022年中国GDP相当于全球GDP的比重从1.47%增至18.19%，相当于美国GDP的比重从5.30%增至77.91%。1978—2022年中国人均GDP相当于全球人均GDP的比重从6.57%增至102.42%，相当于美国人均GDP的比重从1.23%增至18.39%。2010年中国GDP超过日本成为全球仅次于美国的第二大经济体，2022年中国GDP分别相当于欧盟、日本、印度的107.31%、362.09%、552.46%。2019年之后中国人均GDP超过1万美元，2021年和2022年中国人均GDP超过世界平均水平，并已接近高收入国家人均国民收入的“门槛线”。这些数据表明，相对于新中国成立初期以及改革开放初期，当前中国的生产力发展取得了举世瞩目的成就，这一成就是国际社会普遍认可的特征事实。1981年党的十一届六中全会指出，我国社会主要矛盾是人民日益增长的物质文化生活需要同落后的社会生产之间的矛盾，改革开放以来我国在生产力发展方面取得的重大成就，使得“落后的社会生产”这种状况得到了根本改变，新时代我国社会主要矛盾已转化为人民日益增长的美好生活需要同不平衡不充分的发展之间的矛盾。从新中国成立以来的实践历程看，我国在生产力发展方面已取得了极为显著的成效，这在全球发展史上是具有广泛深刻影响的重大事件。

中国特色社会主义进入新时代，面对世界百年未有之大变局和新一轮科技革命蓬勃兴起，中国共产党人对生产力有了更深刻的认识和新的理解。在党的二十大以后一年左右，习近平总书记对生产力概念进行了新的理论跃升。以习近平同志为核心的党中央重申了“解放和发展社会生产力是社会主义的本质要求”的观点，“坚持创新在我国现代化建设全局中的核心地位”。习近平总书记提出新质生产力的概念，对生产力的认识进行了新的深化。

新质生产力的提出使生产力概念得到新的理论跃升，主要体现在以下三个方面。

第一，进一步丰富了生产要素的内涵。生产力是所有生产要素综合发挥作用的总和力量，其中的生产要素是指在进行物质生产活动时必须消耗的自然资源以及一定的经济社会条件支持。传统的生产要素包括自然要素、劳动要素、资本要素，新质生产力中更加强调技术要素和数据要素的作用，在内涵上突出科技创新作为第一生产要素的角色功能。从传统生产力向新质生产力跃升，主要依靠科学理论的新发现及其引发的关键技术的突破性创新，以此带动社会生产率的显著提高。

第二，指明了发展生产力的新方向。形成新质生产力有两大方向：第一个发展方向是整合科技创新资源与引领发展战略性新兴产业和未来产业。科技资源配置是指科技资源在不同活动主体、学科领域、时空上的分配与组合。快速形成新质生产力需要依靠科技创新，而优化整合科技资源配置是促进有效创新的基础性工作，包括以国家战略性需求为导向推进国家创新体系优化组合，以及以投入主体多元化、管理制度现代化、运行机制市场化为形式的复合配置两种方式。第二个发展方向则是着眼于抢占未来产业发展先机，培育先导性和支柱性产业，推动战略性新兴产业融合化、集群化、生态化发展。

第三，给出了新时代发展生产力的清晰目标与具体任务。无论是强调创新驱动还是培育壮大战略性新兴产业与未来产业，目的都是“加快形成新质生产力，增强发展新动能”。解放和发展生产力是社会主义的本质要求，加快形成新质生产力，要主动把握新一轮科技革命和产业革新的历史新机遇，深化改革，清除阻碍新质生产力形成的各种障碍，增强社会创新创业活力，尽快形成有内生动力和国际竞争力的生产力新质态，实现增长方式转型，以此成为塑造推动中国经济社会高质量发展的决定性力量和动力源泉。可见，在新质生产力的牵引下，劳动者、劳动资料、劳动对象的组合方式不断进行动态优化。每一次优化能级的跃升，都能够带来物质生产和精神产出的大规模扩张。客观而言，与更注重数量规模的物质变换能力不同，新质生产力的质态内涵更显著。它不仅是物质生产能力的更大提升，也是人民满足自身精神需要的重要手段。

“新质生产力”的提出，是在“经济新常态”“新发展理念”“供给侧结构性改革”“高质量发展”“双循环新格局”相继提出后的最新成果。“新质生产力”与“新常态”“新理念”“高质量发展”“新格局”的发展思路高度契合。我们以“新发展理念”来衡量，新质生产力的核心标准是全要素生产率大幅提升，但并不止于物质总量扩张，还表现为与新发展理念相契合，让经济发展更具创新、协调、绿色、开放、共享等特质。

创新：新质生产力来源于颠覆性技术和前沿技术，蕴含于技术创新驱动的新产业、新模式、新动能。

协调：在算力算法支持下，经济、政治、文化、社会、生态文明多重目标齐头并进具备更坚实的基础，还有助于打破实体空间的城乡分割和区域差别。

绿色：构成新质生产力的新能源技术、节能技术、碳捕获、碳封存技术等，可以更好地满足碳达峰碳中和的目标，有助于打造低碳化的能源系统、生产系统、消费系统，进而实现整个社会生产生活的低碳化。

开放：新质生产力以现代化产业体系为载体，与产业链优化、创新链提升同源，需要以国内统一大市场和高水平对外开放为支撑。

共享：新质生产力是惠及全体人民的公共生产力，通过大数据、人工智能技术等有效增强公共服务和城市管理能力，缓解供求之间的矛盾，促成国民福利的改善。在劳动力就业质量提高的同时，新技术还能创造更多的就业岗位。

习近平总书记在中共中央政治局第十一次集体学习时强调新质生产力，前提是“全面贯彻新发展理念”，新质生产力是“创新起主导作用，摆脱传统经济增长方式、生产力发展路径，具有高科技、高效能、高质量特征，符合新发展理念的先进生产力质态”。以上对新发展理念与新质生产力的关系分析，使得我们对新质生产力是“符合新发展理念的先进生产力质态”有了更深切的理解。

“新质生产力”不是空穴来风，更不是心血来潮，而是中国共产党人长期探索、不懈奋斗的思想结晶。与时俱进的战略筹谋形成了一系列新理念、新思想、新战略，规划出实现梦想的宏伟蓝图。在2014年中央经济工作会议上，习近平总书记提出，“经济发展进入新常态，党领导经济工作的观念、体制、方式方法也要与时俱进”。我们党要一如既往地履行好领导经济工作的职能，进一步强化科学决策能力，主动适应新常态、把握新常态、引领新常态，促进新旧增长动力转换接替、防范各类隐性风险，努力实现经济“调速不减势、量增质更优”。

——新常态下要有新理念，必须崇尚创新、注重协调、倡导绿色、厚植开放、推进共享，破除“唯GDP论英雄”，摆脱高速增长的“纠结”，实现保持中高速、迈向中高端的健康增长。

——新常态下要有新的精神状态，必须坚持发展、主动作为，增强加快转变经济发展方式的自觉性和主动性，强化体制动力和内生活力，把经济增长巨大潜力转变为现实。

经过1921年以来，特别是新中国成立75年和改革开放45年的浴血奋斗、筚路蓝缕，在近十多年国内外环境发生极为广泛、深刻、复杂变化下的艰苦探索，我们党形成一系列成果，为通往经济治理现代化的道路打下一块块理论基石。习近平总书记关于新质生产力的重要论述，有针对性地回答了新时代下经济治理“怎么看”的问题，围绕“是什么”“为什么”“怎么干”形成新理念、新主张，以发展新质生产力作为高质量发展的强大动力，并将之上升到战略高度，表明了我们党对中国经济发展规律的深刻洞察，表现出对国际发展趋势和中国经济发展态势清醒把握的战略定力，为制定国家经济发展新战略、应对国际国内新挑战提供了科学依据，也为实现马克思主义同中国实际相结合的历史性飞跃、开辟治国理政新境界奠定了坚实基础。

第三节　企业加快高质量发展的必然选择

发展新质生产力是推动高质量发展的内在要求和重要着力点。这句话是认识发展新质生产力的起点，也是重点。国有企业认识与理解发展新质生产力，要从这里开始。

习近平总书记在2024年1月31日下午中共中央政治局第十一次集体学习的讲话是发展新质生产力的主要文献。新华社消息一开始是这样写的：

> 习近平总书记在2024年1月31日下午的中共中央政治局第十一次集体学习时强调，必须牢记高质量发展是新时代的硬道理，全面贯彻新发展理念，把加快建设现代化经济体系、推进高水平科技自立自强、加快构建新发展格局、统筹推进深层次改革和高水平开放、统筹高质量发展和高水平安全等战略任务落实到位，完善推动高质量发展的考核评价体系，为推动高质量发展打牢基础。发展新质生产力是推动高质量发展的内在要求和重要着力点，必须继续做好创新这篇大文章，推动新质生产力加快发展。

这段话陈述了“发展新质生产力”与“高质量发展”“新发展理念”“现代化经济体系”“科技自立自强”“新发展格局”“改革开放”的关系，最后落脚于“是推动高质量发展的内在要求和重要着力点，必须继续做好创新这篇大文章，推动新质生产力加快发展”。

这告诉我们高质量发展是主题，新质生产力加快发展是这个主题下的主线。习近平总书记在主持中共中央政治局第十一次集体学习时发表讲话指出，新时代以来，党中央作出一系列重大决策部署，推动高质量发展成为全党全社会的共识和自觉行动，成为经济社会发展的主旋律。近年来，我国科技创新成果丰硕，创新驱动发展成效日益显现；城乡区域发展协调性、平衡性明显增强；改革开放全面深化，发展动力活力竞相迸发；绿色低碳转型成效显著，发展方式转变步伐加快，高质量发展取得明显成效。同时，制约高质量发展的因素还大量存在，要高度重视，切实解决。从国家层面与国企层面两个方面认识制约高质量发展的因素，有助于我们理解推动新质生产力加快发展的意义。

40多年来，受益于改革开放，中国经济社会发展取得了举世瞩目的成就。1978—2023年中国经济总量从不到1500亿美元增长至13.6万亿美元，从低收入国家迈入中等偏上收入国家行列，占美国GDP的比重从6.3%上升到66.3%，占全球经济规模的比重从1.8%增长到16.1%，对全球经济增长的拉动从2%增长至约30%。最说明问题的比较莫过于《财富》世界500强排行榜。2022年《财富》世界500强排行榜企业的营业收入总和约为37.8万亿美元，相当于当年全球GDP的2/5，接近中国和美国GDP之和。从1995年公布世界500强榜单到2022年，世界500强的中国企业由3家猛增到145家，实现历史性的跨越。中国的世界500强企业已经连续4年居于世界第一位。在这个时候，我们更要保持清醒的头脑，不能陶醉于企业数量的世界第一。从发展质量上看，离世界一流企业差距还是非常大的，尤其从利润指标这一角度考虑，差距非常明显。与美国500强企业相比，质量差距仍然明显，增强创新能力尤为急迫。通过纵向不同年份和横向不同行业的比较，人们既可以了解企业的兴衰，也可以了解公司的销售收益率、净资产收益率、全员生产效率等经营质量的变化。利润增长是质量的重要标志，或者说是主要标志。这几年，高质量发展的导向鲜明树立。国务院国资委发挥经营业绩考核“指挥棒”作用，构建起“两利四率”“一利五率”的高质量发展指标体系。围绕利润指标分析中国的500强企业，可以从四个维度来比较中国500强企业与世界一流企业的差距。这里主要以美国为比较对象，当然也包括其他发达国家。中国大陆上榜企业平均销售收益率为5.1%，总资产收益率为1.15%，净资产收益率则为9.5%，三个指标都落后于《财富》世界500强企业的平均水平。与美国公司相比，上榜的124家美国公司的三个指标分别为11%、3.21%和21.9%，经营状况明显优于上榜中国企业。我们通过对利润这一重要指标进行比较发现，中国公司盈利能力与世界500强公司平均水平的差距正在不断拉大。中国145家世界500强上榜公司平均利润约为41亿美元，虽然与自身相比有所提升，但是世界500强企业平均利润已同期上升至62亿美元。以部分国家作为比较对象，例如，上榜的德国企业平均利润为44亿美元，英国企业为69.6亿美元，加拿大企业为47.5亿美元，法国企业为48.5亿美元，巴西企业为84.8亿美元，均高于中国公司。与上榜美国企业相比，中国企业利润差距更加明显。2022年《财富》世界500强上榜的美国124家企业平均利润高达100.5亿美元，几乎接近中国上榜企业利润的2.5倍。中国上榜企业利润及其增速远低于美国和世界平均水平。

事实上，当前我国企业与产业体系存在不容忽视的梗阻与短板，规模优势下的质量优势仍有较大的提升空间。我们可以从国家整体经济发展质量与国有企业两个维度厘清并剖析当前存在的制约因素，认识我们要摆脱的传统经济增长方式、生产力发展路径。从国家层面看，有以下五个方面值得重视。

表现一：长期依靠资本投资刺激的路子，全要素生产率低。高质量发展要重视整个经济发展的效率，而我国的劳动生产率普遍偏低。劳动的生产率有两个来源：一个是资本劳动，另一个是全要素生产率。1978—1994年，对于整个劳动生产率的贡献基本上是五五开。因为人的效率是有限的，需要依靠投资买新的设备、建新的生产线，使效率得到提高。但是，到了

“十一五”期间，资本的投入在加大而效率在降低，资本劳动比对经济的贡献被放大到了60%以上，全要素生产率下降30%多。投入再多的资本，也创造不出来效益。整个产业的资本效率不高，而且这已经不是一个行业问题，而是一个经济规律，是资本的经济报酬在降低。到了“十二五”时期问题更加严峻，随着资本的投入，全要素生产率对生产效率的提升进一步降低到1/3以下，我们不得不从高速增长转向高质量的增长，这时候全要素生产率经济学的概念被写入党的报告中。全要素生产率包括两部分内容：一是改革资本配置的效率，多年来资源配置效率的高速增长源于农村人口向工业、服务业的转移；二是企业的生产效率就是微观主体的效率。全要素生产率包括供给侧改革的资源配置效率、产业结构调整，以及微观企业主体活力的提升，也就是微观企业生产效率的提升。具体来看，中国企业面临四个难题：一是库存高；二是产品开发周期长；三是同质化问题；四是利润低。传统企业发展的模式是大规模的投入、大规模的生产、大规模的广告、大规模的分销。这些多年来已经习惯的套路，现在却难以为继。在这种背景下，高质量发展成为中国经济发展的主旋律。

表现二：科技不足，存在自主核心技术的“卡脖子”风险。我国在技术迭代升级上有一定优势，但在核心技术的自主研发能力和转化应用程度方面相对落后。当前，全球分工体系重塑，“逆全球化”趋势凸显，关键核心技术面临“卡脖子”的风险。一方面，实现科学技术的基础原始创新和突破性创新，必须通过长时间的连续投入和研究探索。另一方面，我国核心技术研发的支撑体系逐步建立但仍不够坚实，存在三个不协调问题。一是科研创新与产业发展的不协调。当前我国部分科技成果与市场对接难，转化渠道不通畅，不能完全满足产业发展质量要求，而一些产业部门对技术的需求不能引起科技创新部门的注意，阻碍了从“研发”到“生产应用”再到“大规模使用”的良性循环机制形成，难以实现对核心技术问题的及时反馈。二是人才与创新的不协调。我国虽然人才总量庞大，2022年研发人员总量达600余万人，且多年保持世界首位，但顶尖人才以及复合型人才缺口较大。以人工智能高端人才的数量为例，我国目前只达到美国的20%。究其原因，人才培育机制、人才流动机制和创新发展出现脱节与不协调。我国教育体系在“综合素质”和“创造性学习能力”方面还存在一些短板，考试制度有利于平均水平人才的成长，而不利于顶尖人才的培育，造成顶尖人才流通和供给不足的困境。三是政府研发投入强度与产出效率的不协调。目前，我国全社会研发经费投入仅次于美国，但我国对关键核心技术领域的扶持偏向于产业链末端的大规模企业，而对产业链关键环节的中小微企业研发支持力度不足。另外，在政绩考核导向下，部分地区的经费支出盲目性较大，导致成果产出效率和质量不足。

表现三：产业结构的“低端锁定”，价值链难以向上攀升。当前，我国产业结构处于一定程度的“低端锁定”状态。一方面，表现在产业结构体系还有较大的优化提升空间。从行业分布结构来看，产业发展内部结构亟待优化，以制造业为例，内部结构中传统资源加工和高能耗制造业占比较高，而中高端制造业占比较低。从发展区域结构来看，产业发展的区域协调度不高，上海、北京、天津已经步入后工业化阶段，大部分东部省份处于工业化后期，而大部分中西部省份基本还处于工业化中期。各地竞相布局新兴产业，存在同质化竞争现象，同时意味着部分行业存在低端供给、产能过剩的风险。另一方面，表现在产业结构体系高端化特征还不够突出。从传统产业重塑来看，第三产业数字经济渗透率最高，数字经济赋能服务业，特别是生活性服务业步伐远快于其他行业。但相较而言，制造业更亟须数字赋能。当前我国数字底座和数字底层技术自有率低，90%以上的高性能先进传感器和研发设计类工业软件依赖进口。因此，数字经济赋能产业结构高端化能力亟待提升，价值链向上攀升受阻。从新兴产业和未来产业发展来看，仍然面临成果转化渠道不畅、要素市场建设不完善和产业布局优势错位等问题，还未成为主导产业。从产业融合发展来看，我国产业融合发展的范围不够广、程度不够深、水平不够高，生产性服务业发展不足，导致对先进制造业的支撑乏力。

表现四：跟制造业强相关的高附加值的服务业增加值偏低。我国服务贸易存在结构比例与世界不同步的问题。根据联合国贸易和发展会议数据，2019年，全球服务贸易占全球贸易总额的30%左右；2023年，我国服务贸易占全国贸易总额的比重仅为12%。2023年，我国服务贸易出口2.85万亿元，但一半以上是生活性服务业。因此，高质量发展就是要使我国服务贸易从目前12%的比重增长到全部贸易总量的30%，使高端制造中服务价值达到终端制造产品总体附加值的50%左右。

表现五：产业的绿色化发展较难，现代化进程也相对较慢。我国倡导走环境友好型的新型工业化道路，在绿色低碳方面成就巨大。但快速的工业化进程客观上对资源环境的承载提出巨大挑战。从转型目标来看，2020年中国制造业单位总产值碳排放强度约为5.6吨/万美元，高于部分发达国家；而要实现“双碳”目标，预计中国2035年碳排放强度有必要下降至2.0吨/万美元以下的水平，目前差距仍然较为明显。从产业特征来看，中国能源禀赋偏煤，工业的生产过程需要用到不少高碳能源，是碳排放强度最大的行业。制造业转型压力较大，是未来绿色低碳转型的重点和难点。从绿色低碳技术来看，由于高端要素资源在产业的绿色化领域布局较晚，我国节能环保产业、新能源及相关服务业等绿色核心产业的投入和发展相对不足，一批关键绿色低碳技术亟须重大突破。我国产业的绿色化因为各种原因发展最难，现代化进程也相对较慢。

显然，国家整体经济发展质量影响并决定企业发展的质量。从国有企业角度来看：

一是国有经济效率有待进一步提升。当前我国国有企业整体资产收益率偏低，国有经济运行效率有待提高。2012年以来，随着我国经济增速由高速逐步转为中高速，国有企业总资产收益率出现持续回落；2012年国有企业总资产收益率为2.8%，2020年下降到1.6%。现阶段，国有企业总资产收益率水平低于我国3年期定期存款利率，大幅低于我国企业综合融资成本。2020年A股上市公司整体总资产收益率水平在3.0%左右，明显高于国有企业。我国国有企业资产收益率整体偏低，一方面与国有企业所承担的社会责任相关，另一方面也反映了国有企业在资产收益率方面还有较大提升空间。未来，国有经济可能需要在担负社会责任和提高资产收益率方面取得更好的平衡，以便实现更加包容、可持续的发展。

二是国有经济在聚焦产业引领上有待加强。我国国有经济布局与中央要求的聚焦战略安全、产业引领、国计民生、公共服务等功能还有明显差距。工业国有资本仍主要集中在煤炭工业、石油和石化工业、冶金工业、机械工业和电力工业五个传统重化工行业，其中，煤炭工业、石油和石化工业、电力工业三个行业的国有资本占比超过一半。国有经济在高新技术产业和战略性新兴产业上布局的优势并不明显，特别是在一些战略性新兴产业比较集中的电子工业、信息技术服务业等领域，国有经济的占比甚至逐年下降。国有资本在战略性、创新性、开拓性方面的“引领”作用并不突出。

三是国有经济服务区域协调发展的效果有限。从近10年的数据来看，国有企业数量在东部地区和中部地区的分布稳中有降，变动幅度不大，西部地区的国有企业数量占比由2010年的22.72%上升至2019年的26.57%，西部地区的国有资本占比上升幅度不大，仅增加不到1%。在当前我国强调经济协调发展的背景下，国有经济需要进一步关注经济后发地区发展需求，有针对性地扩大投资规模，提高产业投入，服务国家的区域发展战略。

四是国有经济创新力有较大提升空间。国有企业利用举国体制攻关重大科研创新课题，在许多核心科技方面取得了突破，然而在应对市场需求导向的创新方面，还存在明显短板。特别是在一些新兴经济领域，国有企业对市场的变化和技术的整合再创造方面，对比私营企业和外资企业还有不少短板。如果国有企业能够更好地结合国家战略型的创新模式和市场需求型的创新模式，将能够更加有效地提升国有经济的创新力。

党的二十大报告指出：“高质量发展是全面建设社会主义现代化国家的首要任务。”要到2035年基本实现社会主义现代化，到21世纪中叶把我国建成富强民主文明和谐美丽的社会主义现代化强国，客观上要求加快转变发展方式、优化经济结构、转换增长动力，努力推动经济发展质量变革、效率变革、动力变革，提高全要素生产率，实现高质量发展。

综上所述，从国家层面与国企层面认识高质量发展的制约因素，就可以理解发展新质生产力是推动高质量发展的内在要求和重要着力点。这是认识发展新质生产力的起点，也是重点。国有企业认识与理解发展新质生产力，要从这里开始。

第四节　新一轮工业革命带来的历史机遇

习近平总书记在黑龙江强调新质生产力时，讲到“战略性新兴产业，积极培育未来产业”“引领发展战略性新兴产业和未来产业，加快形成新质生产力”。两次讲话都提到战略性新兴产业、未来产业意味着这两个产业和“新质生产力”紧密相连。

中央经济工作会议明确提出“以颠覆性技术和前沿技术催生新产业、新模式、新动能”。2024年1月31日，中共中央政治局就扎实推进高质量发展进行第十一次集体学习时，习近平总书记系统阐述了新质生产力，“由技术革命性突破、生产要素创新性配置、产业深度转型升级而催生”，技术革命被作为核心要素提出来。这表明战略性新兴产业和未来产业是第三次工业革命、第四次工业革命为新质生产力发展带来的历史机遇。

习近平总书记在党的十八大后，多次思考历次产业革命与生产力发展的问题。2013年9月30日，习近平总书记在十八届中央政治局第九次集体学习时讲道：“历次产业革命都有一些共同特点：一是有新的科学理论作基础，二是有相应的新生产工具出现，三是形成大量新的投资热点和就业岗位，四是经济结构和发展方式发生重大调整并形成新的规模化经济效益，五是社会生产生活方式有新的重要变革。这些要素，目前都在加快积累和成熟中。即将出现的新一轮科技革命和产业变革与我国加快转变经济发展方式形成历史性交汇，为我们实施创新驱动发展战略提供了难得的重大机遇。”

我们可以发现，习近平总书记早在10多年前就把即将出现的新一轮科技革命和产业变革看成我国实施创新驱动发展战略的重大机遇。当时实施的创新驱动发展战略，就是我们现在所讲的新质生产力内容。

人类历史上的每一次技术革命都带来了生产力的巨大解放。第一次工业革命使得手工劳作转向机器大工业生产，第二次工业革命完成了从蒸汽时代到电气时代的过渡，第三次工业革命普及了信息技术，这些大的技术进步在引领生产力变革的同时，也推动了人类社会从低级向更高级的现代化演进。因此，生产力不仅能够反映出当下的社会发展水平，也能够转化成人类社会现代化的重要动力。

随着我国踏上全面建设社会主义现代化国家的新征程，国有经济发展将面临新的重大机遇。第四次工业革命的孕育兴起为国有企业转型发展提供了广阔的平台。以数字产业化和产业数字化为核心的数字经济、以细胞免疫等技术突破和应用为代表的生物经济、以零碳低碳技术开发和推广等为代表的绿色经济正在重构产业链、供应链、价值链和创新链。未来产业在不断更新迭代，国有企业可以充分利用全球新一轮科技革命孕育的科技创新广阔平台，优化经济布局和产业结构调整，将其打造成为国家战略科技力量的“主力军”，有效解决当前我国产业面临的“卡脖子”问题、提升产业竞争力。

我们注意到，习近平总书记在2013年提出“即将出现的新一轮科技革命和产业变革与我国加快转变经济发展方式形成历史性交汇，为我们实施创新驱动发展战略提供了难得的重大机遇”时，世界企业界发生了一件有影响的事情。2013年，德国汉诺威工业博览会于4月8日至12日举行，来自全球各地的约6500多家厂商参展，中国以730家参展商规模成为东道主德国以外的最大参展国。在为期5天的展会中，“工业4.0”概念受到关注。舆论认为，作为工业领域的全球领先展会，汉诺威工业博览会推动了“第四次工业革命”。为了进一步落实“工业4.0”的计划，德国三大工业协会——德国信息技术、通信、新媒体协会，德国机械设备制造业联合会以及德国电气和电子工业联合会（以下简称三大协会）决定，三大协会共同建立一个名为“第四次工业革命平台”的办事处，该平台已正式启动，旨在推动实施联邦政府制定的高科技战略。“工业4.0”在本届汉诺威工业博览会上已成为核心项目，在未来10~15年，制造业的综合整合将对全球产业产生巨大影响。显然，第四次工业革命已经悄然到来。

前三次工业革命使得人类发展进入了空前繁荣的时代，与此同时，也造成了巨大的能源、资源消耗，人类付出了巨大的环境代价、生态成本，急剧地加深了人与自然之间的矛盾。进入21世纪，人类面临空前的全球能源与资源危机、全球生态与环境危机、全球气候变化危机的多重挑战，由此引发了第四次工业革命——绿色工业革命，一系列生产函数发生从以自然要素投入为特征到以绿色要素投入为特征的跃迁，并普及整个社会。

21世纪发动和创新的第四次工业革命，中国第一次与发达国家站在同一起跑线上。在过去200多年世界工业化、现代化的历史上，我国曾先后失去三次工业革命的机会。在前两次工业革命过程中，中国都是边缘化者、落伍者，由于错失工业革命机会，中国GDP占世界总量的的比重由1820年的1/3下降至1950年的不足1/20，落后就要挨打，这也是近代中国饱受欺凌的重要原因之一。之后中国在极低发展水平起点下发展国家工业化，同时进行了第一次、第二次工业革命。即使是在20世纪80年代以来的信息革命中，我国也仅仅是侥幸赶上了末班车，但还是个“后来者”，因为对外开放才成为“追赶者”。现在中国实现了成功追赶，已经成为世界最大的ICT（信息通信技术）生产国、消费国和出口国，正在成为领先者。进入21世纪，中国第一次与美国、法国、德国、英国、日本等发达国家站在同一起跑线上，在加速信息工业革命的同时，正式发动和创新第四次工业革命，也就是我们经常讲的未来革命。

这是一场全新的绿色工业革命，它的实质和特征就是大幅地提高资源生产率，经济增长与不可再生资源要素全面脱钩，与二氧化碳等温室气体排放脱钩。以历史视角、工业化的角度观察，我们清晰地认识到，世界第四次工业革命即绿色革命已经来临。中国能赶上这一革命的黎明期、发动期，是不易的，也是万幸的。正是在这样动荡不安的社会背景下，从人工智能到生物技术，从先进材料到量子计算，一系列强大的新兴技术带来了大量机会与挑战，并将从根本上改变我们的生活方式。我们将这一过程称为具有“第四次工业革命”特质的新质生产力。

这些新兴技术不是在目前数字技术上的渐进式发展，而是颠覆性的变革，将彻底改变现有的感知、计算、组织、行为和交付方式，代表着为组织和公民创造价值的全新方式。假以时日，这些技术必将改变我们现在习以为常的所有系统，不仅将改变产品与服务的生产和运输方式，而且将改变我们沟通、协作和体验世界的方式。现在，神经技术和生物技术的进步，甚至让我们开始思考人类的意义。

身处十字路口意味着我们肩负重任。如果我们错过塑造新技术的良机，将会加剧我们当前的挑战。在我们看来，战略性新兴产业与未来产业就是所谓的第三次工业革命与第四次工业革命。因为第三次工业革命与第四次工业革命是穿插进行的，我们目前仍然以第三次工业革命为主，不失时机地抢占第四次工业革命跑道，反映了这一代中国共产党人抢占先机巨大的历史主动性。

要理解新质生产力革命的重要性，并让所有企业员工（而不仅是少数高管）享有工业革命成果，要树立新型思维模式，从宏观上理解将影响个人、企业、组织和政府的各类科学技术各就各位，认识自己的历史使命与任务。

工业革命打开了新质生产力形成的机会窗口。新质生产力是以科技创新作为主导力量的生产力，其形成和发展源自科技创新的推动。推动新质生产力形成和发展的科技创新不是单一的、间断的，而是由诸多新兴技术聚集在一起持续发挥作用的结果，这样的科技创新形态常常出现在工业革命的发生发展过程中，正如创新经济理论的奠基人熊彼特所指出的，产业革命中科技创新是以“簇群”方式出现的。在工业革命发生发展过程中，科技创新及其应用以及由其引起的生产方式、产业组织、商业模式等变革，共同激发和驱动了新产业、新业态、新模式的涌现和成长，由此驱动新质生产力的形成。

工业革命驱动新质生产力的形成发展可以从微观、中观和宏观三个层面加以揭示。从微观层面看，工业革命的发生发展提供的新要素和新技术促进大量新兴企业的出现，这些新兴企业一般表现出较强的成长性和价值创新能力。从中观层面看，工业革命过程中集聚式涌现的新技术推动大量新产业、新业态、新模式加速聚集，它们表现出较强的创新能力、成长能力和市场竞争力；与此同时，新技术通过改造提升传统产业，促进传统产业转型升级，甚至使一些传统产业脱胎换骨，焕发新的活力，形成新的竞争优势。从宏观层面看，工业革命过程中的新要素、新技术、新模式等赋能宏观经济运行的各个方面，优化社会投资结构、消费结构，提升政府治理效能和宏观调控能力，进而促进了新质生产力的形成。

新一轮科技革命和产业变革加快促进新质生产力的形成和发展。当今世界，以大数据、云计算、人工智能等新一代信息技术迅速发展和广泛应用为主要内容的新一轮科技革命和产业变革在全球迅速发展。数字经济作为新一轮科技革命和产业变革的新型经济形态，以使用数字化的知识和信息作为关键生产要素，以现代信息网络作为重要载体，以信息通信技术的有效使用作为效率提升和经济结构优化的重要推动力，其发展速度之快、辐射范围之广、影响程度之深前所未有，正在成为重组全球要素资源、重塑全球经济结构、改变全球竞争格局的关键力量，同时成为形成新质生产力的强大驱动力量。

在实践中，技术革命被作为核心要素提出来。战略性新兴产业和未来产业是第三次工业革命、第四次工业革命为新质生产力发展带来的历史机遇。国务院国资委高度重视中央企业的科技创新工作，并且以新质生产力的眼光认识与总结工作。2024年1月24日，国务院新闻办新闻发布会披露，2023年，国资央企积极践行新型举国体制，以强烈紧迫感和强有力举措全力推进科技创新，科技创新能力和价值创造能力不断提高，新质生产力有了好的开头。

一是国有企业的科技创新主体地位得到进一步强化。2023年，中央企业研发经费投入1.1万亿元，连续两年破万亿元。2023年前三个季度，央企控股上市公司投入科研资金达到2885亿元，户均7.8亿元。中央企业主动作为，积极承担国家重大科技任务，深度参与国家实验室体系建设，在能源、工程、医药领域重组一批国家重点实验室，积极参与国际科创中心和区域创新中心创建，深入推进未来科学城建设，一批创新型企业脱颖而出，为建设世界一流企业打下坚实基础。

二是国有企业创新体系建设取得新的重要进展。60余家央企组建7个创新联合体，带动近200家高校院所、国企民企参与；产学研协同不断深入，组建了一批技术产业创新基地，企业主导的产学研技术创新体系加快建立。中央企业29名个人、20个团队荣获“国家工程师”奖，一批央企院士专家进入国家科技专家库。

三是国有企业重大科技成果蓬勃涌现。中核集团四代核电技术快堆示范工程建成投运，中国华能高温气冷堆实现商业化，航天科技神舟十六号、神舟十七号成功发射，中国商飞C919商业首航，中国船舶国产大型邮轮命名交付，中国电科研发国际领先的类脑异构融合架构，中国移动6G网络架构创造长距离传输世界纪录，东方电气集团直驱海上风电机组达到世界领先水平。

四是国有企业原创技术策源地建设扎实推进。从国家所需、产业所需出发，加快关键核心技术攻关，围绕战略性新兴产业和未来产业重点领域深入推进原创技术策源地布局和建设，组织实施“加强目标导向的基础研究”等11个行动计划。积极开展中央企业打造原创技术策源地专项行动。首批策源地企业已经建成一批高水平研发平台；汇聚了一批高层次人才队伍，50位院士领衔200余个研发团队，从海外引进人才100余人。首批策源地企业产出了一批基础性、紧迫性、前沿性、颠覆性技术成果。

五是国有企业进一步优化布局结构，整合集聚科技创新资源和力量，大力培育发展新质生产力取得显著成效。中央企业2023年在战略性新兴产业领域完成投资2.18万亿元、同比增长32.1%，在光伏制氢、碳纤维制造、汽车芯片等领域落地了一批重点项目，在激光制造、量子通信、卫星互联网等领域组建了一批新企业，在电子科技、新能源、生态环保、智能网联汽车等领域推动了一批企业重组整合，新产业新业态正在成为企业的重要增长点。围绕新一代移动通信、人工智能、生物技术、新材料等战略性新兴产业，未来信息等未来产业，启动实施中央企业战略性新兴产业焕新行动和未来产业启航行动，明确了发展重心和方向，细化了任务目标和路径。此外，国务院国资委指导中央企业聚焦横向合并、纵向联合、创新攻坚及内部协同，加快推进战略性新兴产业发展。先后两次举办集中签约仪式，涵盖生态环保、生物技术、新能源汽车等多个战略性新兴产业领域。完成中国电科重组华录集团，集聚电子信息领域优势资源，提升关键技术产品供给能力，推动补强产业链关键环节，在智能制造、数据存储等领域形成协同优势。

第五节 面对世界经济技术竞争的迫切需要

新质生产力是党的二十届三中全会基于大国竞争背景下我国发展阶段、发展环境、发展条件变化，作出的具有根本性、全局性、长远性的重大战略判断。

我们注意到，习近平总书记在中共中央政治局第十一次集体学习中强调加快发展新质生产力、扎实推进高质量发展时，四处强调科技、经济与国家竞争力的关系。一是“保证产业体系自主可控、安全可靠”；二是“使原创性、颠覆性科技创新成果竞相涌现，培育发展新质生产力的新动能”；三是“要围绕推进新型工业化和加快建设制造强国、质量强国、网络强国、数字中国和农业强国等战略任务，科学布局科技创新、产业创新”；四是“要大力发展数字经济，促进数字经济和实体经济深度融合，打造具有国际竞争力的数字产业集群”。

显然，在新一代信息技术加速突破应用、先进制造技术加速产业转型的新发展阶段，形成新质生产力是我国建设现代化经济体系的关键动能，关系到我国在未来发展和国际竞争中赢得战略主动。新质生产力的内涵包括以引领国际经济体系变革、重塑现代化产业体系、提升企业核心竞争力为目的。从传统生产力向新质生产力的演化升级应该包含国际竞争、国家优势和企业发展三个层面整个生产范式的转变。而激烈的国际竞争是发展新质生产力的直接动力。

2022年12月，习近平总书记在中央经济工作会议上的讲话指出，“要抓住全球产业结构和布局调整过程中孕育的新机遇，勇于开辟新领域、制胜新赛道”。在特定发展阶段提出形成“新质生产力”的战略意图，是在面对国际复杂形势下，全面解决制约中国经济高质量发展的本土产业链体系中的关键卡点和堵点问题，夯实中国产业链的国际竞争优势，强化中国跨越中等收入陷阱的内生能力的关键一招。新质生产力的形成会成为中国经济“换道超车”和高质量发展的新动力，以可持续发展的方式促进中国经济增长，实现共同富裕，提升中国的国际竞争力。

习近平总书记在二十届中央财经委员会第一次会议上强调，现代化产业体系是现代化国家的物质技术基础。新一轮科技革命和产业变革促使中国产业体系进入了新的发展阶段，其产业体系发展范式从工业经济主导型转变为服务经济主导型，发展动力从依靠资源投入为主转变为依靠技术进步为主。但存在诸如创新和人才要素尚未成为产业高质量发展新动能，发展中存在内需动力不足以及外需的不稳定性增强的问题。因此，在这样的政策背景下，新质生产力是新一轮科技革命和产业变革的新动能，面向前沿领域及早布局，提前谋划变革性技术，夯实未来发展的技术基础，是不容错过的重要战略机遇，是抢占发展制高点、培育竞争新优势的先手棋。

从国际环境来看，近年我国国有经济面临的国际环境正在发生深刻而复杂的变化，特别是中美全面竞争的态势越发明显。2008年美国次债危机最终演变为国际金融危机，迄今为止全球经济仍处在危机后的缓慢增长阶段，短期内全球经济增速向危机之前的快速恢复极为艰难。2010年中国经济超过日本成为世界第二大经济体，2012年中国经济总量超过美国的50%，美国在中国经济影响力显著攀升的背景下采用传统霸权思维，将中国定义为美国最重要的战略竞争对手，并改变了对华经贸政策、产业政策和科技政策。美国实施的对华贸易保护主义、单边主义、长臂管辖等举措逐步升级，其对中国经济在多个方面的脱钩断链、围堵打压渐趋增强，在关键科技领域对中国“卡脖子”“抽梯子”等情形也不断加重，这些因素均在客观上影响了中国经济发展的外部环境。美国政府在对华科技战略目标上，更加注重“关键目标”有效的战略竞争，通过修复、加强与其盟友的关系，加大对我国关键核心领域的打压力度。可以预见，未来中美在科技创新领域的竞争合作态势会更加复杂且更为激烈，经济全球化面临结构性调整。当前，各国均在寻求供应链产业链全球配置的高效率与保障供应链产业链安全之间新的平衡，近岸外包、友岸外包逐步成为重塑国际生产和贸易体系的新形式。2021年9月16日，我国宣布正式申请加入《全面与进步跨太平洋伙伴关系协定》(CPTPP)，然而对接CPTPP规则不是一蹴而就的，需要对国有经济的治理方式、政府与市场的关系作出深刻调整。在这样的背景下，需加强和改进国有经济管理，深化国有企业改革，充分利用经济全球化新发展实现我国国有经济布局优化及产业结构调整。

习近平总书记重要讲话告诉我们，历史上任何一个国家的科技大发展，都必然带来该国生产力的巨大进步，科技是第一生产力，从而带来其综合国力的大幅提升；历史上，国家间的较量，表面上看是国力的比拼，深层次其实是生产资料与生产力的比拼。生产资料是由一个国家体量决定的，体量大小决定了资源多寡（如人力、土地、矿藏、文化、制度等）；生产力的第一要素是科技，科技力量的强弱在很大程度上决定了生产力的高低。

作为新一轮工业革命的竞争对象，美国的发展更值得我们重视。美国不但在原子能、空间技术领域表现强势，在生物技术、信息技术领域表现也足够卓越，成功引领了第三次科技革命。微软、Intel、IMB、摩托罗拉、德州仪器这些公司的涌现，不但创造了巨大的经济利益和社会效益，也极大地促进了美国国力的发展，现在的谷歌、亚马逊、苹果、Facebook等公司，无不为美国攫取着极其丰厚的利润。

所以，国与国之间的较量，又变成了资源与科技的竞争。一方面，要看到经过新中国成立75年特别是改革开放45年以来的快速发展，我国经济总量稳居世界第二，与美国等发达国家的差距也在逐步缩小。另一方面，也要看到我国在科技创新、产业核心竞争力等方面与世界发达国家还有很大的差距，还有不少制约我国经济发展的“卡脖子”技术没有突破，严重依赖国外市场。国与国之间的竞争最为主要的是战略性新兴产业和未来产业形成的新质生产力的竞争，谁占领了战略性新兴产业和未来产业的制高点，谁就是赢家。因此，积极发展战略性新兴产业和未来产业，加快形成新质生产力，增强发展新动能是赢得国际竞争的制胜之道。历史的教训、现实的趋势都启示我们，在强国建设、民族复兴的新征程中，我们必须坚定不移推动高质量发展，提高自主创新能力，尽快形成新质生产力，如此才能在激烈的国际竞争中真正掌握发展主动权。

最近美情报官员警告说有5个关键的科技领域将决定中国是否超越美国成为超级大国。美国有关方面已将关注焦点缩小至5个关键的领域。美国国家安全委员会（NCSC）在其发布的最新报告中称，中国的目标是到2030年时在各个新兴技术领域取得领导地位，中国已成为美国的首要战略竞争对手，因为该国有充足的资源和全面的战略。它们的分析值得关注。

人工智能。美国在人工智能领域的技术优势正面临中国等战略竞争对手的威胁，当前趋势表明，中国未来10年“有实力、有人才、有野心”超越美国。

量子技术。量子信息和科学技术包括量子计算、互联网技术、遥感技术和计量学。中国等国政府投入巨大经费发展量子技术，在量子技术发展上的投入远超过美国，这将使它们处于招聘美国人才更加有利的地位。无论哪国赢得量子技术主导权的竞赛，都将在通信层面危及其他国家的经济和国家安全。

生物技术。生物经济可定义为由生物技术研究和创新所推动的经济活动，由生命科学和数据科学的融合而进一步得以实现。过去10年来，全球生物经济的竞争进一步加剧。生物技术包括基因组学、生物化学、分子生物等。在该领域，未来，美国将是无可争议的领导者，但中国在该技术领域与美国竞争激烈，在某些方面中国更占优势。在生物制药和治疗领域，中国迅速崛起，将实验室成果快速转化为商业产品。中国在全球生物制药生产的份额占22%，仅次于美国。中国生物制药的增长主要由仿制药和国内庞大消费群体推动，但创新能力也在不断增长。

半导体。全球半导体供应链正在遭受破坏，造成了可被对手利用的经济“瓶颈”。比如，美国严重依赖台湾的一家公司供应关键的芯片组件。美国在短期内仍将保持行业领导者地位。半导体的3个关键领域——半导体制造、芯片设计、半导体制造设备，中国已在半导体制造和芯片设计领域取得强劲发展，半导体行业将会在未来10年快速增长。

自主系统。相比自动化设备与系统，自主性设备和自主系统能够应对更多样的环境，完成更广泛的操作和控制。自主化是指应用传感器和复杂软件，使设备或系统在较长时间内无须通信或只需有限通信，无须其他外部干预就能够独立完成任务，能够在未知环境中自动进行系统调节，保持性能优良的过程。自主化可以被看作自动化的外延，是智能化和更高能力的自动化，通常用来描述在不断变化的环境中只通过有限的人为干预或控制来执行任务。

中美两国将在人工智能、量子技术、生物技术、半导体、自主系统五大关键科技领域展开竞争，未来将是长期持续的博弈和竞争。近年来，不仅是半导体领域，中国在所有高科技领域里的投入都是巨大的，也正在取得巨大的成绩。中国在信息通信特别是5G技术方面的研发与应用已经明显领先，工业互联网建设已经超前，在人工智能、大数据以及生物科技量子计算等高科技领域实现了局部的弯道超车，特别是在军事科技方面中国的进步更快，美国已经无法保持绝对的领先优势。美国自知难以彻底遏制中国的高科技发展，所以把未来10年定义为关键期。

美国2024年大选的时间日渐接近，中美关系越来越受到世界关注。虽然中美两国在2023年APEC会议期间对发挥大国责任、管控分歧等达成共识，但在两个大国找到合适的相处模式前，相互试探恐怕不会停止。对现阶段中美关系的紧张，我们既要看到其必然性，也要看到其给中国现代化推进带来的机遇。中国的崛起，在百年未有之大变局下对国际格局、国际秩序与国际治理影响巨大。中美关系调整是必然。

一是加强科技自主，逐渐放弃使用西方“现成”技术、节约成本的幻想。加强应用基础研究和前沿研究，在“卡脖子”的重大技术领域加大基础科研攻关。强化企业科技创新主体地位，并以市场为导向，全面激活社会科技研发创新活力。以科技创新推动产业创新，着力推进高质量发展。

二是深刻反思美欧现代化的经验教训，稳步推进中国式现代化。全球新冠疫情时的国际封锁、乌克兰危机背后的工业支撑，让欧美“产业空心化”的短板再次暴露。西方现代化通过工业革命创造了物质基础，但也伴随着金融全球化“脱虚向实”，由此引发的金融危机、国内经济矛盾的影响涉及全球。为此，党的二十大报告着重强调了实体经济、提升产业链韧性和安全对发展的重要性。

三是稳步推动国内产业结构转型升级，通过开辟新赛道抢抓第四轮产业革命机遇期。目前，中国与欧美国家站在第四轮科技革命与产业革命的同一起跑线上。随着国内产业结构升级，向产业链高端攀升，不可避免地会面临美国、欧洲国家、日韩等国家的不满。比如，汽车产业是目前国内新能源、人工智能与传统制造业转型融合发展最好的领域之一，但中国的电动新能源汽车也正面临来自欧美国家保护主义政策的打压。

四是坚定不移推进制度型开放，促进形成双循环新发展格局。新业态的形成要与全球潮流连在一起，形成国内国际相互促进的新格局。培育新业态、新模式需要内外贸一体化，换言之，市场体制必须从规则、规制、标准、管理等方面进行改革，形成内外循环一体化、市场化、法治化、国际化的营商环境。为此，2023年12月1日，国务院常务会议研究通过的《关于加快内外贸一体化发展的若干措施》提出，要对标国际先进水平，加快调整完善国内相关规则、规制、管理、标准等，促进内外贸标准衔接、检验认证衔接、监管衔接，推进内外贸产品同线同标同则。

五是勇担大国责任，推出多项具有公共产品属性的国际合作机制。当前以世界贸易组织（WTO）等为首的多边经贸规则面临全球领导力缺失的问题。国家安全被泛化，正常的国际经贸活动受到干扰。中国陆续推出服贸会、进口博览会、链博会等具有公共属性的产品，为促进全球经贸合作、产业链供应链双向开放搭建平台、畅通渠道，让国际合作重回发展这一核心议题。利用这些国际合作平台与机制，中国充分发挥国内发展新机遇优势，扩大与新兴市场和发展中国家的合作，并积极拓展与发达国家的合作领域。

面对中美关系的变化，我们应沉着冷静应对，以国内发展之不变应对美国对我国持续加码的压制。短期内，须及时跟踪美国对华政策动向，不断完善防御性应对工具箱，做好系统性反制应对。长期来看，稳步推进高质量发展，构建国内新发展格局才是根本。

新质生产力的形成有助于抢占发展制高点，培育竞争新优势，蓄积发展新动能。在当前复杂多变的国内外形势下，推动形成新质生产力，当务之急是千方百计激活创新主体，更为充分发挥企业在科技创新和产业创新中的主体作用，使之成为创新要素集成、创新成果转化的生力军，打造科技、产业、金融等紧密结合的创新体系，从而为实现高质量发展提供强大动力和支撑。

当然，中美在科技领域的竞争不仅表现在特定科技领域的领导力方面的竞争，在科技人才吸引、科研生态系统构建和效率、产业结构调整、国家政策等方面也存在竞争，并将决定科技竞争的发展走向。正因如此，习近平总书记在中共中央政治局第十一次集体学习时强调，新质生产力是由技术革命性突破、生产要素创新性配置、产业深度转型升级而催生的生产力，而不仅仅是技术革命中的一项。

中美博弈，危中有机。国内外形势变化是国有经济布局优化和产业结构调整的重要基点。当前，国有经济发展机遇与挑战并存，既面临着国际环境的严峻压力，也面临着国内发展的重大机遇。中国应拿起新质生产力这一武器，化危为机、沉着应对，稳步推进国家民族复兴大业。

因此，未来5~10年是中美竞争或对抗的关键时期，不仅是中美竞争的大决战期，也是中国自身发展的关键期，还可以说是中美面临世界强国地位或重塑世界秩序的大决战期。中国一旦有重大突破，世界就将发生真正的巨变。新质生产力的出现与加快发展，其意义在于此。

第二章

新质生产力的科学内涵和基本特征

习近平总书记在中共中央政治局第十一次集体学习时对新质生产力作出概括。他认为“新质生产力是创新起主导作用，摆脱传统经济增长方式、生产力发展路径，具有高科技、高效能、高质量特征，符合新发展理念的先进生产力质态。它由技术革命性突破、生产要素创新性配置、产业深度转型升级而催生，以劳动者、劳动资料、劳动对象及其优化组合的跃升为基本内涵，以全要素生产率大幅提升为核心标志，特点是创新，关键在质优，本质是先进生产力”。这也是国有企业的发展动力、经济增长方式、发展路径与实现目标。

思想的变革要从学习的自觉开始。国有企业发展与形成新质生产力，要从深刻理解习近平新质生产力重要论述起步。学习与理解新质生产力的概念、内涵、本质与特征，认识新质生产力在高质量发展中的作用机制，从而增强发展新质生产力的理论自觉与实践自觉。

第一节　新质生产力的概念与内涵

习近平总书记在中共中央政治局第十一次集体学习时强调“新质生产力是创新起主导作用，摆脱传统经济增长方式、生产力发展路径，具有高科技、高效能、高质量特征，符合新发展理念的先进生产力质态。它由技术革命性突破、生产要素创新性配置、产业深度转型升级而催生，以劳动者、劳动资料、劳动对象及其优化组合的跃升为基本内涵，以全要素生产率大幅提升为核心标志，特点是创新，关键在质优，本质是先进生产力”。

这里回答了两大问题，即什么是新质生产力、怎样建设新质生产力。同时回答了它“以劳动者、劳动资料、劳动对象及其优化组合的跃升为基本内涵，以全要素生产率大幅提升为核心标志”，新质生产力，起点是“新”，关键在“质”，落脚于“生产力”。

对此，我们首先从对生产力这个概念的认识入手。马克思指出：“劳动首先是人和自然之间的过程，是人以自身的活动来引起、调整和控制人和自然之间的物质变换的过程。”生产力又称为“物质生产力”，是指具有一定生产经验和劳动技能的劳动者运用生产工具对劳动对象进行加工，在生产过程中形成的物质力量。而“生产力当然始终是有用的、具体的劳动的生产力，它事实上只决定有目的的生产活动在一定时间内的效率”。

生产力是人们改造自然、利用自然的能力。生产力是在劳动过程中形成的，是具体的，对社会发展具有重要作用。同时，生产力作为一种物质力量，可以在一定时间内提高生产活动的效率。人类为了生存，需要获取一定的物质资料，而前提是要进行物质资料的生产，在这个过程中，不能单靠自己的脑力和体力，需要借助生产工具辅助生产，提高生产活动效率。也就是说，生产力是人们改造和利用自然界，并在生产过程中形成的物质力量，体现的是人与自然界的关系。

对于新质生产力的“新”，习近平总书记明确其是“摆脱传统经济增长方式、生产力发展路径”，“具有高科技、高效能、高质量特征”。旧是什么，新是什么，都讲清楚了。我们在第一章第三节对影响当前高质量发展存在的突出问题做了充分的揭示，也就是对所谓的“旧”，从事实上进行了回答。

唯物辩证法认为，事物是运动着的，它们处在不断变化、发展之中。构成事物的各要素之间及事物内部和外部环境之间的关系也遵循这一基本规律，随着时代的变迁而不断发生变化。相应地，生产力的内涵也随时代的变迁不断丰富和拓展。在这个过程中，需要摆脱传统经济增长方式、生产力发展路径。我们知道，生产力是历史的，今天的生产力是过去世代积累的结果；生产力又是现实的，表现为庞大的创造社会财富、利用自然、改造自然的能力，同时今天的生产力又是未来生产力的基础。犹如生物体进化，社会发展和进步的过程就是新陈代谢过程，生产力在已有基础上不断地繁衍出新生力量。在传统生产方式下，劳动者、劳动资料、劳动对象是以复制过去为主，生产力发展速度极其缓慢。在原始社会，生产力进步大体以万年甚至10万年为单位来计算；到了农耕社会，生产力进步速度大体以百年为单位来计算；18世纪中后期工业革命以来，生产力进步大体以10年为单位来计算；当今社会已经进入信息化时代，生产力进步甚至以年和月为单位来计算。早在20世纪60年代提出的摩尔定律显示，集成电路上可以容纳的晶体管数目每经过18~24个月就会增加一倍，同时价格下降一半，这在一定程度上揭示了信息技术进步之快；而今天已经远不止这个速度，完全可以用日新月异、一日千里来形容。但是，无论处于什么时代，生产力的发展都是科技进步和新兴产业推动的自然和历史的产物。新质生产力就是在当代科技进步条件下，新兴产业特别是战略性新兴产业、未来产业所产生的具有新的性质、新的属性的利用自然、改造自然的能力，它既有战略性新兴产业生长出的新枝，也有未来产业萌发的新芽，是经济发展的新动能。

“新质生产力”的“新”是指新要素、新业态、新技术等。从新要素维度看，随着生产力的进步和发展，构成事物的要素在数量上有“新”的增加，在结构上有“新”的优化；要素之间的联系在方式上有“新”的升级，在组合上有“新”的变化。随着大数据、云计算、人工智能、物联网和区块链等新技术的发展应用，数字技术延伸了传统生产要素的属性，增加了生产要素的价值，优化了生产要素之间的结构，促进生产要素向多元化、高级化方向发展。随着数字化平台和数字技术的发展，各类生产要素的边界渐趋模糊，彼此之间的联系逐渐打破时间和空间的限制，进而出现新的组合和融合方式。从新业态维度看，在数字技术的广泛渗透和深度赋能下，传统产业实现数字化升级和数字技术的产业化发展，促进产业向高级化方向转型升级。由于新一代信息通信技术具有通用智能和基础平台的双重属性，因此在其影响下，不同产业之间出现跨界融合，不断催生新的产业、萌生新的业态和模式。从新技术维度看，在数字经济时代，“算力+算法”具有超强的自生成性，能够在短时间内实现关键性、颠覆性技术突破，超越传统技术创新和技术进步的范畴。同时，数字技术具有强大的智能化属性，这实际上是一种可能突破规模报酬递减规律的技术创新，本质上仍属于生产力范畴，是生产力在新一轮科技革命和产业变革下的“跃迁”。“质”是指事物的性质和属性，结合当下新一代信息通信技术对各行业的广泛渗透性和较强的赋能作用，“质”可以理解为“生产潜质”，是指通过颠覆性技术突破和关键性技术赋能为生产力提供强大的创新驱动力，使生产力具有更高的生产潜质和生产能力。新质生产力作为时代变迁的产物，是在数智化时代下，以数字技术为支撑，以要素增值为基础，以战略性新兴产业和未来产业为载体，以产业升级为主导方向，以技术创新为根本驱动力，充分整合科技创新资源和现有产业基础，依靠内涵型增长摆脱传统经济增长路径，全方位、多角度为经济发展赋能，因而是一种更加符合高质量发展要求的“新”的“物质力量”，是传统生产力在信息化、数智化生产条件下基于科学技术持续创新突破与产业不断升级发展所衍生的生产力的新形式和新质态。

新质生产力是以第三次和第四次科技革命与产业革命为基础的生产力。从经济学角度来看，新质生产力代表一种生产力的跃迁。它是科技创新在其中发挥主导作用的生产力，是高效能、高效率、高质量的，区别于依靠大量资源投入、高度消耗资源能源的生产力发展方式，是摆脱了传统增长路径、符合高质量发展要求的生产力，是数字时代更显创新性、更具融合性、更体现新内涵的生产力。所谓传统生产力，是指以第一次和第二次科技革命与产业革命为基础，以机械化、电气化、化石能源、黑色化（或者说灰色化，即资源消耗多、环境污染比较严重）、不可持续为主要特征。而新质生产力涉及领域新、技术含量高、知识密度大，是传统生产力在信息化、智能化生产条件下因科技持续突破创新与产业不断升级发展所衍生的新形式和新质态。新质生产力以第三次和第四次科技革命和产业革命为基础，以信息化、网络化、数字化、智能化、自动化、绿色化、高效化为关键提升点。

新质生产力是面向新兴领域的先进生产力。新兴领域主要是指随着新一轮科技革命和产业革命发展，在新一代高新技术群的孕育催化下，不断拓展、衍生并独立形成的领域，是认知域、物理域、信息域、产业域、资本域等综合构成的统一整体。每个新兴领域的形成、发展和演变，都建立在特定的历史条件和生产力发展水平上，曾经的新兴领域可能会成为当前的传统领域，而现在的新兴领域也将成为未来的传统领域。新兴领域大多孕育脱胎于传统领域，但其发展演变过程，反映了不同时代最先进生产力的发展要求。在当前的时代发展阶段和科技创新背景下，着力培育好新一代信息技术、生物技术、新能源、新材料、高端装备、新能源汽车、绿色环保以及航空航天、海洋装备等战略性新兴产业，即体现了新质生产力发展的基本要求。

新质生产力是面向未来产业的先进生产力。科技是第一生产力，是先进生产力的集中体现和主要标志。人类历史上每一次重大科技进步都改进了劳动工具，提高了劳动者素质，使劳动生产率极大提高、产业结构快速优化升级，给经济社会发展增添强大驱动力。而新质生产力作为当前先进生产力的具体表现形式，推动着未来产业的诞生和成长，也有赖于类脑智能、量子信息、基因技术、未来网络、深海空天开发、氢能与储能等未来产业的培育，并在主导产业和支柱产业持续迭代优化升级的过程中不断更新和壮大。从人工智能、工业互联网到大数据，纵观近年来全球经济增长的新产业引擎，无一不是由新技术带来的新产业，进而形成的新生产力。

"新质生产力"的"质"，是指"性质"。新技术、新模式，新产业、新业态，新领域、新赛道，新动能、新优势，丰富的"新"，正引申出深刻的"质"。

——"性质"的质："物质生产力是全部社会生活的物质前提，同生产力发展一定阶段相适应的生产关系的总和构成社会经济基础。"今天，新的物质生产力正在信息化、智能化等条件下形成。

——"本质"的质：这是依靠创新驱动形成的生产力，已区别于大量消耗资源能源的传统生产力。

——"质量"的质：这是体现高质量发展的生产力。劳动力三要素——劳动者、劳动资料、劳动对象，都面临着高质量发展的更高要求。

——"品质"的质：这是以高质量发展带来高品质生活的生产力。

这几个"质"是相通的，相互包容。但是，在这里主要是指"本质"，即依靠创新驱动形成的生产力，已区别于大量消耗资源能源的传统生产力。而这个创新驱动，就是第三次和第四次科技革命和产业革命驱动形成的生产力。

回顾整个人类社会历史进程，其实就是社会生产力从低级到高级、从落后到先进不断发展的过程。生产力是推动社会进步最活跃、最革命的要素。社会主义的根本任务就是解放和发展社会生产力。

第二节　新质生产力的本质

习近平总书记在中共中央政治局第十一次集体学习时强调，新质生产力“特点是创新，关键在质优，本质是先进生产力”。理解与把握先进生产力的本质，对于深刻理解新质生产力、把握新质生产力的规律是有必要的。

在马克思看来，认识一个事物，只有认识了该事物的本质属性，才可以说达到了真正的认识。所以，要认识马克思所说的生产力究竟是一个什么样的事物，就需要认识生产力的本质。所谓本质，是指某事物之所以成为该事物的那些内在的规定性。这种内在规定性，不能被我们的感觉器官直接感知，我们只有分析它的表现形式，才能够去理解它、把握它。因此，认识生产力的本质，不能单纯地使用形式逻辑，而必须使用马克思在形式逻辑的基础上发展起来的辩证逻辑。如果单纯地使用形式逻辑，给生产力下定义，无非是说，生产力就是人们生产物质产品的力量或能力。马克思的辩证逻辑强调透过事物的现象理解事物的本质。

在生产过程中，劳动者和劳动资料内在地结合为一个整体，与另一方的劳动对象相对立。劳动资料是指生产者在生产过程中使用的工具、机械、机器等物体。马克思给劳动资料下了一个科学的定义：“劳动资料是劳动者置于自己和劳动对象之间、用来把自己的活动传导到劳动对象上去的物或物的综合体。”生产力来源于劳动者和劳动资料，这是无可争辩的事实。但是，这样的分析可以确定生产力的范畴，却无法确定生产力的本质。所以，要认识生产力的本质，必须在这种分析的基础上去分析劳动的目的，即分析头脑中的观念的产成品向物质产成品的物化过程。

把劳动对象转变为产成品，是生产的直接目的。这个生产的直接目的，在生产过程开始之前就已经在生产者的头脑里形成了。新质生产力就是摆脱了传统增长路径、符合高质量发展要求的生产力。

从经济学角度看，新质生产力代表一种生产力的跃迁。它是科技创新在其中发挥主导作用的生产力，具有高效能、高质量特征，区别于依靠大量资源投入、高度消耗资源能源的生产力发展方式，是数字时代更具融合性、更体现新内涵的生产力。

“新兴产业”“未来产业”和“新质生产力”相互关联，信号鲜明、意涵丰富——积极发展、培育新兴产业和未来产业，以科技创新引领产业全面振兴，带动新经济增长点不断涌现。

“十四五”规划纲要“发展壮大战略性新兴产业”一章中提到的“战略性新兴产业”，包括新一代信息技术、生物技术、新能源、新材料、高端装备、新能源汽车、绿色环保以及航空航天、海洋装备等。

在“十四五”规划纲要里，有一节是“前瞻谋划未来产业”。未来产业包括类脑智能、量子信息、基因技术、未来网络、深海空天开发、氢能与储能等。

历史唯物主义强调，生产力是推动人类文明不断向前发展的决定力量和动力源泉。回顾农业革命、工业革命和信息革命的发展历史，每一次科技革命都带来技术的颠覆式创新突破，极大地解放和提升了社会生产力，促进经济迅速增长。当今时代，新一轮科技革命和产业变革正深入推进，数字经济与实体经济加速融合，将有力促进新质生产力的形成和发展。这一过程可以从生产力的三个要素视角进行揭示。

落脚于“生产力”，目前学术界一般认为生产力包含三个要素：劳动力、劳动资料和劳动对象，新质生产力“以劳动者、劳动资料、劳动对象及其优化组合的跃升为基本内涵”。三者的“新”是一种基础，优化组合的质变是结果。从劳动力视角看新质生产力的形成，人类文明的演进史也是人类本身进化发展的历史，在生产力不断发展的过程中，劳动力是最重要的推动因素。在信息化、数字化时代，不同技能劳动力的进化速度加快，异质性分工更加显著，劳动者具有丰富的劳动技能和劳动经验，极大地促进了生产力的发展。

随着劳动者所接受的教育水平逐渐提高，科技文化素质进一步优化，劳动技能不断积累和升级。劳动力不仅是生产过程中的投入要素，而且在数字技术的深度赋能下，其劳动技能具备了数字化特征，劳动要素的属性得到进一步拓展。在此过程中，劳动力的使用价值不断增加，劳动要素对其他要素的替代更具数字化、智能化特点，从而促进要素投入结构的优化，有利于提高生产效率和劳动效率，促进新质生产力的形成，为经济高质量发展注入新的强大动能。另外，数字化要素和技术拓展提升了人的数字化思维，有利于促进人的科技化和现代化，推动人的自由全面发展和人的思想解放。由此可见，无论是从人类本身接受的教育和素质提升角度看，还是从劳动力的劳动技能提高角度看，劳动力作为生产力的基本构成要素，总体沿着由“低级”到“高级”的路径不断演进和提升。

新质生产力是当今时代生产者掌握先进生产工具的先进生产力。相较于传统生产力而言，其劳动者技术水平更高，劳动产品质量更高，劳动效率更高、更可持续。具体而言，主要包括人工智能，高端算力和算法，高端芯片的设计生产技术和设备，高端机器人的生产和运用，5G和6G移动通信技术和设备，量子通信技术和设备，现代航空航天技术和设备，深海探测开发技术和设备，高端发动机和盾构机等各类机械设备及操作控制系统，高端太阳能、风能、水能、地热能、海洋能、生物质能等可再生能源技术和设备，核能和氢能等清洁能源，特高压输电技术和设备，现代生命医药技术和设备等，以及能够创新、开发、运用、改进和优化各种高新技术及发展高新产业、改造优化传统产业的高素质的劳动力。

新质生产力是先进劳动资料的生产力。物质资料的生产是人类社会存在和发展的基础。在人类社会演进过程中，人类为了生存，必须维持生活所需的物质资料，这就决定了人类在物质资料的生产过程中必然与自然界产生联系，进而形成社会生产力。生产力是具有一定生产经验和劳动技能的劳动者运用生产工具加工劳动对象进行生产时形成的物质力量。其中，劳动资料中的决定性因素是劳动工具。随着时代变迁，劳动者的素质和技能在不断提升，劳动经验也随着社会化和自动化生产逐渐积累和丰富，同时劳动工具和劳动对象也在不断改进和升级。从蒸汽时代到电气时代再到信息时代，直至当今以生成式人工智能技术为代表的数字化时代，每一次生产技术的变革，以及生产工具的升级和劳动对象的改变，都带来生产力的巨大跃升，促进了社会经济快速发展。

新质生产力是先进劳动工具的生产力。工业革命过程中劳动工具的改进和提升推动着生产效率的极大提高，带来生产方式的巨大变革。在蒸汽时代和电气时代，劳动工具在本质上得到极大改进，从根本上改变了传统人工的生产模式，生产动力由人工转变为蒸汽和电力机械，大规模、机械化生产成为当时资本主义生产方式下的主流生产模式。人类社会进入信息化时代和数字化时代后，劳动工具实现了“质”的跃升，以传统机械为主的生产工具进一步发展为数字化、智能化生产工具，促进工业化和数智化深度融合发展。以计算机技术、互联网技术等的广泛应用为标志，依托大数据、云计算、人工智能等新一代信息通信技术，劳动工具进一步呈现出虚拟与真实交织共生的数字化和智能化特征。被数字化、智能化技术赋能后的劳动工具，可以在生产过程中与资本、劳动、传统技术等生产要素实现更有效率的结合，促进生产要素向多元化、高级化和复杂化发展，表现出较强的提质增效作用。

在企业层面，数字化时代的劳动工具能极大提高企业产出效率，降低单位生产成本和能耗，实现集约、绿色生产。在产业层面，劳动工具的升级促进了劳动要素在产业间的优化配置，为战略性新兴产业、未来产业开辟更广阔的发展空间，进一步促进产业结构高级化发展，加速新质生产力的形成。同时，在生产、分配、交换和消费环节，“数字化”劳动工具所具有的巨大生产潜力，将推动整个经济高质量发展。由此可见，每一次劳动工具的改进和升级，都能够推动新质生产力的形成和跃进，为经济高质量发展注入强大动力。

新质生产力是新的劳动对象的生产力。马克思认为：“一切原料都是劳动对象”，“使用价值或财物具有价值，只是因为有抽象人类劳动对象化或物化在里面”。因此，劳动对象是指人们通过自身劳动对原材料进行加工，使其具有使用价值，并能够满足社会需要的那部分物质资料。劳动对象是物质生产的前提，劳动力和劳动工具只有与劳动对象相结合，才能创造社会财富，不断促进经济发展。劳动对象是人类活动对象化发展的产物，直接体现特定时代的生产力发展状况，不同的劳动对象表征不同的生产力发展水平。在信息化时代和数字化时代，劳动对象由具有传统特征的自然界物质逐渐向具有高新技术化、数智化、虚拟化和自生成性特征的劳动对象转变，如数据、类脑智能、量子信息、新材料和新能源等新型劳动对象，这些都渗透和凝聚了数字化、智能化等元素。随着现代科技创新的不断发展，生成式人工智能、生物技术、高端装备等领域快速发展和变革，相应地，劳动对象的范围和涉及领域也在不断扩大和延伸。特别是随着数据、算力和算法被越来越多地运用到各行业和领域，由此释放出巨大的生产力效能，显著推进新质生产力的形成和发展。

新质生产力是生产要素创新性配置的生产力。新质生产力不是一种技术的运用，而是通过生产要素创新性配置获得的生产力。从马克思主义政治经济学的分析视角来看，从宏观上看，新质生产力是以劳动者、劳动资料、劳动对象及其优化组合的跃升为基本内涵，以全要素生产率提升为核心标志。新质生产力依托于科技创新，但又远超科技创新，它的完整链条至少包括科技投入、科学发现（基础研究）、员工动力（激励机制）、技术发明（科技创新）、产业转化（创造新产业或改造旧产业，即结构调整）、广泛应用（优化或重塑各类要素配置和生产生活方式），包括技术革命性突破、生产要素创新性配置、产业深度转型升级过程。新质生产力是科技创新交叉融合突破所产生的根本性成果，其“质”主要体现为高效能、高效率、高质量。

新质生产力是着力高质量发展的先进生产力。新质生产力的形成和发展依靠科技创新，而创新驱动发展是我国实现高质量发展的前提和保障，以创新驱动发展为主要特征的高质量发展是推进中国式现代化的必由之路。没有创新驱动高质量发展，就没有中国式现代化道路的成功实践。因此，要以国家战略需求为导向，积聚力量进行原创性引领性科技攻关，坚决打赢关键核心技术攻坚战。当然，高质量发展还包括协调发展、绿色发展、开放发展和共享发展等内容，但这些都需要通过创新驱动发展来实现和引领，需要通过新质生产力来推动和支撑。

“新质生产力”，起点是“新”，关键在“质”，落脚于“生产力”。国有企业改革的根本任务是解放和发展国有企业的生产力。对于如何加快培育形成新质生产力，下一步怎么办？国务院国资委秘书长、新闻发言人庄树新介绍了发展新质生产力的思路。庄树新指出，将完善推进机制、优化支持政策，集全系统之力，持之以恒、全力以赴发展战略性新兴产业和未来产业。以央企产业焕新和未来产业启航“两个行动”为抓手，加快在战略性新兴产业收入和增加值占比上取得关键进展，在央企布局结构上实现战略转型。

这里提出“两个行动”，庄树新表示具体部署是：谋划推动一批重大工程，遴选战新产业“百项工程”，建设一批战略性新兴产业集群，实施人工智能AI+等专项行动，抓紧在生物、新材料、新能源汽车等重点领域形成标志性成果；加快以技术突破支撑产业发展，加快培育启航企业、领军企业、独角兽企业，在类脑智能、量子信息、深地深海、激光制造等领域形成标志性产品；系统构建新型产业生态，创新中央企业、地方及各类所有制大中小企业合作模式，强化跨企业、跨领域协同，共建高效协同、良性发展的产业生态，加快战略性新兴产业基金落地见效，切实以科技创新推动产业创新，更好发挥国资央企在加快形成新质生产力、增强发展新动能中的引领作用。显然，国务院国资委已经进入加快形成新质生产力的实际施工层面。

第三节 新质生产力的特征特性

习近平总书记在中共中央政治局第十一次集体学习时强调，新质生产力是创新起主导作用，摆脱传统经济增长方式、生产力发展路径，具有高科技、高效能、高质量特征，符合新发展理念的先进生产力质态。特点是创新，关键在质优，本质是先进生产力。进入21世纪以来，新一轮科技革命和产业变革方兴未艾，并与我国加快转变经济发展方式形成历史性交汇，催生了一大批新技术、新产业、新模式和新业态，成为推动我国经济社会高质量发展的新动能。这些新动能实际上就是新质生产力，也是推动新型工业化的重要动力。

根据习近平总书记对新质生产力特征与特点的分析，我们知道培育和形成新质生产力，关键在“创新”，载体在“产业”，潜力在“要素”。其中，创新包括科技创新、制度创新、组织创新和管理创新等；产业主要是指战略性新兴产业和未来产业；要素既包括资本、劳动、企业家才能等传统要素，也包括科技、知识、数据等新型要素。在现阶段，培育和形成新质生产力的主要目的是推动我国经济内生动力从传统生产力向新质生产力转变、从要素驱动向创新驱动转变、从传统产业向新兴产业转变。培育和形成新质生产力的重点在于发展新产业，要加快推进前沿技术研发和应用，推动战略性新兴产业融合集群发展，深入实施国家战略性新兴产业集群发展工程，构建新一代信息技术、人工智能、生物技术、新能源、新材料、高端装备、绿色环保等一批新的增长引擎。现在，我们对这些特征做具体分析。

第一，新质生产力的关键是新科技。培育和形成新质生产力，关键在于科技创新。党的二十大报告明确提出，“必须坚持科技是第一生产力、人才是第一资源、创新是第一动力，深入实施科教兴国战略、人才强国战略、创新驱动发展战略，开辟发展新领域新赛道，不断塑造发展新动能新优势”。第三次工业革命之后，科技创新和提升全要素生产率成为加快经济发展的主要路径；近年来，科技创新对经济增长的作用进一步凸显，尤其是绿色技术、智能技术、数字技术、健康技术等新技术已经成为加快经济高质量发展的主动能，是新质生产力的“时代化身”。在绿色技术领域，主要关注节能低碳技术、清洁能源技术、绿色交通技术、清洁生产技术、污染治理技术、生态改善技术等；在智能技术领域，主要发展人工智能技术、计算机技术、物联网技术、精密传感技术、量子技术、生物识别技术等；在数字技术领域，重点瞄准大数据技术、区块链、网络安全技术、移动互联技术、元宇宙、云计算技术等；在健康技术领域，主要聚焦生物技术、数字医疗、制药技术、康复技术等。新技术在产业领域应用而形成的生产工艺、制造模式、生产手段、生产工具和生产方式，也都属于新质生产力的范畴，是能够创造财富的劳动资料。

第二，新质生产力的核心是新产业。构成新质生产力的新产业是指应用新技术发展壮大的战略性新兴产业和未来产业，它们既代表着科技创新的方向，也代表着产业发展的方向，具有创新活跃、技术密集、带动能力强、综合效益好、发展前景广阔等特征，关系国民经济、社会发展和产业结构优化升级的全局。战略性新兴产业是新科技与新产业深度融合而形成的产业，它以重大技术突破和重大发展需求为基础，对经济社会全局和长远发展具有重大的引领带动作用，成长潜力巨大。未来产业是代表新科技和新产业长期发展方向，会在未来发展成熟和实现产业转化并将对国民经济产生重要支撑和巨大带动作用但当前尚处于孕育孵化阶段的新产业。新产业是生产力变革的具体表现形式，是新质生产力的“物化代表”。培育和形成新质生产力，要聚焦新一代信息技术、新能源、新材料、新医药、高端装备、生物育种、新能源汽车、绿色环保、民用航空、船舶与海洋工程装备等战略性新兴产业，加强全产业链攻关、全要素支持、全生态发展，提升其对新型工业化的支撑能力；同时，对前沿技术、颠覆性技术进行多路径探索，推动建立国家未来产业先导区，超前谋划布局一批未来产业，加快元宇宙、脑机接口、量子信息、人形机器人、生成式人工智能、生物制造、未来显示、未来网络、未来健康、新型储能等未来产业优先发展，提升其对新型工业化的引领能力。

第三，新质生产力的载体是新要素。随着生产力的不断发展，生产要素的内涵和外延不断拓展，已经不再局限于劳动、资本和土地等“硬要素”，数据、技术、信息、人才等都成为生产活动的投入要素，并且这些“软要素”在产业发展中的作用越来越重要，尤其是人才和数据。数字经济时代，数据成为继劳动、资本、土地、知识、技术、管理之后的新兴战略资源和关键性要素。数据进入生产函数后，催生了云计算、人工智能、边缘计算等新技术，不但能改变生产要素的投入结构，释放生产潜能，而且可以显著提高其他生产要素的使用效率，提升全要素生产率，开辟了新的商业模式，提高了经济效率。人才和数据等新要素成为新质生产力的载体之后，不但是价值的重要来源和产业竞争力的关键，也是新型工业化的重要推动力量。数据要素强调基于大数据的趋势预测，有效地应用各种形式的数字化数据、信息、知识来实现智能决策，对企业业务进行赋能、放大与创新，形成数字资产和数字生产力，并基于数字生产力不断解放人的生产力，重塑人类社会结构和组织结构，为工业发展创造更大、更新、更优的价值。新质生产力是一个革命性的概念，它以数据要素驱动生产力的发展，不仅影响着人类的工作方式、企业的商业模式，更重新定义了人类对生产力发展和创新的理解。

根据对新质生产力特征与特点的分析，我们可以发现培育和形成新质生产力将出现一些新的特性。随着新一代信息技术及生物、能源、新材料等领域颠覆性技术创新不断涌现，数字技术发展呈现融合交叉、多点突破的态势，同时新一轮科技革命和产业变革又赋予生产力更多的时代特征、科技含量和创新内涵，使之呈现出与传统生产力不同的特性。

一是突出的创新性。新质生产力是科技创新发挥主导作用的生产力。借助新一代信息通信技术的赋能作用，传统生产要素在生产过程中转化成一种有可能突破规模报酬递减规律的新生产要素，从而大大增加整个生产过程的附加值。与传统生产力相比，新质生产力的创新性是科学技术持续突破的一种更高层次、更新质态的创新。

二是高效的提质性。在数字经济时代，中、高技能劳动力拥有较高的科学文化素质和智力水平，具备以信息技术为主体的多维知识结构，并且熟练掌握各种新的生产工具，能够对传统劳动对象进行深度开发和加工，由此带来较强的增效提质作用。当前，加强数字创新，激活数据要素，以数据驱动生产方式、需求方式和商业模式的变革，是发展新质生产力的关键。具体地，以“制造数字化”改造传统产业，从而形成新的生产力；以“营销数字化”引导需求发展，满足市场对新产品的个性化需求；以“供应链数字化”赋能生产、流通、交换和消费各环节，创新业务模式，从而提升整个供应链的绩效。表现在中观层面和宏观层面，则有利于实现产业升级和经济高质量发展，并推动新质生产力的加速形成。

三是广泛的渗透性。生产力是在生产过程中形成的物质力量，贯穿于社会再生产过程中生产、分配、交换、消费各个环节。兼具信息和通信特点且具有通用智能和基础平台双重属性的数字技术，与各行业、各领域紧密相连，并在社会再生产各个环节中发挥重要作用，这决定了在数字化赋能条件下，新质生产力将借助科技创新特别是数字技术创新的力量，对社会再生产的各个环节产生重要影响，由此体现了新质生产力在社会生产过程中的广泛渗透性。

四是明显的引领性。从蒸汽时代、电气时代、信息时代，到如今正在经历的数字化时代，每一个时代的更替和前进都离不开科技创新驱动和新型生产力的牵引。当今时代，以大数据、物联网、云计算、区块链和生成式人工智能等为代表的新一代信息通信技术加速演进，科技创新密集涌现，突破性、颠覆性技术创新正在孕育发生，由此驱动劳动技能、劳动素质的显著提升和劳动工具、劳动对象的深刻变革，体现出新质生产力的明显动态性。发展新质生产力所形成的行业生态有助于集合上下游相关产业、科研院所、国家实验室等创新力量，形成新旧协同、相互配合、有机互动的生产力组合链，为传统生产力转型升级创造机遇。

五是显著的融合性。新质生产力不是单一生产要素和生产资料连续追加的结果，而是在不同生产要素和生产资料有机融合的基础上形成的。一方面，在新一代信息通信技术的推动下，劳动者与劳动者之间、企业与企业之间的协作能力大大加强，彼此之间的信息沟通与生产合作更为密切；另一方面，数字化劳动力和新型生产工具的运用使产业链和供应链的联系更为紧密，对市场响应更为迅速，进而促进不同企业、不同行业和不同产业间建立更高效的生产网络。这种融合性不断推动生产方式和经济模式的革新，加速生产过程中资源的整合和优化配置，推动经济高质量发展。这种新的生产方式不仅依赖于技术的创新，更强调人与科技之间的无缝融合、人与自然之间的和谐共处。例如，人工智能和机器学习的发展使得许多重复性的工作可以自动化，从而释放出人类更多的时间和精力专注于创意问题求解、个人需求的满足，以及人与环境的和谐发展。

六是突然的挑战性。新质生产力也伴随着诸多挑战。第一个挑战是数字鸿沟的扩大，即各个阶层的人对数据、技术的拥有和使用的不平等所导致的社会不平等。事实上，新技术的确为人类带来了发展机遇，但对于那些缺乏数字化技能或者数字化设施的人来说，则可能造成他们被排斥和边缘化。因此，如何确保每个人都能够获得必要的教育培训、数据资源和基础设施是新质生产力发展中面临的一个重要问题。新质生产力发展中面临的第二个挑战是人类组织和个人的隐私保护以及数据的安全性。随着技术的发展，个人和组织数据的收集与利用变得越来越广泛和深入。如何保护个人和组织的数据安全，建立透明、可靠的数据使用规范，是维护人类权益和社会安全的关键问题。尽管新质生产力为社会经济发展带来了巨大的机遇和潜力，但其中的挑战和问题也需要及早面对和认真解决，以确保新质生产方式能够更加创新、公平、可持续地造福于整个人类社会。

第四节　新质生产力推进高质量发展的实现途径

研究新质生产力，必须研究新质生产力在高质量发展中的实现途径与运行机制，也就是新质生产力在高质量发展中的作用，结果落在高质量发展上。

习近平总书记在中共中央政治局第十一次集体学习时强调，加快发展新质生产力，扎实推进高质量发展。这里存在一种因果关系，加快发展新质生产力，是为了扎实推进高质量发展。高质量发展是主题，也是目的。发展新质生产力是手段，也是动力。习近平总书记在党的二十大报告中强调："高质量发展是全面建设社会主义现代化国家的首要任务。发展是党执政兴国的第一要务。"后来"必须把坚持高质量发展作为新时代的硬道理"，是2024年中央经济工作会议围绕新时代做好经济工作提出的首要要求。

30多年前，基于当时中国社会的主要矛盾，邓小平同志提出"发展才是硬道理"。中国特色社会主义进入新时代，"落后的社会生产"已经不能概括今天中国的社会生产状况。这就必然要求中国的发展要有质量、有效益、可持续，是以较充分就业和提高劳动生产率、投资回报率、资源配置效率为支撑的发展。因势而变，新时代推动高质量发展，是保持经济持续健康发展的现实使然，是紧扣时代脉搏、适应中国社会主要矛盾变化的历史使然，是遵循经济发展规律，推动从量变到质变的逻辑使然。把坚持高质量发展作为新时代的硬道理，是历史逻辑和现实逻辑的统一。

进入新时代，中国经济已迈上更高质量、更有效率、更加公平、更可持续、更为安全的发展之路。面向未来，高质量发展仍然是建设社会主义现代化国家、实现第二个百年奋斗目标必须紧紧把握、长期坚持的根本要求，是新时代的“硬道理”。因此，深刻认识高质量发展的丰富内涵、核心要义和实践要求，精准把握推动高质量发展的关键，切实增强推动高质量发展的政治自觉、思想自觉和行动自觉十分重要。

2024年1月31日下午，中共中央政治局就扎实推进高质量发展进行第十一次集体学习。中共中央总书记习近平在主持学习时强调，必须牢记高质量发展是新时代的硬道理，发展新质生产力是推动高质量发展的内在要求和重要着力点，必须继续做好创新这篇大文章，推动新质生产力加快发展。推动发展的立足点要转到提高质量和效益上来。要进一步解放思想、转变观念，加快转变经济发展方式，努力实现发展质量、结构、规模、速度、效益、安全相统一。

从经济学角度来看，经济发展的全过程涉及生产要素、生产组织形态、产业体系与技术创新等主要因素的变革。其中，生产要素是生产的基础，生产组织形态影响资源配置与生产效率，产业体系反映产业结构和生产过程中的协作关系，技术创新则是生产力的关键推动力，四者均对经济增长质量具有重要影响。而新质生产力作为当今推动社会进步最活跃的要素，其首先会提高生产要素质量，进而优化生产组织形态，还能促进产业体系转型升级并推动技术创新发展，在经济高质量发展中起着至关重要的作用。因此，分析新质生产力对经济高质量发展的作用机制，需要综合这四个维度，从“生产要素—生产组织形态—产业体系—技术创新”的动态发展视角展开。

第一，推进新质生产力的基础要素建设，提升生产要素质量，培育高端生产要素。

随着生成式人工智能等数字技术的快速发展，传统生产要素与数智化生产要素融合升级，数智化技术叠加、延伸和放大了传统生产要素的功能，极大地提升了生产要素质量。首先，生产要素属性得到延伸。新质生产力能够有效推动数字技术在生产过程中与资本、劳动力等生产要素深度融合，使生产要素具备数字化、智能化特征，从而促进生产要素属性的延伸，推动生产要素向多元化、复杂化和高级化方向发展。其次，实现要素价值增值。生产要素被数字化赋能，在生产过程中具备可替代其他要素的数字化属性，从而使要素价值增加，要素之间的投入比例得到优化，进而促进生产结构的优化升级。最后，在传统自动化生产向"数智自动化"生产转型的过程中，新质生产力作为一种"生产潜力"，能够提升生产要素突破规模报酬递减规律的可能性，使资本、劳动力、土地等传统生产要素摆脱时间和空间的限制，显著提高产出效率，促进高质量发展。

尤其值得注意的是劳动要素与数字技术结合给高质量发展带来的影响。劳动力作为具备"主观能动性"的生产要素，通过与数字技术结合，将会叠加和提高传统劳动力的生产潜能，促进劳动生产率显著提升。同时，在数字技术快速迭代和强力催化下，劳动者科学文化素质、劳动技能和劳动质量在不断提高。与此同时，在部分行业、领域和岗位，受新一代信息通信技术广泛渗透性和显著创造性的影响，劳动力结构进一步趋向高级化。可以说，在数字化时代，掌握新型生产工具的劳动力，将成为引领新质生产力发展的主导者。数智化人力资本的形成和跃进，成为形成新质生产力最积极、最活跃的因素，为经济高质量发展提供源源不断的动力。

第二，推进新质生产力的新型生产组织形态，优化资源配置方式。

在数字化时代，新质生产力的发展会促进数字技术实现颠覆性创新突破。在数字化平台产业组织模式下，数字技术可以在更大范围内打破时间和空间限制，有效连接需求端和供给端，激活市场主体多样化需求，快速增加社会生产有效供给，达到更高水平的供需精准对接和匹配，从而显著提高资源配置效率。现阶段，我国尚处于工业化发展的中后期，采取链式生产组织方式和标准化、规模化、集群化的生产模式，新质生产力带来数智化技术的创新和突破，可以有效实现生产组织的自动化、数字化、智能化和自生成式更新，从而催生新型生产组织形态和劳动方式。

基于新型供给需求关系和新质生产力的作用，原有的生产组织形态和劳动方式不断发生变革。具体来说，生产组织形态从物理空间的机械化流程、流水线形式和集群化生产逐渐转向依托数字技术和数字空间的智能化、平台化、生态化和共享化生产组织形态；劳动方式由原来的集中式生产逐渐转向远程式、分散式生产。同时，产品生产也由统一化、同质化向定制化、多样化拓展，从而促进生产的线上线下有机结合，数字技术与实体经济深度融合。另外，在新质生产力的推动下，依托数字技术和数字平台，实现要素资源合理流动，最大限度减少要素资源流动过程中的耗散和损失，实现供给端和需求端的有效对接，显著提高资源配置效率，促进经济高质量发展。

第三，推进新质生产力的产业结构优化，产业业态不断升级。

现阶段，我国数字经济发展迅猛，颠覆性科技创新不断涌现。大数据、区块链、云计算、生成式人工智能等新一代信息通信技术快速迭代，相关产业持续升级，新质生产力不断形成，产业业态日益发展，使“数据+算力+算法+新产业和新业态”模式成为助推产业结构持续升级的新动力。其中，数字技术成为产业结构升级的主要手段，数据作为新型生产要素，算力作为新的生产潜力，均对产业升级发挥重要赋能作用，有助于在中短期内形成战略性新兴产业。随着新一轮科技革命和产业变革的持续推进，这种模式还有助于培育代表产业长远发展方向的未来产业。这些产业都将释放出巨大发展潜能，成为催生新质生产力的重要动力源和发展新质生产力的关键载体，为经济高质量发展注入强大动能。

形成新产业、新业态、新模式是新质生产力促进经济高质量发展的必然结果，以重要产业为载体，运用“数据+算法”赋能，广泛应用新一代信息通信技术，促进数智化技术与重要产业深度融合，实现产业结构不断优化和产业业态不断升级，助推经济高质量发展。

首先，有效利用核心主导产业的乘数倍增效应。数字技术与产业深度融合发展，促进形成以新一代信息通信技术为支撑的核心主导产业。以数据运用为基础，用算法搭建共享平台，以算力进行技术突破，形成从基础支撑层到核心技术层再向应用场景层延伸的综合结构体系，每一层对生产要素质量的影响及与其他产业的联动效应，都会以乘数倍增速度进行外溢和扩散，推动经济高质量发展。其次，充分发挥交叉融合产业的扩张拉动作用。借助数字技术的赋能特征，发挥核心主导产业的带动作用并与其他产业交叉融合发展，通过扩张拉动和赋能增效进一步促进经济高质量发展。再次，有效利用潜在关联产业的活化驱动效应。将新一代信息通信技术纳入原有生产组织和运行模式，将数字化生产要素作为产业链的上游要素，运用其放大、叠加传统生产要素性状的特点，在各个环节实现附加值增值，促进下游产品和服务在分配、流通和消费环节的活化和创新，从而带来新一轮高质量增长。最后，充分发挥战略性新兴产业和未来产业的赋能提质作用。新兴产业和未来产业主要聚焦新一代信息技术、新能源、新材料、元宇宙、生成式人工智能等领域，这些前沿领域生产力的迭代和更新速度远超其他产业，对经济的赋能和提质作用更为显著。

第四，推进新质生产力有效促进科技创新，显著赋能创新生态系统。

当前，全球科技创新进入密集活跃期，以大数据、云计算、生成式人工智能、物联网等为核心的新一代信息通信技术加速迭代发展，以数字化、智能化、新材料和新能源为主要内容的新一轮科技革命和产业变革正深入推进，“数据+算法+算力”成为产业价值链新高地，正推动科技创新范式深刻变革。数据作为新型生产要素，算法作为新型劳动工具，算力作为技术创新的新型动力，可以显著减少技术创新过程中的成本损耗，提高科技创新效率。科技是第一生产力，是促进经济发展的根本动力，而新质生产力的形成和发展以科技创新为根本驱动力，通过引致科技创新范式的深刻变革，显著地提升科技创新效率，赋能创新生态系统，从而更高效地促进经济高质量发展。

从科技创新具体实现过程来看，在新质生产力的形成过程中和在新一代信息通信技术的作用下，数据要素、数字化劳动力、数字技术等改变了作为主要科技创新主体企业的规模、层级和边界，使企业间的联系方式发生变化，企业外部边界被打破，以企业为主体形成新的创新网络，这种新型创新网络有效突破了地理空间的限制，在更大空间范围（包括实体空间和虚拟空间）内配置创新资源，优化创新要素配置结构，显著提升科技创新要素的配置效率。

从赋能创新生态系统的实践结果来看，新质生产力催生了多元创新主体，并推动技术范式变革向创新范式升级转变，使创新过程逐渐呈现包容性、开放性和共享性特征，同时技术创新方式也逐步向网络化、共享化、协同化和生态化方向发展，有助于促进虚拟和实体创新主体间的有效连接。在新型创新范式下，主体间的连接方式、协作内容均发生改变，产生外溢扩散的技术创新效应，进而孵化新型创新组织和群落。创新生态系统内部与外部环境均发生系统性和颠覆性改变，从要素、主体到组织和群落，再到创新生态系统，由点到面再到整体进入生态有机的创新范式阶段。数字化时代的创新活动已经跨越单纯依靠人力资本投入、线性技术创新的阶段，人与数字化的新联结、人与人工智能的新融合构造了新的创新活动，加速新质生产力对创新生态系统的赋能是促进经济高质量发展的一种更全面、更广泛、更便捷的有效路径。

根据以上分析可知，新质生产力从“生产要素—生态组织形态—产业体系—技术创新”四个维度促进经济高质量发展，这四个维度之间相互联动、有效集成、协同统一，构成新质生产力促进经济高质量发展的有效机制。

第五节　新质生产力的经济学原理

习近平总书记在中共中央政治局第十一次集体学习时强调，高质量发展需要新的生产力理论来指导，而新质生产力已经在实践中形成并展示出对高质量发展的强劲推动力、支撑力，需要我们从理论上进行总结、概括，用以指导新的发展实践。认识与理解新质生产力这一新的生产力理论，认识高质量发展的强劲推动力、支撑力，将为高质量发展站在新的理论高地上提供一定的指导。因此，我们应当从中国特色社会主义政治经济学角度认识理解新质生产力的理论价值与实践价值。

中国特色社会主义政治经济学的重大原则是支配中国特色社会主义经济发展过程、反映中国特色社会主义经济发展趋势的理论原则。2015年12月21日，习近平总书记主持召开中央经济工作会议时强调："要坚持中国特色社会主义政治经济学的重大原则，坚持解放和发展社会生产力，坚持社会主义市场经济改革方向，使市场在资源配置中起决定性作用，是深化经济体制改革的主线。"习近平总书记把坚持解放和发展社会生产力，作为中国特色社会主义政治经济学的首要任务。马克思主义认为，人类社会的发展是自然的历史过程，生产力的发展是人类社会发展的最终决定力量。目前，我国仍处于并将长期处于社会主义初级阶段，经济社会发展的主要矛盾是人民日益增长的物质文化需求同落后的社会生产之间的矛盾，解决这一矛盾的根本出路在于解放和发展生产力。解放和发展生产力是贯穿中国特色社会主义政治经济学的主线，也是创新发展经济理论和经济实践的基本遵循。习近平总书记指出：“全面建成小康社会，实现社会主义现代化，实现中华民族伟大复兴，最根本最紧迫的任务还是进一步解放和发展社会生产力。”新质生产力理论的出现，便是进一步解放和发展社会生产力的努力。

习近平总书记曾经强调指出：“现在，各种经济学理论五花八门，但我们政治经济学的根本只能是马克思主义政治经济学，而不能是别的什么经济理论。”因此，作为经济理论的创新，对于新质生产力的深度认识需要依据马克思主义政治经济学的立场和角度展开。

生产力是一切社会发展的最终决定力量。在马克思主义经典论述中，生产力决定生产关系，经济基础决定上层建筑，生产关系和上层建筑又分别对生产力、经济基础具有反作用。生产力是最革命、最活跃的因素。马克思把发达的生产力写在社会主义、共产主义的旗帜上，认为人们所达到的生产力的总和决定着社会状况，人类社会的历史进程就是社会生产力从低级到高级、从落后到先进不断发展的过程。新质生产力在我国的提出具有可行性和必要性，它是我国基于现阶段经济发展实践和战略部署提出的新概念，这一概念是马克思主义政治经济学生产力—生产关系矛盾运动规律的具体应用，是我国对生产力发展规律认识的进一步深化。

我们来重温一下马克思主义生产力与生产关系理论。新质生产力坚持了马克思主义生产力理论的基本观点。生产力理论是马克思主义政治经济学的基本原理。马克思认为，生产力是一个系统性概念。首先，它是指劳动生产能力。劳动生产力是劳动者的“生产能力”，特别是指劳动者生产使用价值的能力。其次，它是社会部门的集体生产力。在特定生产领域，劳动者基于劳动分工进行劳动协作，“造成了社会生产过程的质的划分和量的比例，从而创立了社会劳动的一定组织，这样就同时发展了新的、社会的劳动生产力”，即集体生产力。最后，它是社会总和生产力，即广义的社会生产力。一个社会在物质生产中所形成的总能力、创造物质财富的总合力，是“一定社会物质生产劳动与那些具有相对独立性（如生产关系、政治制度、文化传统甚至宗教观念）的全部社会因素相互作用的总结果”，马克思认为“人们所达到的生产力的总和决定着社会状况”。

概括起来，马克思主义生产力理论主要包括五大观点：一是生产力是推动人类社会经济发展的核心动力；二是生产力由劳动者和生产资料构成，其中不断更新的生产工具是先进生产力最重要的标志；三是生产力中包括科学，科技进步推动生产资料效能的提升，使得劳动生产能力不断提高；四是任何时代的生产力发展都是先从机器设备开始，制造业是生产力发展的主要支撑性部门；五是生产力与生产关系构成特定的社会生产方式，生产力对生产关系起决定作用，生产关系对生产力也有反作用。

新质生产力是以科技创新为主要驱动力量，以培育和形成战略性新兴产业和未来产业为主要支撑，以推动经济社会高效率、高质量、可持续发展为目标的生产力。当今世界处于百年未有之大变局，全球科技竞争日益白热化。新质生产力概念的提出继承了马克思主义的基本观点，赋予了时代新内涵，是重要的理论创新。

改革开放以来，我国的前沿性、基础性、原创性技术创新及其能力已经有了很大提高。但从传统生产力到新质生产力，其内涵的变化有以下三个突出方面。

一是劳动者。新质生产力的劳动者不同于传统以简单重复劳动为主的蓝领工人，而是能够充分掌握现代技术、操作开发高端先进设备、具有知识快速迭代能力、驾驭新型资源配置的复合型人才。企业家和企业管理群体是其中的重要部分，要培育一大批懂科技、懂管理、懂资本、懂市场、懂金融的战略企业家和企业管理人才。

二是劳动资料。劳动资料中起决定作用的是生产工具，现代化生产工具是新质生产力区别于传统生产力的主要标志，如人工智能、虚拟现实和增强现实设备、自动化制造设备等。

三是劳动对象。与新质生产力相适应的劳动对象，包括数据等新型生产要素和新劳动对象等。三者的优化组合将带动生产力大幅跃升，如大数据模型与人工智能相结合，可能会形成新质生产力爆发式增长的重要支撑。

新质生产力与传统生产力的劳动区分。马克思认为，“生产力属于劳动的具体有用形式”，即相对而言，生产力是劳动的表现形式，劳动是生产力的实质内容。因此，站在马克思主义政治经济学的立场上认识新质生产力需要从蕴含及体现社会经济生活实质内容的劳动发展的角度作出深刻、系统、贴切的考察。

马克思指出：“劳动首先是人和自然之间的过程，是人以自身的活动来引起、调整和控制人和自然之间的物质变换的过程。”由此表明，劳动是一种过程，劳动的过程是人和自然之间的过程，劳动过程表明劳动具有整体性，不能没有作为劳动主体的人，也不能没有作为劳动客体的自然（包括人化自然和人的自然化），劳动必定是劳动主体与劳动客体的统一。任何劳动（具体劳动和抽象劳动）都是具有整体性的，即都是劳动主体与劳动客体合为一体发挥劳动整体作用，任何劳动成果都是在劳动整体作用下取得的。劳动不仅仅是劳动主体活动，不是只指人的自身活动，也是指人以自身的活动来引起、调整和控制人与自然之间物质变换的过程。在任何劳动中，劳动主体在劳动整体中只起到施动性作用，而不是全部的劳动作用，相应地，劳动客体在劳动整体中起受动性作用，即劳动主体的施动性作用与劳动客体的受动性作用共同构成真实的劳动整体作用。也就是说，根据马克思的界定，作为生产力的实质内容存在的劳动是人和自然之间的过程，是劳动主体与劳动客体的统一。所以，从形式上讲，新质生产力是新的劳动者与生产力新的物的因素的统一。而从内容上讲，新质生产力是新型劳动主体与新型的劳动客体统一的新质劳动的体现。

在当今时代，这一新质劳动就是智能劳动。智能劳动是在新技术革命之后随着计算机技术的普及运用才出现的新质劳动，是指以智能型劳动者为劳动主体、以智能化数字化技术与装备为主要劳动客体资产条件和其劳动客体自然条件合为劳动整体的各行各业劳动。

相比之下，传统生产力体现的是历史与现实的传统工业劳动。工业劳动是以技能型劳动者为劳动主体、以社会化大生产的机器设备技术为主要劳动客体资产条件和其劳动客体自然条件合为劳动整体的工业各个部门劳动。而从现在起步的未来社会发展需要的新质生产力的实质内容是智能劳动。也就是说，在工业经济社会，是以工业劳动为主，体现传统生产力的发展。而在走向未来的知识经济社会，将是以智能劳动为主，体现新质生产力的发展。知识经济是指工业经济高度发达之后形成的社会劳动以智能劳动为主时期的社会经济发展形态。在社会主义初级阶段市场经济体制下，实现共同富裕，需要高效能地形成新质生产力，即依靠在中国式现代化的奋进中发展到一定程度的智能劳动创造财富、提高广大劳动者的收入水平，而不是依靠非市场化的分配。

智能型劳动者是新质生产力中的人的因素，是智能劳动中的劳动主体。智能型劳动者是以计算机为主要劳动工具，从事科学研究或掌握各种高新技术（包括人工智能技术）进行智能劳动的劳动者。智能型劳动者不同于掌握各种工业技术的技能型劳动者。技能型劳动者是工业经济中最主要的社会劳动者，在支撑工业经济发展和发达中普遍起到了重要作用。相比之下，智能型劳动者并非毫无技能，而是在拥有一定技能的基础上可以依靠计算机进行智能化的创造性劳动的劳动主体。

总而言之，智能劳动的劳动主体是智能型劳动者，智能劳动的劳动客体是智能化数字化的生产资料或劳动工具以及依靠人工智能和数字技术开发的新的劳动对象，由此构成新质生产力。这不同于传统工业劳动的劳动主体是技能型劳动者和传统工业劳动的劳动客体是以大机器和自动化生产线为主的生产资料或劳动工具以及传统的劳动对象构成的旧质生产力。新质生产力中的人的因素是智能型劳动者，新质生产力中的物的因素是智能劳动的劳动客体。所以，从马克思主义政治经济学研究的立场和角度来认识，形成新质生产力需要在新时代中国特色社会主义市场经济建设中和实现中国式现代化的进程中大力发展智能劳动。为此，需要培育大批的智能型劳动者，占据科研前沿，坚定地走智能化数字化的经济发展道路，为实现社会主义初级阶段的共同富裕，为高度发达的工业经济社会向更加高度发达的知识经济社会转化做好充分的物质和精神劳动准备。

相较于传统生产力，新质生产力以劳动者、劳动资料、劳动对象及其优化组合的跃升为基本内涵，以全要素生产率提升为核心标志。就劳动者而言，与新质生产力匹配的不是以简单重复劳动为主的普通工人和技术工人，而是充分利用现代技术、适应现代高端先进设备、具有知识快速迭代能力的智力工人；就劳动资料而言，与新质生产力匹配的不是普通机器设备和电子计算机，而是人工智能、虚拟现实和增强现实设备等高端精密仪器和智能设备；就劳动对象而言，与新质生产力匹配的不仅是以物质形态存在的机器设备等，还包括数据等不受空间和时间限制的非物质形态。总之，新质生产力由技术革命性突破、生产要素创新性配置、产业深度转型升级而催生，是代表新技术、创造新价值、适应新产业、重塑新动能的新型生产力。这一理论的提出，反映了由“量”的积累转向“质”的突破的新时代生产力现状，是马克思主义基本原理“随时随地都要以当时的历史条件为转移”的具体体现，开辟了马克思主义生产力理论的新境界。

习近平总书记指出，“学习马克思，就要学习和实践马克思主义关于生产力和生产关系的思想”。“新质生产力”的提出，继承发展了马克思主义生产力理论，标志着我们党对生产力的认识实现了又一次飞跃，对破解发展难题、增强发展动力、厚植发展优势具有重大意义。

第六节　生产力发展的“动力论”

习近平总书记在中共中央政治局第十一次集体学习时强调，加快发展新质生产力，扎实推进高质量发展。发展新质生产力是推动高质量发展的内在要求和重要着力点，必须继续做好创新这篇大文章，推动新质生产力加快发展。

习近平总书记强调，新质生产力已经在实践中形成并展示出对高质量发展的强劲推动力、支撑力，需要我们从理论上进行总结、概括，用以指导新的发展实践。他还指出，科技创新能够催生新产业、新模式、新动能，是发展新质生产力的核心要素。此外，他还强调培育发展新质生产力的新动能。

在这次讲话中，习近平总书记六次讲到“推动”，两次提及“新动能”。推动，就是用力使物体前进或摇动，推而动之。这表明新质生产力是高质量发展的强劲推动力、支撑力，“动力论”的思想贯穿整个讲话。

中国共产党坚持运用马克思主义生产力理论指导中国特色社会主义革命建设实践。从社会主义革命和建设时期毛泽东同志提出“集中力量发展社会生产力，实现国家工业化，逐步满足人民日益增长的物质和文化需要”的主要任务，到改革开放和社会主义现代化建设新时期邓小平同志将“解放和发展生产力”作为社会主义本质，并提出“生产力标准”“科学技术是第一生产力”等重要理论，再到习近平总书记以“新质生产力”回应新时代科技革命大潮、推动高质量发展，均体现了我们党在“一般原理”实际运用中的守正创新。历史实践充分证明，中国特色社会主义理论体系之所以始终是科学的、管用的、有效的，其根本出发点和落脚点就在于始终坚持并发展马克思主义生产力理论，坚持解放和发展生产力的本质要求和根本任务，在实践中不断促进发展客观性、自主性、创造性和现实性的统一。

从“需求”角度看，“新质生产力”的提出缘于我国经济发展环境在多个维度的转变，这种转变为生产力发展带来了一系列新挑战、新课题，从回应挑战的角度看，我国在生产力发展的指向和方式上需要采用新思路、新举措。新征程上我国的现代化建设目标集中体现为两个“十五年”：从2020年到2035年基本实现社会主义现代化，从2035年到21世纪中叶建成社会主义现代化强国。这两个目标的达成以生产力的持续快速发展为前提，例如，2035年我国基本实现社会主义现代化包含着明确的经济目标——人均GDP达到中等发达国家水平，人的全面发展、全体人民共同富裕取得更为明显的实质性进展等，这些都要求GDP、人均GDP增速不能出现大幅回落，需保持在相较于主要发达经济体和世界水平更高的位置。

从实践上看，一个公式出现在我们面前。新质生产力=（科学技术革命性突破+生产要素创新性配置+产业深度转型升级）×（劳动力+劳动工具+劳动对象）优化组合。科学技术革命性突破，居于引领性的、率先突破的地位，以全要素的大幅提升为核心标志。这是以劳动者、劳动资料、劳动对象及其优化组合的跃升为基本内涵，以全要素生产率大幅提升为核心标志，新质生产力是推动高质量发展的内在要求和重要着力点。

确实，新质生产力代表了一种生产力的跃迁。区别于依靠大量资源投入、高度消耗资源能源的发展方式，新质生产力摆脱了传统增长路径，以高效能、高质量为基本要求，以数字化、网络化、智能化为基本特征，是符合高质量发展要求的生产力。所以，无论从什么角度来看，新质生产力的提出都体现了一种认识的创新和超越。

回顾自改革开放以来，我国在不同时期提出生产力这个概念的区别。

一是生产力发展的功能论，即将社会主义功能与生产力发展相联系，从生产力发展的角度认识社会主义制度，明确提出社会主义的本质是解放和发展生产力，消灭剥削，消除两极分化，最终达到共同富裕。这体现出对马克思主义生产力—生产关系矛盾运动规律的具体应用，即通过社会主义制度基础上的经济制度调整来发展生产力，通过生产力发展以及发展成果共享来体现社会主义制度的优势。改革开放总设计师邓小平同志强调“社会主义阶段的最根本任务就是发展生产力”“社会主义的优越性归根到底要体现在它的生产力比资本主义发展得更快一些、更高一些”。

二是生产力发展的基准论，即将生产力发展作为评价我国现代化事业的主要标准，从“生产力视角”来检验各项工作的推进成效。1992年，邓小平同志在南方谈话中提出，衡量一切工作是非得失的判断标准是“三个有利于”：是否有利于发展社会主义社会的生产力，是否有利于增强社会主义国家的综合国力，是否有利于提高人民的生活水平。“生产力标准”是“三个有利于”的重要组成部分，在“三个有利于”中居于首要位置，生产力发展直接影响着国家综合国力和人民生活水平的提高程度。这意味着生产力发展在我国建设、改革和发展进程中居于基础性位置，具有关键性作用。

三是生产力发展的实现论，在现代化建设中，我国不仅明确强调生产力发展的重大作用，而且积极探索生产力发展的实现形式。科学技术在组合劳动、资本、土地等要素方面具有枢纽作用，作为一个人口规模巨大、人均资源约束明显的国家，我国发展生产力必须在有形要素供给之外寻找动力源泉。由此出发，邓小平同志在1988年提出了“科学技术是第一生产力”的著名论断。党的十四大报告明确强调“科学技术是第一生产力，经济建设必须依靠科技进步和劳动者素质的提高”，这意味着我国对生产力发展的实现方式和手段有深刻明确的认识。

四是生产力发展的保障论，即生产力发展不是自然发生的，它必须以生产关系或经济制度的调整完善作为驱动力量。经济制度的调整完善在于通过规则完善来形成稳定预期，激发市场活力，产生激励效应。1978年之后，我国是通过经济体制改革和对外开放程度的提高来形成生产力发展的“制度保障”。党的十四大报告指出“我国经济体制改革的目标是建立社会主义市场经济体制，以利于进一步解放和发展生产力”，这清晰地表明，我国在生产力发展中，不是就生产力谈生产力，而是在社会主义制度基础上，侧重通过生产关系层面的调整或经济制度变革来形成生产力发展的动力源泉。

五是生产力发展的变迁论，即深刻把握生产力的历史性、变化性特征，依据不同时期的客观条件和目标定位，推动生产力发展水平、方式和形态等方面的变迁。新中国成立以来特别是改革开放之后，我国在经过经济持续高速增长之后，生产力水平已发生了前所未有的变动。从更好满足城乡居民需求的角度出发，我国立足于新的战略目标理解和部署生产力发展。2012年以来，中国特色社会主义进入新时代，我国经济则从高速增长阶段转向高质量发展阶段。立足新发展阶段，贯彻新发展理念，构建新发展格局，实现高质量发展，成为新征程上我国经济发展的逻辑主线。党的二十大报告明确提出“高质量发展是全面建设社会主义现代化国家的首要任务”，这意味着生产力发展的背景、目标、重点、方式等均在发生转变，我国是在动态演化视角下认识生产力发展问题的。

六是生产力发展的动力论，即深刻把握生产力的创新性、动态性、推动力特征，依据高质量发展任务定位，推动生产力发展的跃迁。习近平总书记在中共中央政治局第十一次集体学习时强调，加快发展新质生产力，扎实推进高质量发展。发展新质生产力是推动高质量发展的内在要求和重要着力点，必须继续做好创新这篇大文章，推动新质生产力加快发展。生产力不仅是高质量发展，也是发展中国特色社会主义与中华民族伟大复兴的根本动力。以科学技术为先导的新质生产力发展，是社会发展的根本动力。改革开放的动力作用，表现在通过改革开放破除或改革不适应生产力发展的经济基础和上层建筑，让经济基础和上层建筑更适应和促进生产力的发展。

习近平总书记强调，新质生产力已经在实践中形成并展示出对高质量发展的强劲推动力、支撑力，需要我们从理论上进行总结、概括，用以指导新的发展实践。我们现在从新质生产力对高质量发展推动力角度认识与阐述，就是“从理论上进行总结、概括，用以指导新的发展实践”。

总之，随着社会实践变动，我国针对生产力发展的规律性认识在不断深化，功能论、基准论、实现论、保障论、变迁论、动力论等意味着我国针对生产力发展形成了系统、深入的理解，在生产力发展实践基础上总结经验并形成规律认识，把握和利用这些规律也是我国提出“新质生产力”这个概念的重要原因。

第三章

发展新质生产力是一场国企变革

党的二十届三中全会提出，“健全相关规则和政策，加快形成同新质生产力更相适应的生产关系，促进各类先进生产要素向发展新质生产力集聚，大幅提升全要素生产率”。同时要求，“深化国资国企改革，完善管理监督体制机制，增强各有关管理部门战略协同，推进国有经济布局优化和结构调整，推动国有资本和国有企业做强做优做大，增强核心功能，提升核心竞争力”。在新征程中，作为中国特色社会主义经济的“顶梁柱”、先进生产力的代表，在发展与形成新质生产力过程中，国有经济发展将承担更加重要的历史使命，发挥科技创新的主导作用、整合集聚优质创新资源的组织作用、安全发展的支撑作用、绿色低碳先行的示范作用、新型工业化的引领作用。在新质生产力发展过程中，要将国有企业打造成具有全球竞争力的国家战略支撑力量，推动我国经济实现更高质量、更有效率、更加公平、更可持续、更为安全的发展。

第一节　新质生产力是工业革命

中国新一轮工业革命的起始时间与“中国特色社会主义进入了新时代”在时间上是高度吻合的，因此，中国新一轮工业革命实际上等于新时代的中国新一轮工业革命。

2013年，德国在汉诺威工业博览会上推出“工业4.0国家战略”，这被认为是人类第四次工业革命的开端，也开启了各个国家在新一轮产业革命中竞争的序幕。世界各主要经济体纷纷从自身的现状与优势出发，制定了应对新一轮制造业革命的国家战略。美国在2012年3月提出了“国家制造业创新网络（NNMI）计划”，在制造业的4个重点领域列出了9个创新中枢项目；日本在2015年6月公布了《2015年版制造业白皮书》，将3D打印、人工智能和智能ICT作为转型升级的轴心；韩国提出了《制造业创新3.0战略行动方案》，在3D打印、大数据、物联网、ICT服务等 8 项核心智能制造技术中发力；法国提出了《工业新法国2.0》，将智慧物流、新能源开发、智慧城市、未来交通等9个重点领域作为改革的重心。中国也在2015年3月正式出台了《中国制造2025》，作为新一轮工业革命的指导纲要，将工业化与信息化“两化”深度融合发展作为主线，力争在10个重点领域实现突破性发展。

这些年政府相继提出了机器换人、智慧工厂、大数据、“互联网+”和工匠精神等一系列改革举措。有人感觉越是去尝试不同的转型路径，反而越发地感觉迷茫和浮躁。根本原因，就是大家把智能制造当成了一个技术问题来看待，因此在分析其他国家行动时也只是停留在表面的方法和技术上，却忽略了这些行动背后的思维和逻辑。于是当德国有“工业4.0”，我们就有了《中国制造2025》；美国提出“工业互联网”，我们也提出了“互联网+”；日本精益制造做得好，我们就要大力提倡工匠精神。事实上，智能制造并不仅仅是一个技术体系或文化，更重要的是其背后对智慧的理解、解决问题的逻辑和重新定义制造的思维。智能制造是一场工业革命。

数十年来，智能制造在实践演化中形成许多不同范式，包括精益生产、柔性制造、并行工程、敏捷制造、数字化制造、计算机集成制造、网络制造、云制造、智能化制造等，在指导制造业智能转型中发挥了积极作用。不过，众多范式不利于形成统一的智能制造技术路线，给企业在推进智能升级的实践中造成了许多困扰。面对智能制造不断涌现的新技术、新理念、新模式，迫切需要归纳总结出基本范式。智能制造是一个大概念，是先进制造技术与新一代信息技术的深度融合，贯穿于产品、制造、服务全生命周期各个环节及制造系统集成，实现制造的数字化、网络化、智能化，不断提升企业产品质量、效益、服务水平，推动制造业创新绿色协调开放共享发展。

我们学习领悟习近平总书记关于新质生产力的理论，便可以知道这是一场工业革命，而不是单纯的一项科技创新。对于习近平总书记关于新质生产力重要论述的理解，是一个学习、深化认识的过程，也是一个与实践结合的过程。习近平总书记提出发展新质生产力有一个宏大的背景，就是“高质量发展是新时代的硬道理，全面贯彻新发展理念，把加快建设现代化经济体系、推进高水平科技自立自强、加快构建新发展格局、统筹推进深层次改革和高水平开放、统筹高质量发展和高水平安全等战略任务落实到位，完善推动高质量发展的考核评价体系，为推动高质量发展打牢基础”。发展新质生产力是推动高质量发展的内在要求和重要着力点，必须继续做好创新这篇大文章，推动新质生产力加快发展。发展新质生产力具体的目标要求是“新质生产力是创新起主导作用，摆脱传统经济增长方式、生产力发展路径，具有高科技、高效能、高质量特征，符合新发展理念的先进生产力质态。它由技术革命性突破、生产要素创新性配置、产业深度转型升级而催生，以劳动者、劳动资料、劳动对象及其优化组合的跃升为基本内涵，以全要素生产率大幅提升为核心标志”。对科技创新的要求是“能够催生新产业、新模式、新动能”，做法是“及时将科技创新成果应用到具体产业和产业链上，改造提升传统产业，培育壮大新兴产业，布局建设未来产业，完善现代化产业体系。要围绕发展新质生产力布局产业链，提升产业链供应链韧性和安全水平，保证产业体系自主可控、安全可靠。要围绕推进新型工业化和加快建设制造强国、质量强国、网络强国、数字中国和农业强国等战略任务，科学布局科技创新、产业创新”。在这个基础上，突出地强调“要大力发展数字经济，促进数字经济和实体经济深度融合，打造具有国际竞争力的数字产业集群”。这是一个完整的思想体系，也是理论体系。只有理解了这个体系，才能理解这是一场新的科技革命、工业革命。当然，对企业本身也是一场企业革命，是触及思想、行为与发展范式的一场深刻的历史性变革。

从工业1.0的机械化、2.0的电气化、3.0的信息化到4.0的智能化，每个阶段都有一些核心驱动技术，在工业3.0阶段已经利用信息技术来促进自动化的生产，而到了工业4.0的智能化，更加讲究的是制造技术、信息技术和智能技术的集成和深度融合。然而，这些都不是单纯的技术变革。无论是德国提出的工业4.0，还是美国倡导的工业互联网，都是对其产业基础设施在转型升级过程中的整体测试及考验。与美国、德国等发达国家相比，中国制造业基础较弱。发达国家是先工业化后信息化，中国则是工业化与信息化同步发展。中国的企业之间差别很大，有些企业实现了工业3.0，更多的企业可能还处于工业2.0阶段。而且，与国外企业的差距不仅体现在技术和装备上，更多地表现在标准、流程、检测、售后等环节上。中国还没有完成工业化，需要补齐工业3.0的差距。所以，习近平总书记在强调加快发展新质生产力时始终讲的是战略性新兴产业与未来产业，就是从中国多数企业处于工业2.0阶段、少数企业处于3.0阶段、极少数企业处于4.0阶段的现实情况出发的，这是一种实事求是的态度，也是尊重现实、尊重科学的态度。

我们注意到，习近平总书记早就注意到科技与新一轮工业革命的关系。2018年4月20日，习近平总书记在全国网络安全和信息化工作会议上的讲话中强调，网信事业代表着新的生产力和新的发展方向，应该在践行新发展理念上先行一步，围绕建设现代化经济体系、实现高质量发展，加快信息化发展，整体带动和提升新型工业化、城镇化、农业现代化发展。要发展数字经济，加快推动数字产业化，依靠信息技术创新驱动，不断催生新产业新业态新模式，用新动能推动新发展。从这段话中，可以感觉新质生产力思想已经萌生，只是没有用这个词而已。2021年10月18日，习近平总书记在十九届中央政治局第三十四次集体学习时的讲话中强调，数据作为新型生产要素，对传统生产方式变革具有重大影响。数字经济具有高创新性、强渗透性、广覆盖性，不仅是新的经济增长点，而且是改造提升传统产业的支点，可以成为构建现代化经济体系的重要引擎，已经由信息化向智能化发展。习近平总书记总是把科技创新引入工业革命范畴，背景宏阔，认识深邃，理论系统。

综上所述，我们一定要从科技创新的思维中走出来，认识到这是一场工业革命，也是企业革命。树立四个目标，或者叫四个意识，就是以新质生产力推进现代化产业体系建设，推动新型工业化，推动经济高质量发展，推动企业新国企自身变革。

第一，以新质生产力推进现代化产业体系建设。生产力决定生产关系，生产关系又反作用于生产力。回顾人类历史上的几次工业革命，大多是源于特定产业的技术革新，这些变革极大地推动了生产力的进步，从而使这些产业成为经济增长的主要推动力。因此，在新质生产力推进中国式现代化的过程中，需要通过建设现代化产业体系来夯实新质生产力发展的产业基础，通过培育战略性新兴产业并推动未来产业的发展，协调经济体系更加均衡、高效地运行，为社会发展注入新的活力。核心就是合理布局战略性新兴产业、培育未来产业，改造提升传统产业，完善现代化产业体系。

第二，以新质生产力推动新型工业化。党的二十大将基本实现新型工业化作为2035年基本实现社会主义现代化的一项重要目标，并提出了加快建设制造强国、质量强国、航天强国、交通强国、网络强国、数字中国的重要任务。新型工业化道路的“新”，意味着更多地依赖于技术创新和高端制造业的发展，更多地注重人才培养和科技引领，恰好与新质生产力的“新”相契合。新质生产力带来的数字化、网络化、智能化的生产方式将促进工业生产的高效化、精准化和智能化，进而提高产业附加值和国际竞争力，为中国的工业发展提供新的内驱力。

第三，以新质生产力推动经济高质量发展。新质生产力作为当今推动经济增长和社会发展的主要动力之一，它所代表的以创新驱动为核心的生产方式能够改进传统生产力当中难以适应时代发展的部分，不仅对经济发展有巨大影响，也在经济高质量发展中扮演着重要角色，其创新驱动的特性将进一步推动社会主义市场经济体制的优化升级，同时将为国内市场的巩固和国际市场的拓展提供更多可能性，通过对内建设高水平市场经济体制和对外实施高水平对外开放推动高质量发展。

第四，以新质生产力推动新国企建设。加快新质生产力形成，需要企业向高科技、高效能、高质量方向发展，需要克服制约高质量发展的因素，实现劳动者、劳动资料、劳动对象及其优化组合的跃升，以全要素生产率大幅提升为核心标志。习近平总书记强调，生产关系必须与生产力发展要求相适应。发展新质生产力，必须进一步全面深化改革，形成与之相适应的新型生产关系。要深化经济体制、国企改革与科技体制等改革，着力打通束缚新质生产力发展的堵点卡点，建立高标准市场体系，创新生产要素配置方式，让各类先进优质生产要素向发展新质生产力顺畅流动，包括营造鼓励创新、宽容失败的良好氛围，这些都是生产关系范畴。这个过程是对国有企业的全面革新，对很多企业来说是一次浴火重生。现代新国企将以功能使命新、发展动力新、发展产业新、布局结构新、企业范式新、公司治理新、经营质量新、社会形象新，适应新时代新征程上推进中国式现代化的要求。

第二节　国企是新质生产力的平台

习近平总书记高度重视国有企业的地位与作用，他在2014年8月18日中央全面深化改革委员会第四次会议上强调，国有企业特别是中央管理企业，在关系国家安全和国民经济命脉的主要行业和关键领域占据支配地位，是国民经济的重要支柱，在我们党执政和我国社会主义国家政权的经济基础中也是起支柱作用的，必须搞好。要求“国企要做落实新发展理念的排头兵、创新驱动发展的排头兵、实施国家重大战略的排头兵”。

我们有必要回顾一下改革开放以来国有企业在新一轮工业革命中所作出的贡献，以证明国有企业在创新驱动发展与实施国家重大战略中所起的主力军作用。改革开放时代的中国工业革命是以互联网信息技术为核心，从基础研究和高新技术领域着力全方位发展的科学技术革命。这一时期既是总体上延续和发展20世纪50年代以来工业革命的过程，又是拥抱世界融入世界工业革命的过程；既基本跟进了世界第三次工业革命，又孕育了第四次工业革命的因素，在深度和广度上将中国工业革命推上了新的高峰。改革开放新时代的工业高峰，主要得益于在基础研究和高科技领域的深耕厚植。

在基础研究领域，量子科学、铁基超导、外尔费米子、暗物质粒子探测卫星、CIPS干细胞等研究领域取得重大突破；王贻芳研究员获得基础物理学突破奖，潘建伟团队的多自由度量子隐形传态研究位列2015年度国际物理学十大突破榜首。

在高深技术领域，神舟载人飞船与天宫空间实验室实现平稳交会对接；新一代静止轨道气象卫星、合成孔径雷达卫星、北斗导航卫星等成功发射运转；“蛟龙”号载人潜水器、海斗号无人潜水器创造新的最大深潜纪录；自主研发超算系统“神威·太湖之光”居世界之冠；赶超国际水平的第四代隐形战斗机和大型水面舰艇相继服役；国产大飞机、高速铁路、三代核电、新能源汽车等部分战略必争领域抢占了制高点，实现了从“跟跑”到“并跑”和“领跑”的跃升。具体主要体现在以下几个方面。

在航空航天技术领域，中国的征途是星辰大海，中国的民用飞机项目在痛定思痛之后得到了恢复，飞机重新翱翔上了蓝天；广寒宫里的嫦娥寂寞几千年之后，迎来了父母之邦的探测器。尤其值得自豪的是，中国人用自己研制的火箭和宇宙飞船将自己的宇宙飞行员多次送入了太空，成为新世纪以来地球人造访宇宙人员和次数最多的国家，不仅如此，中国的空间实验室还将成为世界各国在太空唯一的宇宙太空船。

在国防科工技术领域，建立起了太空、空中、地上地下、水上水下全方位的军事打击力量。在太空和空中，以“东风”快递为代表的空天、空中武器技术做到了“使命必达”，歼-20、轰-6和运-20等航空器基本赶上了时代的步伐并保障了中国领空的安全，军用卫星和太空武器使得帝国主义势力轻易不敢侵犯中国的太空；在地上地下，以激光炮为代表的新一代武器技术拔得了世界头筹；在水上水下，中国几代人的航空母舰梦成为现实，升级换代后的核潜艇成为保卫国家安全、打击来犯之敌的强大力量。中国不仅建立了强大的海陆空军，而且建立了强大的战略导弹军和空天军。

在电子和互联网技术领域，一、二代技术都是引进的，是“跟跑”；三、四代技术，中国开始了自主创新，是“并跑”；第五代技术，中国实现了全面的超越，是“领跑”，立上了世界互联网技术的潮头。在电子计算机技术方面，超级计算机发挥了我们既有的技术优势，世界超算500强，不论是排位的名次，还是进入500强的计算机台数都进入了世界第一方阵，多年垄断超算速度第一名和前几名。在卫星导航领域，中国建立了自己独立的北斗导航系统，并与GPS导航系统并驾齐驱。这一系列的成就表明，中国电子和互联网技术真正实现了在世界上的超越。

在工业制造技术领域，中国的工业制造技术是全方位的追赶和超越，并在此基础上形成了大国利器。掘进机、挖沙机等高科技机械技术使中国成为“基建狂魔”；三代核电、超高压输电、高速铁路、智能机器人等成为中国制造业的亮丽名片。正是因为有了制造业技术的全方位推进甚至赶超，才使得中国成为制造业大国，并且走在了制造业强国的大路上。

数不胜数的成就，说明中国国有企业在工业革命中是创新驱动发展的排头兵、实施国家重大战略的排头兵、推进现代化的排头兵。

正如“手推磨产生的是封建主的社会，蒸汽磨产生的是工业资本家的社会”，新质生产力的形成也标志着全新生产方式及社会经济形态的出现，从而塑造出全新应用场景、开辟全新市场空间与技术空间、重构利益格局和竞争格局。此时国有企业的“国家队”优势能够使其克服私人部门及市场经济的自发性、盲目性、滞后性，从而在激烈的国际竞争中抢占先机，克服私人部门收益独占与抑制扩散的垄断行为倾向，使其能够作为国家竞争优势的承载者，引领社会生产方式及经济形态率先完成革命性变革。在加快新质生产力形成的新征程中，国有经济发展将承担更加重要的历史使命。国有企业有以下五大功能。

国民经济的“压舱石”。国有经济作为中国特色社会主义经济的“顶梁柱”，除了根据市场规则和秩序从事经济活动、担负国有资产保值增值的经济功能，还促使国民经济始终运行在合理区间，保障我国经济发展的巨轮行稳致远。

科技创新的“国家队”。国有经济作为创新驱动发展的关键支撑力量，大多分布在关系国计民生和国民经济命脉的关键领域和基础性行业，要坚决担负起作为国家战略科技重要力量的责任，从而为塑造大国竞争新优势发挥关键性作用。例如，国家医药集团在世界性新冠疫情到来的时候，与时间赛跑，与病毒较量，58天建成国内首个新冠病毒疫苗P3生产车间，取得了以核酸分子检测试剂盒、康复者血浆疗法、特异性免疫球蛋白、新冠灭活疫苗等为代表的“八个全球率先”重大成果，攻克“卡脖子”技术，实现了从千万剂级到整体年产能超过50亿剂的跨越，源源不断制造出新冠灭活疫苗支援全球150多个国家抗疫。国药集团中国生物成为全球唯一的独立自主在2条技术路线上研发出3款新冠疫苗的企业，使得中国生物新冠病毒疫苗成为全球最大新冠疫苗研发生产基地和供应商，发挥中国新冠病毒疫苗作为全球公共产品的重要作用。

在新征程上，国有企业要充分发挥在整合集聚优质创新资源上的优势，在重大科技成果攻关等方面发挥引领示范作用，切实打造原创技术策源地。国有企业尤其是中央企业要勇当现代产业链链长，牢牢掌握发展主动权，围绕事关国家安全、产业核心竞争力、民生改善的重大战略任务，推动形成产业链上下游协同、高效、融合、顺畅的融通创新生态，超前布局前沿技术和颠覆性技术。

深化改革的“排头兵”。通过改革不断释放制度红利，是中国经济快速发展的重要原因。国有企业改革作为微观领域改革的关键环节，能够对整个经济体制改革发挥重要带动作用。当前，我国正面临着推进深化改革的全新历史阶段，明确国有经济的角色定位，充分释放国有经济活力。

绿色低碳的“先行军”。国有企业作为现代化产业体系的重要组成部分，同时是我国碳排放的重点单位，应当在实现碳达峰碳中和过程中发挥先锋模范作用。在中长期发展规划中，国有企业应将推动碳达峰碳中和纳入发展目标，在一些有利于推动绿色低碳发展的关键技术领域加强与科研院所的技术合作，形成研发合力，加快实现技术攻关和使用。

共同富裕的“保障者”。国有经济作为公有制的重要实现形式、社会主义制度属性的重要保证，必须把实现好、维护好、发展好最广大人民根本利益作为发展的出发点和落脚点，在解决我国发展不平衡不充分问题上发挥关键作用。在新征程上，国有企业要大力提升国有资本配置效率，以更高质量、更高效率地创造国民经济财富。

为更好地加快形成新质生产力、承担新征程的历史使命，国有经济发展将面临：

——在宏观上，在中国式现代化进程中发挥国有经济的主导作用。在加快建设制造强国、质量强国、航天强国、交通强国、网络强国、数字中国等方面发挥关键作用。要将国有企业打造成具有全球竞争力的国家战略支撑力量，推动我国经济实现更高质量、更有效率、更加公平、更可持续、更为安全的发展。

——在中观上，建设现代化经济体系。新质生产力的形成具有系统性、联动性，需要契合于国家生产力总体布局进行结构调整。通过基础性、杠杆性作用与其他生产力发挥整体效能。加快构建新发展格局、统筹推进深层次改革和高水平开放、统筹高质量发展和高水平安全等战略任务落实到位。

——在微观上，打造现代新型国有企业。全面建成社会主义现代化强国需要培育一批能够体现国家实力和国际竞争力、引领全球科技和行业发展的世界一流企业。国有企业要弘扬企业家精神，推进体制机制创新，提高科技创新投入和创新效率，以追求卓越的现代化使命担当，推进世界一流企业建设。

我们高兴地看到，国务院国资委党委坚决贯彻党中央的决策，国资央企战略性新兴产业呈爆发式增长态势。2018—2022年，中央企业战略性新兴产业投资规模增长115.2%。国资央企投资战略性新兴产业迎来爆发式增长的同时，布局发展战略性新兴产业的路线与思路亦越发清晰。

加大力度发展战略性新兴产业，是新一轮国企改革的重要内容。战略性新兴产业代表新一轮科技革命和产业变革的方向，是国家培育发展新动能、赢得未来竞争新优势的关键领域。2023年5月，国务院国资委召开中央企业加快发展战略性新兴产业部署会，国务院国资委党委书记、主任，中央企业加快发展战略性新兴产业专项工作领导小组组长张玉卓强调，中央企业要全力以赴发展战略性新兴产业，切实提高企业核心竞争力。全力以赴，是一种政治表态，也是经济部署。数据显示，2018—2022年，中央企业在战略性新兴产业领域投资规模由0.7万亿元增至1.5万亿元，占全部投资的比重由12.8%提升至27%，年均增长28%。国务院国资委在总结上一年工作时，已经用新质生产力的基调来认识工作。2023年，中央企业实现营业收入39.8万亿元、利润总额2.6万亿元、归母净利润1.1万亿元，实现高质量的稳步增长；累计完成固定资产投资（含房地产）5.09万亿元、同比增长11.4%，其中，战略性新兴产业完成投资2.18万亿元、同比增长32.1%；研发经费投入1.1万亿元，连续两年破万亿元。2023年以来，国务院国资委和中央企业把发展战略性新兴产业和未来产业作为一项牵引性、全局性工作来抓，取得了积极的工作进展。新方向、新动能、新突破，庄树新以"三新"概括，给人感觉清晰。

一是明确了发展新方向。围绕新一代移动通信、人工智能、生物技术、新材料等战略性新兴产业，未来信息等未来产业，启动实施中央企业战略性新兴产业焕新行动和未来产业启航行动，明确了发展重心和方向，细化了任务目标和路径。

二是有效激发了企业新动能。在资源投入、主业培育、人才支撑等方面制定了一揽子政策，给予企业"顶格""管用""解渴"的支持。优化主责主业管理，建立完善主业动态调整机制，鼓励企业加快转型升级、探索新增长点，培育前瞻性战略性新兴产业。各企业抓紧完善适应新产业新赛道布局的体制机制，落地配套政策，敢于创新、勇于探索、大胆试错的氛围正在形成，活力效率不断激发。

三是在布局上取得了新突破。中央企业在战略性新兴产业领域完成投资2.18万亿元、同比增长32.1%，在光伏制氢、碳纤维制造、汽车芯片等领域落地了一批重点项目，在激光制造、量子通信、卫星互联网等领域组建了一批新企业，在电子科技、新能源、生态环保、智能网联汽车等领域推动了一批重组整合，新产业新业态正在成为企业的重要增长点。

国资央企投资战略性新兴产业迎来爆发式增长的同时，布局发展战略性新兴产业的路线与思路也越发清晰。在产业引领方面，国务院国资委的数据显示，2023年一季度，中央企业战略性新兴产业完成投资超2300亿元，同比增长超30%，约占全部投资的1/4。按照国务院国资委此前提出的目标，要加大新一代信息技术、人工智能、生物技术、新能源、新材料等布局力度，加强航空航天、轨道交通、海洋工程、智能装备等高端制造业布局，力争2023年中央企业制造业新增投资的比重达到13%，战略性新兴产业的比重提高2个百分点以上。

近年来，国有资本投资公司发挥股权投资与产业引领作用，加速投资布局战略性新兴产业。2022年，国家开发投资集团有限公司（以下简称国投）战略性新兴产业板块完成长期股权投资52.13亿元，占集团总投资的47.76%。目前，国投共有高新技术企业51家，较2020年初增加27家，新增部分中约70%为通过投资并购实现。锂电池材料领域的容百科技、生物医药领域的微芯生物、视觉AI领域的虹软科技、网络安全与大数据领域的美亚柏科、高端仿制药领域的博瑞医药等上市公司均为国投系基金投资企业。2023年6月初，鑫华半导体完成10亿元B轮融资，中国建材集团旗下的中建材新材料基金成为重要投资方。鑫华半导体是国内唯一实现电子级多晶硅量产且全尺寸覆盖的企业，产能居世界前列。值得关注的是，2022年6月以来，中建材新材料基金已公开的投资项目超过10个：2022年第四季度，中建材新材料基金先后领投集成电路材料研发商奕斯伟材料C轮融资、领投氢燃料电池产品研发商未势能源B轮融资，参与了高性能锂电池隔膜研发商中材锂膜的战略融资；2023年，中建材新材料基金先后参与半导体级多晶硅研发商鑫华半导体、海绵钛生产企业国钛金属、特种纤维材料研发商青昀新材、纳米改性塑料研发商纳琳威、国内光伏异质结产业领跑者华晟新能源，以及无钴锂电正极材料研发商永晗材料的股权融资。

2023年初，招商局集团明确了加大对新兴产业的投资与并购力度。6月25日，凯赛生物公告称，招商局集团拟以不超过66亿元间接参与科创板合成生物领域龙头凯赛生物的定向增发。交易完成后，招商局集团将成为凯赛生物战略投资者暨间接持股17.92%的重要股东。双方将围绕生物基聚酰胺材料开展深入合作，招商局将借此布局合成生物领域，助力集团下属多个实业板块有效降低碳排放，同时为凯赛生物相关产品提供更加广阔的应用场景。

另外，近年来，中国国新控股有限责任公司（以下简称中国国新）发起设立中国国有资本风险投资基金等11只基金，发挥国有资本放大功能，直接出资近300亿元，引导带动社会资本2100亿元，孵化和培育出了一批“专精特新”企业和单项冠军企业，如国产智能芯片龙头寒武纪、领先的芯片测试设备企业华峰测控、人工智能头部企业旷视科技、高精度定位服务商千寻位置等。中国国新相关负责人近日透露，截至2023年4月底，“国新系”基金累计投资战略性新兴产业项目已近220个，投资额超过985亿元。

借力资本市场是中央企业发展新质生产力的突出表现。近年来，国企持续加大战略性新兴产业的投入力度与发展进度。例如，中国移动打造的“九天”人工智能平台，具备了自然语言处理、机器视觉等领域370余项AI能力，赋能智能网络、智能客服、大屏推荐等内外部27个领域830项应用。中国石化加快技术攻关和产业化布局，全国产化48K大丝束碳纤维、PVA光学膜等技术取得重要突破，填补了国内空白，拓展了高端新材料市场。

值得关注的是，科创板上市越发成为国资央企拓宽优质资产融资渠道、培育战略性新兴产业，打造一批“专精特新”“小巨人”和单项冠军企业的有力工具。东方财富Choice数据显示，截至目前，科创板国企数量已增至53家。这53家企业中，有32家央企、21家地方国企，合计首发募集资金达1507亿元。科创板国企以高研发、强技术服务于国家“科技强国”战略，持续攻关关键核心技术，带动自主创新能力不断提升，2022年合计投入研发金额157.98亿元，同比增长17%，研发投入占营业收入的比例平均为11%。科创板已成为助力国企推动战略性新兴产业，实现高质量发展的重要阵地。

得益于上市以来的持续研发，中国通号、中国电研、中复神鹰等11家公司牵头或参与的项目曾获国家科学技术奖等重大奖项；云路股份、厦钨新能、哈铁科技等16家公司入选国家级“专精特新”“小巨人”企业；西部超导等5家公司被评为制造业“单项冠军企业”；有研粉材等5家公司的产品被评为制造业“单项冠军产品”，加快推进了我国现代化产业体系建设和关键产业链自主可控进程。铁建重工上市以来，成功研制高原铁路大直径多支护TBM“高原明珠号”、全球最大直径23米级竖井掘进机“梦想号”、全球首台大坡度螺旋隧道掘进机“北山1号”等多项国之重器，推动中国高端地下工程装备走出了一条从“跟跑”到“并跑”再到“领跑”的自主创新之路。中国通号与高铁电气聚焦高铁列控关键基础装备和铁路接触网供电装备的研发、制造和应用，分别完成了中国高铁列控系统和轨道交通O.C.S供电系统从引进消化吸收再创新到完全自主可控的跨越，实现了将轨道交通核心技术牢牢掌握在自己手里，从根本上保障了国家铁路建设和运输的安全。

第三节　国企加快形成新质生产力的路径

企业高质量发展既是一个具有一定标准设定的绝对概念，又是一个与以往发展状态或范式相比较的相对概念。这意味着，企业需要从原有的相对低质量发展状态演进到新的高质量发展状态，从以往相对粗放的发展范式转变为新的高质量发展范式。国有企业作为全民所有制的实现形式，其生产力是人民的生产力，国有企业自身生产力的形成与发展本就服从于社会主义市场经济的生产力布局原则及形成规律，国有企业的使命与新质生产力的基本特性有明显的契合点，使其能够作为国家产业政策的先行者，引领国家生产力系统的能级跃迁。国有企业在科技领域成为全球“领跑者”，在前沿交叉领域成为“开拓者”。在中国，大批具有世界先进水平的标志性重大科技成果和工程都由国有企业完成突破，一些诸如页岩油气资源开发、可燃冰开采、天地一体化信息网络等重大项目的前瞻性开发也由国有企业实施。

“国有企业的性质与功能、国有企业的地位、国有企业的内外部环境变迁决定了国有企业提升新质生产力、实现高质量发展的应然性。”中国企业管理研究会会长黄速建强调，国家将国有企业作为实现关键核心技术突破、重大原创技术突破、成为产业链“链长”的关键性力量。核心竞争力，是决定国有企业是否能够实现高质量发展的关键因素，是国有企业是否能够拥有持久的竞争优势的关键。核心竞争力，是指能使企业长期或持续拥有某种竞争优势的能力，是企业资源和能力的独特组合。它可以为企业提供相对于竞争对手独特的优势。核心竞争力是在制度影响下组织内积累起来的能力，这种能力是竞争对手难以达到、难以模仿或者无法具备的。而新质生产力已成为提升国有企业核心竞争力的重要因素。在技术研发方面，国有企业拥有较强的实力和资源优势；在市场竞争中，其也具有较强的竞争优势。因此，构建新质生产力是国有企业的使命担当。

国有企业在发展新质生产力、高质量发展方面具有一般性与特殊性。国有企业在发展动力与阻力相互作用中生长，克服路径依赖，难度较大。企业高质量发展的实现过程实际上是企业成长从量变向质变的跨越，而这一过程受到企业发展动力与阻力相互作用强度的影响，特别是形成阻力的制约性因素往往更需要我们关注。从企业高质量发展的约束条件来看，国有企业由于历史成因、现实制约和特殊性质，相较于一般性企业高质量发展具有更多重的制约因素，突出表现为更强的路径依赖、制度依赖和社会依赖。第二次工业革命在重工业方面形成的优势，恰恰成了发展第三次、第四次工业革命的劣势。

国有企业在决策和管理上可能会受到政府或多或少的干预和管控，政府在国有企业高质量发展中扮演着重要角色，需要提供明确的政策指导和支持，同时加强监管和约束，促进企业健康发展。国有企业承担着国家战略和民生保障的重大社会责任，需要更多地关注公共利益和社会影响，以实现经济效益与社会效益的统一。由于历史原因和体制限制，部分国有企业在经营效率上存在不足，需要加强内部改革和创新，提高运营效率和市场竞争力。同时，国有企业通常拥有庞大的员工队伍，涉及员工权益保护和劳动关系管理，需要注重员工参与和激励机制，建立和谐的劳动关系，增强员工的归属感和凝聚力。

国有企业在发展新质生产力、高质量发展中需要充分发挥自身优势，同时面对挑战和问题积极进行改革和创新，实现高质量发展的目标。政府、企业和社会各界应共同努力，提供支持和保障，为国有企业形成新质生产力、高质量发展创造良好的环境和条件。

国有企业发展新质生产力、加快建设世界一流企业、实现高质量发展实质上是要加快提升深嵌于中国制度结构中的国有企业核心竞争力。在中国的制度条件下，国有企业核心竞争力具有整体独特性，这种独特性至少表现为五个方面：战略性、累积性、集体性、协调性、生态性。从现象来看，竞争优势强的国有企业多为特定功能类，这意味着特定功能类国有企业的强核心竞争力与复杂产品和服务技术范式有着比较好的制度适配性，这类国有企业更有可能成为世界一流企业。当然，纯粹竞争领域，即商业1类国有企业也有可能成为世界一流企业，只不过这类国有企业成为世界一流企业、高质量发展的企业要通过竞争，难度更大。

不管是哪类国有企业，国有企业围绕新质生产力提升核心竞争力，路径是相近的。

第一，加强原创性技术创新，奠定新质生产力发展基础。已经载入史册的重大科技革命的发展表明，原创性技术创新是促进社会生产力提升的源泉。一是坚持需求导向和问题导向。从国家急迫、急需的领域出发，长短结合、远近融合，聚焦国有企业创新体系建设，优化配置优势资源，推动科技成果加速向现实生产力转化，加强国有企业知识产权保护，推动实现依靠创新驱动的内涵型新增长，尤其是以原创性技术创新推动短板产业补链、优势产业延链，传统产业升链、新兴产业建链，增强国有企业的产业发展接续性和竞争力。二是充分发挥国有企业各类型技术创新中心、实验室等创新力量的示范引领作用，聚天下英才而用之，组织各类国有创新主体协同协作，走求实扎实的创新路子，为实现高水平科技自立自强立下功勋。三是持续增加技术创新研究投入，建立健全由国有企业牵头出资、其他社会资本共同参与的科创基金体系，形成对“要不来、买不来、讨不来”的关键核心技术创新更为稳定而持续的资金支持格局。

第二，提前布局新产业，促进“靶向创新”走深走实。新产业是加快形成自主可控、安全可靠、竞争力强的现代化产业体系基石，国有企业作为建设现代化产业体系的“主力军”，必须抢占创新制高点，围绕新一代信息技术、人工智能、生物技术、高端装备、绿色环保等领域进行“靶向创新”，完善和健全新型国有企业创新体制，破除一切制约科技创新的思想障碍，最大限度解放和激发科技作为国有企业第一生产力所蕴藏的巨大潜能，把科技创新自主权牢牢掌握在自己手中，力争尽早对重要创新规划、计划、政策和标准进行研究制定，并制定符合国有企业实际的“靶向创新”路线图、施工图和时间表。

第三，进行动力转换，为实现国有企业高质量发展找到新起点。国有企业提升核心竞争力实现高质量发展需要有高质量的发展驱动力，需要从以往支撑规模型发展范式的动力转换到支撑质量效益型发展范式的动力。国有企业发展动力转换的基本方向是由外源性要素驱动转换为内生型自我驱动，具体包括动力来源转换、动力性质转换、动力内容转换、动力主体转换四个方面。

第四，优化内外创新环境，打造可持续、可循环的创新生态。一个可持续、可循环的创新生态是国有企业整合内外部创新资源，激发各类创新主体活力，形成更高创新水平的必要条件。一方面，国有企业要做好“加法”，从能放、能管、管好角度出发，建立国有企业创新权益保障、成果保护、收益分配等机制，健全和完善国有企业科技创新项目市场导向型和任务导向型“双轨评价”制度，为国有企业加快建立以价值、能力、贡献为导向的创新体系奠基。另一方面，国有企业要做好“减法”，完善机构设置，转变工作作风，从抓战略、抓改革、抓规划、抓服务入手，提升能力，减少直接干预，重点强化对规划的引导，给予企业创新主体更多自主权，赋予更大技术路线决定权、经费使用权，让参与创新的人员从烦琐、不必要的机制束缚中解放出来，一门心思搞研究、做创新。

第五，实施战略性重组和新央企组建，实现生产要素创新性配置。加快国有经济布局优化，推动重组整合工作进一步走深走实。一是加强统筹谋划，提升重组整合整体成效，有计划、有节奏地调整优化布局结构。二是突出服务国家战略，把落实创新驱动发展战略、区域协调发展战略，建设科技强国、制造强国、网络强国等战略，作为战略性重组、新央企组建的着力点，持续推动国有资本“三个集中”，充分发挥国资央企的“顶梁柱”和“压舱石”作用。三是聚焦战略性新兴产业发展，大力推进专业化整合。根据战略性新兴产业融合集群发展特点，更大力度开展信息通信、新能源、装备制造等领域专业化整合，积极开辟新赛道、抢占新高地、塑造新优势。

第六，优化内外创新环境，打造可持续、可循环的创新生态。能力再造是实现国有企业高质量发展的根本，国有企业高质量发展要求企业拥有突出的战略资源、核心竞争力和动态能力，需要企业全方位打造一流的内在素质。国有企业能力再造的重点方向包括培育和构建以高素质人才为基础的战略资源群、培养和打造高层次与异质性的商业化能力、提升企业技术创新能力、优化企业技术创新范式、重视从长远视角培育和构建企业生态系统。

中国石化加快锻造科技创新利器，争当践行能源技术革命的排头兵，很有说服力。人类历史上每一次工业革命，都是以能源革命为重要动力；而每一次能源革命，又都是以技术革命为先导。面对深度重塑的世界能源格局，只有把核心技术掌握在自己手中，才能抢占能源革命先机、从根本上保障国家能源安全。中国石化牢记习近平总书记“把技术搞上去”的嘱托和“向地球深部进军”号召，大力推进“深地工程”，打破专家断言8000米以深是油气勘探的禁区的说法。在塔克拉玛干沙漠腹地，打造“深地一号”示范项目，创新形成“超深层储层立体成像”技术和“缝洞体精细雕刻”技术，自主研制的高温高压测井仪器打破国外技术垄断，形成了万米特深井安全高效钻井等一批关键核心技术装备，实现了从“打不成”到“打得快、打得准”的跨越，为“地下珠峰”的油气直达地面架起了高速通道。目前13口井完钻井深超过珠峰高度，钻探垂直深度超过8000米的油气井达到49口，累计油气产量当量已突破770万吨。胸怀推动东方“页岩革命”之志，积极引领页岩气技术创新进程，加快突破陆相页岩油勘探开发理论认识和技术装备，高效建成涪陵国家级页岩气示范区、建设我国首个陆相断陷盆地页岩油国家级示范区，为保障国家能源安全开辟了新领域新阵地。以强大的技术竞争力发展新质生产力，奋力担当国家战略科技力量。

第四节 劳动者、劳动资料、劳动对象

习近平总书记强调，新质生产力“以劳动者、劳动资料、劳动对象及其优化组合的跃升为基本内涵，以全要素生产率大幅提升为核心标志”。企业是新质生产力的载体，新质生产力是由企业承担的。具有某种同类属性的企业的经济活动的集合构成了产业，产业是劳动者集合体即企业之间的再一次集合。新质生产力之新，在于企业与产业构成要素新、组合形式新、作用方式新，使其表现出一种高创新性、强引领性、广渗透性。了解与研究劳动者、劳动资料、劳动对象，是发展新质生产力的重要内容。国有企业发展新质生产力，对劳动者、劳动资料、劳动对象的创新有所认识，对我们认识与领悟习近平总书记关于“劳动者、劳动资料、劳动对象及其优化组合的跃升”的论述是必要的，对于优化组合的跃升，才能从根本上把握。

劳动者就是劳动力，劳动者是生产力中起主导作用的要素，是物质要素的创造者和使用者，物质要素只有被人掌握，只有和劳动者结合起来，才能形成现实的生产力。在现时代，这一新质劳动就是智能劳动。工业经济社会是以工业劳动为主体现传统生产力的发展。而在走向未来的知识经济社会，将以智能劳动为主，体现新质生产力的发展，不同于传统工业劳动的劳动主体技能型劳动者和以大机器和自动化生产线为主的生产资料劳动工具以及传统的劳动对象构成的旧质生产力。为此，国有企业需要培育大批的智能型劳动者，占据科研前沿，坚定地走智能化数字化的经济发展道路。

第一，生产力三要素的创新，提高劳动者素质。新质生产力的出现要求国有企业有高素质的劳动者，持续提升素质的高素质劳动者是形成新质生产力的最本质要求。数智化革命是新质生产力的技术前提。新质生产力的核心特点是创新性，体现在数智化要素对生产力三要素（劳动者、劳动资料、劳动对象）的渗透和提升等方面。

一是劳动者的数智化创新。在数智化革命的推动下，现阶段劳动者接受教育和技能培训的程度远超历史任何时期，其视野、知识、能力、智商、情商得到极大拓展和提升，其劳动素质达到新高度。当数据成为劳动对象、算法成为劳动工具时，劳动者必然需要具备一定的数字素养，掌握一定的数字技能。能够操作、控制、维护数字技术和设备，成为新时代新质生产力劳动者的标配。由此可见，劳动者的能力发生质变，呈现新质化劳动技能。

二是劳动资料的数智化创新。劳动资料的核心是劳动工具，劳动资料高智能化的核心是劳动工具的数智化。数字技术加快发展使传统劳动资料与智能化劳动资料实现融合升级，智能化放大、叠加传统劳动资料的性状，极大地提升了劳动效率。传统以机械为主的生产工具发生颠覆性变化，劳动工具具有虚拟与真实交织的共在性，既包括高速泛在、天地一体、云网融合、智能敏捷、绿色低碳、安全可控的智能化综合性数字信息基础设施，现代计算中心和数据处理中心、电子信息设备设施和各种通信工具等通用性设备，又包括适用于不同领域、行业和群体的商业软件、硬件设施和应用。

三是劳动对象的数智化创新。从劳动对象看，随着数智化革命的推进，人类的劳动对象发生极大的变化，如传统材料的纳米研究等，同时出现新材料、新能源、数据等新的劳动对象。随着科技创新的推进，人工智能、生物技术等领域的发展，劳动对象的范围和领域不断扩大，数据等新型劳动对象在各行各业中广泛渗透。在计算机系统中，各种符号（如字母、数字、字符等）的组合、语音、图像、图形、动画、视频、多媒体和富媒体等被统称为数据。所有能够输入计算机并被计算机程序处理的符号介质都被称作数据。

数据经过加工后被解释为信息，数据是信息的表现形式和载体，信息是数据的内涵。数据被有效收集、整理、分析、挖掘和处理后，可释放巨大的生产力效能。在生产力三要素都发生数智化质变的背景下，生产力本身自然会跃升至新阶段。

第二，劳动资料改进与广泛应用，提高劳动手段。劳动资料也称为劳动手段，在生产工具、基础设施和能源设施三大类劳动资料中最重要的是生产工具。人类劳动和其他生物活动的一个根本的区别，就是人的劳动一开始就是在使用生产工具的条件下进行的。火、弓箭特别是石器是原始社会的代表性生产工具，铜制生产工具是奴隶社会的代表性生产工具，铁制生产工具是封建社会的代表性生产工具，而到了资本主义社会是以复杂的机器体系作为标志性的生产工具。生产工具在一定意义上延长和扩大了人的器官，突破了人自身的生理限制，因而提高了生产力水平。三次工业革命表现为生产工具的突飞猛进：第一次工业革命以工作机的诞生为开始，以蒸汽机作为动力机被广泛使用为标志，人类进入蒸汽时代，用机器代替手工劳动实现了生产工具对劳动者双手的解放；第二次工业革命以电器的广泛使用为标志，人类进入了电气时代，实现了生产工具对劳动者“体力”的极大增强；第三次工业革命即科技革命以原子能、电子计算机、空间技术和生物工程方面生产工具的发明和应用为主要标志，这些生产工具在多方面同时提高了劳动者的素质，原子能让劳动者力大无穷，空间技术工具让劳动者长出翅膀，生物工程工具让劳动者具有看透自身的透视力，最为重要的是电子计算机让劳动者拥有了超强的计算能力，这种超级计算能力将是未来发展的前提与基础。新一轮产业革命正处于进行时，它将以电子计算机与互联网相结合为基础的多领域百花齐放式的生产工具的诞生与使用为标志。劳动资料越来越先进，生产力水平越来越高，这样就会出现新质生产力。

石油是工业之母，是基础能源，也是重要的工业原料。化工关乎产业链供应链安全稳定，新材料是化工的下游，属于战略性、基础性产业。即将在年内下线的世界最快高铁CR450动车组，满载“体重”从500多吨下降到460多吨，碳纤维等新材料发挥了重要作用。碳纤维是一种应用于航空航天等领域的稀有材料，它细如发丝，比重不到钢的1/4，强度却是钢的7~9倍，且耐腐蚀性强，被称为“黑黄金”“新材料之王”。但是，长期以来碳纤维核心技术被海外垄断。为实现国产化，中国石化历经十多年的研发探索，成功攻破大丝束碳纤维关键技术，一举改变我国大丝束碳纤维依赖进口的局面。

碳纤维只是中国石化在新材料领域高质量发展上的一个缩影。在伶仃洋上，中国石化用仅有头发1/10粗细的超高分子量聚乙烯纤维，制成缆绳吊起港珠澳大桥6000吨重的沉管隧道。高性能聚丁烯、阻燃聚丙烯树脂、阻隔应用材料……在中国石油和化学工业联合会最新公布的化工新材料2023年度创新产品上，中国石化7个产品榜上有名，为建设制造强国夯实“材料之基”。

第三，劳动对象的不断扩张，提高生产力水平。劳动对象是劳动者通过劳动资料将劳动施加于其上的东西，是被劳动直接加工改造的对象。最初的劳动对象是自然界物质，但并不是所有的自然界物质都是劳动对象，只有进入生产过程的自然界物质才成为劳动对象。即使到今天，仍然有未被发现、未被利用的未知领域：人类不能完全自由地翱翔太空，对宇宙中占物质总量95%的暗物质还是一无所知；人类不能完全自由地畅游海洋，还不能驻足海洋底部；人类仍然没有完全了解自身，还不能治愈癌症之类的疾病。诸如此类的人类未解的自然之谜不在少数。如果实现了某一领域的重大突破，未知领域转变为已知领域、未知自然界物质转变为已知自然界物质并进入生产过程，这无疑会出现新质生产力。已经进入生产过程的自然界物质，经过人类劳动加工后转换成为有利于进一步劳动加工、可以生产更多更丰富更优质的产品、能够满足人的更多更新更高层次需求的物质资料，这样的物质资料就是原料。原料既可以说是已知的，因为它已经进入生产过程，劳动者正在运用劳动资料对其进行加工生产；原料在一定意义上讲也是未知的，有的原料物理的、化学的属性可能未被发现，如果发现并且利用了原来未被发现的某种原料的属性，这也会提高生产力水平。当今世界，市场成为一种重要的资源，具备劳动对象的属性。市场是一种特殊的资源，市场产生的需求信息是现代生产不可或缺的内容。没有市场需求信息参与的生产是盲目的生产，盲目的生产容易造成不能满足市场需求而出现过剩的现象，这就是无效生产。无效生产导致资源错误配置，造成资源浪费、效率降低，从而破坏了生产力。市场需求信息是生产的指示灯，生产中必须包含市场需求信息，这样才能生产适销对路的产品，提升资源配置效率，提高生产力。市场会在量上产生更多的需求，在质上产生更丰富、更高级的需求，这就刺激生产必须生产出更多、更新、更优质的产品以满足需求，如此形成良性循环。市场还会孕育新技术，促进新技术的不断发展、成熟、跃升，离开了市场，新技术就像植物失去了阳光、空气、水和养料一样逐渐枯萎。市场滋养了新技术，新技术促进生产力的提升，这也是一个良性循环。熊彼特的创新理论明确指出，“开辟一个新市场”是创新的基本形式之一，新市场又孕育新技术以提升生产力水平。加快建设全国统一大市场，可以进一步降低市场交易成本，促进各种要素合理配置，完善创新成果市场化应用的体制机制，支持产业发展，实现发展效率和发展动力变革。由此可见，开辟新市场能够孕育新质生产力。

第四，科学技术的突飞猛进，提高生产劳动效率。科学技术是生产力的重要构成要素，马克思早已经指出“生产力中也包括科学”，邓小平也强调“科学技术是第一生产力”。科学技术与劳动者相结合，表现为劳动者学习与掌握先进的科学技术知识，将其运用到生产实践中，劳动者就可以操作先进的生产工具，有利于劳动者作为主观要素的主观能动作用更好地发挥，提高生产劳动效率。科学技术与劳动资料相结合，表现为劳动者将先进的科学技术运用到劳动资料主要是生产工具的制造上，促使生产工具得以改进与革新，增强生产工具的功能，提高生产工具的效能，收到事半功倍的效果。科学技术与劳动对象相结合，表现为劳动者劳动范围的拓展与劳动内容的丰富，这样劳动者就能够大显身手，生产出更多、更优质的产品以满足自身的需求。科学技术与生产管理相结合，表现为管理的方式与方法得以改进与提升，各种不必要的损失会降低、不必要的矛盾也会减少与化解，管理绩效明显提升。由此可见，科学技术对生产力其他要素有巨大的影响。生产工具是人类劳动力发展程度的测量器，是实物形态的表象，科学技术是生产工具的灵魂。没有科学技术的进步，就不会有先进的生产工具出现，也就不会出现生产力水平的提升与人类社会的进步。人类以随手捡起的树枝、石块等自然物作为生产工具实现生产力的提升，这应该是最初的技术。每一次科学技术的巨大进步，都带来了生产力水平的大幅提升，使人类社会得以向前发展。第四次科技革命正在进行时，这将是以计算机与网络为基础，以大数据、互联网、云计算、区块链及人工智能等技术革新为标志的科学技术革命，这是当下乃至未来的新质生产力的标志。

第五节　国企发展新质生产力的任务

党的二十大报告明确提出，要以中国式现代化全面推进中华民族伟大复兴。国有经济作为我国国民经济的主导力量，必须以推动中国式现代化作为核心使命，围绕中国式现代化内涵特征明确自身的发展要求，加快发展新质生产力，推动高质量发展，完整、准确、全面贯彻新发展理念，以创新驱动带动整体发展，建立现代化产业体系，不断提升企业的核心竞争力，这是中国式现代化背景下国有企业的关键任务，推动高质量发展的重要举措。

发展新质生产力，对国有企业加快功能性改革、机制性改革提出了更高的要求。国有企业要在新一轮产业革命中踔厉奋发、勇毅前行，在发展新质生产力中发挥支撑作用、引领作用和带动作用。

第一，认真学习新质生产力理论，深刻理解新质生产力的指导思想。新质生产力是创新起主导作用，摆脱传统经济增长方式、生产力发展路径，具有高科技、高效能、高质量特征，符合新发展理念的先进生产力质态。习近平总书记提出了“新质生产力”这一新的重要概念，全面系统阐释了新质生产力的重要概念和基本内涵，指出了生产力跃迁发展的路径和方式，对我国企业发展、产业升级和新的国企范式形成提出了新的要求。国有企业应当响应习近平总书记加快发展新质生产力扎实推进高质量发展的号召，充分认识到加快发展新质生产力对中国经济实现高质量发展和以中国式现代化推动中华民族伟大复兴具有重要战略意义，提高认识，指导新的发展实践。应坚持需求导向和问题导向相结合，以国家战略与人民的需要为指引，加快实现由要素驱动、投资规模驱动向创新驱动的根本转变，系统推进新质生产力的形成，以新质生产力为中国式现代化构建新竞争力和持久动力。

第二，坚持全面贯彻新发展理念，明确新质生产力的灵魂。传统发展方式的不可持续决定了我国必须转换发展理念和发展方式，以实现经济社会协调、可持续和绿色低碳发展。发展新质生产力，其目的是实现经济社会的高质量发展，而要实现经济社会的高质量发展，就必须践行“创新、协调、绿色、开放、共享”的新发展理念。创新是引领发展的第一动力，抓创新就是抓发展，谋创新就是谋未来，只有把创新发展置于新发展理念的基础与核心之上，以创新为核心、为动力、为先导，才能真正实现协调、绿色、开放、共享发展，实现新旧动能转换，逐步缩小城乡差距，更好地实现区域均衡发展；才能实现系统性的、整体性的、贯穿于全局的创新发展，更好地形成并发展新质生产力，更好地服务构建新发展格局、推动高质量发展。

第三，实现高水平科技自立自强，为发展新质生产力提供强大支撑。高水平科技自立自强是加快构建新发展格局的本质要求。着力发展高质量经济，加快构建以国内大循环为主体、国内国际双循环相互促进的新发展格局，迫切需要创新做好“动力引擎”、当好“开路先锋”，注入强大动力。发展新质生产力，比过去任何时候都更需要科学技术解决方案，都更需要增强创新这个第一动力。只有勇攀科技高峰，不断实现高水平科技自立自强，才能以强大科技作支撑，以质量变革、效率变革、动力变革推动现代化经济体系建设，为构建新发展格局、形成新质生产力、推动高质量发展提供关键着力点、主要支撑体系和新的成长空间，实现创新驱动型增长，将践行新发展理念的高质量发展目标扎实落地。通用技术集团把发展高端数控机床产业作为第一核心主业，搭建集团机床产业科技创新平台和体系，整合各方科技研发资源为主业服务，整合内部科研资源组建集团机床工程研究院，负责共性技术研究，致力打造成为国家级高端数控机床及关键功能部件技术创新平台。

甘肃酒钢集团充分发挥自产铁水和400系列产品的成本优势，通过技术攻关、工艺优化，将马氏体不锈钢培育成为高强度、高硬度的耐磨的重点特色产品，使得马氏体不锈钢产品被广泛应用于餐厨具、刀剪制品、剃须刀、工业刹车盘、医疗器械、水电等行业领域，还被成功用于国内外知名品牌剃须刀企业，成功替代长期依赖日本、德国进口原材料。

第四，坚持以科技创新为引领，为发展新质生产力提供新动能。科技创新能够催生新产业、新模式、新动能，是发展新质生产力的核心要素。必须加强科技创新特别是原创性、颠覆性科技创新，加快实现高水平科技自立自强，打好关键核心技术攻坚战，使原创性、颠覆性科技创新成果竞相涌现，培育发展新质生产力的新动能。发挥科技创新引领作用，开辟高质量发展新领域新赛道、塑造新动能新优势，为加快发展新质生产力提供持久动力。加强科技创新资源统筹，在创新主体、创新资源、创新环境等方面持续加大统筹力度，加强科技资金、人才队伍、科研基础设施的统筹，提升国家创新体系整体效能。强化国家战略科技力量，增强高质量发展的原动力，开展重点领域关键核心技术攻关，发挥新型举国体制优势，加快突破一批核心技术和标志性重大战略产品。强化企业科技创新主体地位，促进各类创新要素向企业集聚，支持企业提升创新能力，全面激发企业创新活力。鼓励企业家与科学家深度合作，加快科技成果工程化、产业化、市场化和社会化。高质量推动科技成果转化，打造科技、产业、金融等紧密结合的创新体系，构建以企业为主体、市场为导向、产学研用深度融合的技术创新体系，推进科技与经济深度融合，高质量促进科技成果转化，从而为加快形成新质生产力提供持续供给。建设高质量标准体系，强化产业标准系统化、国际化布局，以标准化引领产业创新发展。加强重点产业专利布局，提升工业领域知识产权创造、运用、保护和管理能力。中国二十二冶集团有限公司进驻雄安新区以来，以打造“世界一流、国内领先”的标准定位，创新采用“F+EPC+O”模式，通过“5G+VR”，实现百人数字设计团队线上对BIM模型及图纸的异地协同设计，施工阶段以中央BIM模型为核心统一了施工管理过程中的所有相关数据，并进行智能分析，以科技赋能打造一座绿色零排的“无废工厂”，并与5G数字雄安互联共建，使得这个年产能155万立方米混凝土、127万吨水稳、34万吨沥青的雄安容西1号混凝土搅拌站建成全国首个无废智能搅拌站，成为打造“未来之城”绿色示范新标杆。

第五，构建现代化产业体系，为发展新质生产力提供产业基础。以科技创新驱动产业创新，及时将科技创新成果应用到具体产业和产业链上，改造提升传统产业，培育壮大新兴产业，布局建设未来产业，完善现代化产业体系。加快改造提升传统产业，大力推进企业设备更新和技术改造，推动钢铁等重点行业加快兼并重组，提高产业集中度，提升传统产业在全球分工中的地位和竞争力。巩固优势产业领先地位，增强新能源汽车、光伏、移动通信、电力装备等领域全产业链优势，打造更多中国名片。充分发挥新型举国体制优势，在关键核心技术创新上持续加力发力，开辟更多新领域新赛道，培育壮大新兴产业，聚焦新一代信息技术、新能源、新材料等重点领域，加强技术攻关和成果转化，构建一批新的增长引擎。布局建设未来产业，丰富完善应用场景，培育产业生态，抢占未来竞争制高点。大力发展生产性服务业，推进先进制造业与现代服务业深度融合。围绕发展新质生产力布局产业链，提升产业链供应链韧性和安全水平，保证产业体系自主可控、安全可靠。围绕推进新型工业化和加快建设制造强国、质量强国、网络强国、数字中国和农业强国等战略任务，科学布局科技创新、产业创新。大力发展数字经济，促进数字经济和实体经济深度融合，打造具有国际竞争力的数字产业集群。

第六，推动“四链”深化融合，为发展新质生产力提供安全保障。推动创新链产业链资金链人才链“四链”融合、三次产业跨界融合、数字经济与实体经济加速融合。实施产业基础再造工程，聚焦事关发展和安全的战略需求，找准“卡脖子”“掉链子”薄弱环节，着力补短板、锻长板，提升产业体系自主可控能力，保障极端情况下国民经济循环畅通。围绕重点产业链深入推进“强链补链稳链”，发挥“链主”企业带动作用，强化产业链上下游、大中小企业协同攻关，促进全产业链发展。调整优化产业链布局，加快建设一批世界级先进制造业集群，进一步提升战略性矿产资源供应保障能力，加强产业链关键环节产能储备和备份。完善产业安全发展环境，开展重点领域产业竞争力调查和产业安全评估，建立健全产业救济机制和政策体系。

第七，实施战略性重组和新央企组建，为发展新质生产力提供新配置。实现生产要素创新性配置重要的是加快国有经济布局优化，推动重组整合工作进一步走深走实。一是加强统筹谋划，提升重组整合整体成效，有计划、有节奏地调整优化布局结构。二是突出服务国家战略，把落实创新驱动发展战略、区域协调发展战略，建设科技强国、制造强国、网络强国等战略，作为战略性重组、新央企组建的着力点，持续推动国有资本“三个集中”，充分发挥国资央企“顶梁柱”和“压舱石”作用。三是聚焦战略性新兴产业发展，大力推进专业化整合。根据战略性新兴产业融合集群发展特点，更大力度开展信息通信、新能源、装备制造等领域专业化整合，积极开辟新赛道、抢占新高地、塑造新优势。

第八，促进数字经济与实体经济融合发展，完善数字经济治理体系。数字经济的发展主要体现在数字产业化和产业数字化两个方面，数字经济和实体经济的融合是通过数字产业化和产业数字化实现的。数字产业化是产业数字化的前提和基础，产业数字化是数字产业化的结果和动力。要以数字产业化为引领、以产业数字化为核心，一方面，以产业数字化倒逼数字产业发展，推动数字技术创新和数字产业化发展；另一方面，加快传统产业的数字化转型，鼓励传统产业利用数字技术探索新的业务模式，强化提升传统业务。围绕数字价值链包含的数据生成、数据采集、数据存储、数据分析和数据应用等数据增值环节，衍生数据设备制造、数据服务、数据产品和数据应用等战略性新兴数字业态，加快构建数字价值链是推进数字经济和实体经济深度融合的关键环节。强化数字基础设施建设、深化行业赋能、加快企业数字化转型是在数字产业化和产业数字化协同发展中推进数实融合的重要途径。

发展数字经济既是把握新一轮科技革命和产业变革新机遇的战略选择，又给生产方式带来新挑战。习近平总书记强调："要完善数字经济治理体系，健全法律法规和政策制度，完善体制机制，提高我国数字经济治理体系和治理能力现代化水平。"要实现政府、平台企业、行业组织、媒体及公众等多元主体在数字经济治理中的协同共治。对数字平台和数字企业而言，要完善促进其公平竞争的法律法规，消除垄断和市场壁垒，打击不正当竞争行为。只有使数字技术与作为生产力主体的劳动者真正结合，才能切实加快新质生产力的形成。

第九，推动"四化"深度发展，为发展新质生产力构建绿色底色。以满足人民日益增长的美好生活需要为立足点，瞄准产业升级和消费升级方向，加强质量品牌建设，推进高端化、数字化、智能化、绿色化"四化"深度发展，增强高端产品和服务供给能力，不断提升供给体系对国内需求的适配性。深入实施智能制造工程，推动人工智能、互联网、大数据等新一代信息技术与制造业深度融合，推进工业数字化转型，加快高阶信息通信、数据中心、计算中心等新型信息基础设施建设和应用，深化工业互联网创新应用，推进智能网联汽车、高端机器人等智能化产品的研发和制造；绿色发展是高质量发展的底色，新质生产力本身就是绿色生产力。加快发展方式绿色转型，助力碳达峰碳中和。牢固树立和践行"绿水青山就是金山银山"的理念，坚定不移走生态优先、绿色发展之路。加快绿色科技创新和先进绿色技术推广应用，做强绿色制造业，发展绿色服务业，壮大绿色能源产业，发展绿色低碳产业和供应链，构建绿色低碳循环经济体系。持续优化支持绿色低碳发展的经济政策工具箱，发挥绿色金融的牵引作用，打造高效生态绿色产业集群。同时，在全社会大力倡导绿色健康生活方式。

第十，提升国有企业的核心竞争力，为加快形成新质生产力提高水平能力。生产力跃迁主要力量在企业。通过创新创业和企业孵化、成果转化和技术转移、产学研协同创新、产业结构调整和转型升级、生态构建和文化重塑等方式推动企业由低阶（L0级）向高阶（L5级）迈进，既可以直接支撑生产力的跃迁，加快形成新质生产力，还可以引领地区的经济社会由低阶（L0级）向高阶（L5级）迈进。要充分发挥大企业主力军和中小企业生力军作用，加强优质企业梯度培育，激发推进新型工业化的微观主体活力和动力。深化国有企业改革，完善中国特色现代企业制度，弘扬企业家精神，提升国有企业核心竞争力，促进民营经济发展壮大，加快建设世界一流企业。支持龙头企业做强做大，加快培育具有国际竞争力的大企业和具有产业链控制力的生态主导型企业。坚持管理和服务并重，坚持发展和帮扶并举，加快完善中小企业工作体系、政策法规体系、优质高效服务体系，培育更多“专精特新”中小企业，促进中小企业高质量发展。发挥大企业在技术、标准、资金、人才等方面的优势和中小企业在产业创新、强链稳链中的支撑作用，支持中小企业深度融入大企业供应链，构建大中小企业融通发展的良好生态。

第十一，全面深化国有企业改革，建立与生产力发展要求相适应的生产关系。生产关系必须与生产力发展要求相适应。发展新质生产力，必须进一步全面深化改革，形成与之相适应的新型生产关系。要深化经济体制、科技体制等改革，着力打通束缚新质生产力发展的堵点卡点，建立高标准市场体系，创新生产要素配置方式，让各类先进优质生产要素向发展新质生产力顺畅流动。坚持有效市场和有为政府更好结合，突出管战略、管规划、管政策、管标准，加强行业指导，加强企业服务，健全产业治理体系。优化产业政策实施方式，维护产业链供应链安全，增强产业竞争力。持续深化改革，完善政策法规和标准体系，营造市场化、法治化、国际化一流营商环境，促进产业发展与科技创新、现代金融、人力资源高效协同，扩大高水平对外开放，为发展新质生产力营造良好国际环境。充分发挥我国社会主义市场经济制度优势、全球最完整产业体系供给优势和超大规模市场需求优势，通过改革开放着力打通束缚新质生产力发展的堵点卡点，让各类先进优质生产要素向发展新质生产力顺畅流动和高效配置，不断加快形成新质生产力，实现平衡性、包容性、可持续性的创新发展，进而实现经济社会的高质量发展。

第十二，全方位提高劳动者素质，打造新质生产力新型劳动者队伍。科学技术依靠高素质的人才去掌握、去发展，科学技术只有从知识形态转化为生产工具，劳动资料才能成为现实的物质生产力，这一转化过程要通过提高劳动者素质来实现。社会生产力的发展，归根结底有赖于人的发展，因为人是社会的主体，是生产活动的承担者。教育和人才是推动科技创新、促进生产力跃迁的基础支撑。按照发展新质生产力的要求，畅通教育、科技、人才的良性循环，完善人才培养、引进、使用、合理流动的工作机制。根据科技发展新趋势，优化高等学校学科设置、人才培养模式，为发展新质生产力、推动高质量发展培养急需人才。健全要素参与收入分配机制，激发劳动、知识、技术、管理、资本和数据等生产要素活力，更好体现知识、技术、人才的市场价值，营造鼓励创新、宽容失败的良好氛围。针对未来产业和战略性新兴产业发展趋势，探索多元化的人才培养模式，激发各类人才创新活力和潜力，培养造就一大批与现代科技和社会生产力发展相适应、符合新质生产力发展要求的高素质人才队伍，包括能够创造新质生产力的战略人才和能够熟练掌握新质生产资料的应用型人才，对于新质生产力的形成和发展起着举足轻重的作用。

第四章

我国生产力发展新的历史方位

党的二十届三中全会提出，“当前和今后一个时期是以中国式现代化全面推进强国建设、民族复兴伟业的关键时期”。习近平总书记在黑龙江考察调研期间对“战略性新兴产业”和“未来产业”给予高度关注。他在政治局会议上明确指出，新质生产力“由技术革命性突破、生产要素创新性配置、产业深度转型升级而催生”。正确认识人类四次工业革命历史，对于我们从人类历史发展潮流角度理解习近平总书记关于新质生产力的重要论述是有必要的。

回顾人类四次工业革命历史，国有企业认清新质生产力的历史方位，明白工业革命对中国现代化的影响，结合学习习近平总书记围绕推进新型工业化和加快建设制造强国等重要论述，深刻领悟习近平总书记关于新质生产力对于中国式现代化的论述，把握机遇，在“战略性新兴产业”和“未来产业”中抢占先机，掌握历史主动。

第一节 蒸汽机：第一次工业革命的基础

2023年9月，习近平总书记在黑龙江考察调研期间指出："积极培育新能源、新材料、先进制造、电子信息等战略性新兴产业，积极培育未来产业，加快形成新质生产力，增强发展新动能。"隔日，习近平总书记强调："整合科技创新资源，引领发展战略性新兴产业和未来产业，加快形成新质生产力。"习近平总书记两次讲话中都提及了战略性新兴产业和未来产业。这意味着新兴产业、未来产业在新质生产力中处于决定性地位。我们应该高度重视、深刻理解技术革命在发展新质生产力中的突破性地位与作用。

从18世纪中期开始，人类社会已经充分地享受到第一次工业革命、第二次工业革命和新技术革命伟大的生产力创新成果，而当代新的科技革命和产业变革正在兴起，现实世界已进入智能化数字化的发展时代。目前，我国生产力发展的历史方位，处于第三次、第四次工业革命的交界处。战略性新兴产业和未来产业实际上就是第三次、第四次工业革命。战略性新兴产业、未来产业将成为生成和发展新质生产力的主阵地，是国有企业的主攻方向。劳动资料中的生产工具，是理解战略性新兴产业、未来产业的钥匙。

经济学家很早就发现了技术与经济相互作用下的周期性波动规律。最早的长周期被认为50~60年一个轮回，从复兴、繁荣、衰退、危机再到新的复兴，如此往复。这种50~60年的经济周期，被称为康德拉季耶夫长波。英国经济学家克里斯·弗里曼等基于熊彼特的研究认为，马克思、恩格斯最早发现了这种周期性运动，恩格斯指出由固定资产更替带来了资本主义生产方式的这种周期性变化。这种周期性为历次工业革命所证明。在对技术—经济长周期研究过程中，英国工业革命一般被认为是重要的逻辑“起点”。

“工业革命”一词最早出现在1837年，法国作家热罗姆–阿道夫·布朗基写道：“工业革命正在席卷英国。”18世纪中期，英、法、美、德、俄五国先后开始了从手工劳动向机器生产的转变，生产力迅速发展，经济持续加速增长。后来人们普遍采用“工业革命”一词来描述此次转变所带来的经济社会影响。尽管早在19世纪三四十年代，就有人开始用“工业革命”一词来描述发生在英国的这次经济变革，并且1850年马克思的《资本论》、1845年恩格斯的《英国工人阶级的状况》、1848年穆勒的《政治经济学原理》中都使用过这个词语，但是直到《英国工业革命演讲稿》出版之后其影响力才逐渐显现。1884年阿诺德·汤因比的演讲集《英国工业革命演讲稿》出版，其认为工业革命不仅是一场技术革命，也是一场深刻的社会革命。自此“工业革命”一词开始广为流传。

随着对技术—经济长波研究的深入，工业革命不再特指18世纪至19世纪发生在英、法、德、美等国的经济条件和技术条件的重要变革，而是作为更普遍的定义，指代那些对工业生产和工业经济产生革命性影响的重要变化。由于每一次工业革命都会产生主导产业，因此，也有人直接称之为纺织工业产业革命、蒸汽工业产业革命、电力工业产业革命、信息产业革命与数字化产业革命。

劳动资料中的生产工具是划分经济时代的标志，也是理解第三次、第四次工业革命的钥匙。马克思这样说：“各种经济时代的区别，不在于生产什么，而在于怎样生产，用什么劳动资料生产。劳动资料不仅是人类劳动力发展的测量器，而且是劳动借以进行的社会关系的指示器。”先进的劳动资料不断地被发明与广泛使用是新质生产力最为直接的标志。劳动资料的内容很丰富，在生产工具、基础设施和能源设施三大类劳动资料中最重要的是生产工具。人类劳动和其他生物活动的一个根本的区别，就是人的劳动一开始就是在使用生产工具的条件下进行的。旧的落后的生产工具会逐渐被新的先进的生产工具代替，生产工具的进步代表着生产力水平的提高与人类社会的进步。火、弓箭特别是石器是原始社会的代表性生产工具，铜制生产工具是奴隶社会的代表性生产工具，铁制生产工具是封建社会的代表性生产工具，而到了资本主义社会是以复杂的机器体系作为标志性的生产工具。生产工具在一定意义上延长和扩大了人的器官，突破了人自身的生理限制，因而提高了生产力水平。三次工业革命表现为生产工具的突飞猛进：第一次工业革命以工作机的诞生为开始，以蒸汽机作为动力机被广泛使用为标志，人类进入蒸汽时代，用机器代替手工劳动实现了生产工具对劳动者双手的解放。当然，11世纪到13世纪是马和磨坊的革命，这也是动力革命，到了18世纪中期，由于蒸汽机技术的不断完善，再加上钢铁已经有一定基础，和其他产业合起来形成了一个工业革命的高潮。第二次工业革命以电器的广泛使用为标志，人类进入了电气时代，实现了生产工具对劳动者“体力”的极大增强。第三次工业革命即科技革命以原子能、电子计算机、空间技术和生物工程方面的生产工具的发明和应用为主要标志，这些生产工具在多方面同时提高了劳动者的素质，原子能让劳动者力大无穷，空间技术工具让劳动者长出翅膀，生物工程工具让劳动者具有看透自身的透视力，最为重要的是电子计算机让劳动者拥有了超强的计算能力，这种超级计算能力将是未来发展的前提与基础。

习近平总书记重视产业强国的思想，强调“要围绕推进新型工业化和加快建设制造强国、质量强国、网络强国、数字中国和农业强国等战略任务，科学布局科技创新、产业创新。要大力发展数字经济，促进数字经济和实体经济深度融合，打造具有国际竞争力的数字产业集群”。正确认识与理解四次工业革命过程中人类现代化及中国的情况，了解落后就要挨打、发展才有地位的历史，对我们提高认识、积极培育未来产业、加快形成新质生产力、大力发展数字经济、促进数字经济和实体经济深度融合、增强发展新动能，具有思想启蒙作用与意义。

历史学家研究人类历史时，喜欢用“革命”一词。革命是借用天文学的术语，大约在1668年首次在英语中出现，意思是现存社会猛烈而迅速的变革。迄今为止，人类社会已经历了两类改变历史方向的革命。一类是发生在1万年前的新石器时代革命，把人类从“孤独的、贫乏的、肮脏的、野蛮的和短暂的”狩猎部落转变为或多或少相互依赖的农业社会，农民人数几乎占据全部人口，社会权力和经济资源全部以土地为基础，“土地是财富之父，劳动是财富之母”，也使人类进入了文明社会。另一类是工业革命，它彻底改变了人类的生产方式和生活方式，奠定了现代经济社会的基础。

第一次工业革命发生于18世纪60年代的英国中部地区，英国人瓦特改良蒸汽机之后，由一系列技术革命引起了从手工劳动向动力机器生产转变的重大飞跃。随后自英格兰扩散到整个欧洲大陆，19世纪传播到北美地区。这不仅是一次技术改革，更是一场深刻的经济改革与社会变革。

17世纪中期的英国资产阶级革命推翻了英国的封建专制制度，建立了以资产阶级和土地贵族联盟为基础的君主立宪制度，为工业革命的发生奠定了政治基础。随后的百年时间内，资产阶级通过海外贸易、奴隶贸易和殖民掠夺以及国内实行的国债制度和消费税政策等方式积累了巨额财富，为工业革命提供了所必需的货币资金。英国资产阶级取得决定性胜利之后，城市工业进一步发展，城市人口急剧增加。地主贵族依靠国家机器，强迫农民服从圈地法案。农民无力负担圈地费用，或因失去公有地使用权而无法维持生产和生活，被迫出卖土地。圈地运动配合工业革命，为工业革命提供了充足的劳动力和工业原材料，以及能供养更多的非农业人口，虽然产生了许多不公，客观上确实是工业革命的一个必要前提。此外，工厂手工业的蓬勃发展，积累了丰富的生产技术知识。自15世纪发现新航路起，许多欧洲国家在亚、非、美三洲各自建立殖民地。截至18世纪，这些殖民地不仅为它们提供原料和商品出口市场，还推动了世界贸易的发展。为了满足因世界贸易所引致的庞大需求，人们开始采用机器和其他方法来提高产量。综合以上种种原因，从而引发了工业革命。

第一次工业革命以蒸汽机的广泛应用为显著特点，技术革新主要体现在以下两个重要方面：一是蒸汽机的使用，打破了以往的生产只能依赖人力和畜力的局限，为工业生产、交通运输提供了廉价而充足的动力。二是冶金行业采用焦炭来炼钢等技术革新，能够炼出韧性和强度更好的钢材，为技术革新生产的各种新机器提供了必要的原材料，同时将英国大量的煤炭资源利用了起来。第一次工业革命前后有很多不同的发明，除较为著名且最具代表性的蒸汽机外，还有很多发明对后世影响深远。比如，1733年约翰·凯伊发明飞梭；1764年詹姆斯·哈格里夫斯发明纺纱机；1768年阿克莱特发明水力纺机；1802年瓦特改进了纽特门蒸汽机，现代蒸汽机成型；1807年富尔顿发明了世界上第一艘蒸汽机轮船；1814年史蒂芬孙发明了第一台蒸汽机车；1844年威廉·费阿柏恩发明了兰开夏锅炉……这些技术发明来源于实践经验，科学与技术还没有真正结合。

第一次工业革命首先发生在英国，随后才蔓延到其他欧美国家，首先从轻工业开始，再扩展到冶金、交通运输等其他领域。

第一次工业革命的影响是巨大的。圈地运动和农业技术的改良导致乡村许多剩余人口大举迁入都市，欧洲主导的资本主义经济的世界大规模贸易使得城市和工厂能够吸收这些大量人口，由此造成了都市化的现象及都会区的出现；都会化的生活，让知识与资讯沟通更为便利。在工业化下，现代化交通工具的出现使人们出行更加便利，使得人们更加见多识广。自由经济主义的兴起引起了世界大规模自由贸易，进而出现了一个新富阶层，再加上人们思想上的变化，促使更多的人（当时主要是中产阶级）对民主政治的参与产生浓厚的兴趣，由此导致欧洲各国出现了选举与被选举权，并不断扩大到社会上更多的人群中。

第一次工业革命使生产力大大提高，市场上的商品越来越丰富，巩固了资产阶级的统治地位，大机器生产出现，人类进入“蒸汽时代”；随着大量工厂的成立，工人悲惨的生活及工作环境也逐渐为人们所重视，于是出现了许多慈善机构，主张以社会福利制度改善穷人生活。由于资本主义的周期性经济危机，也由于当时没有任何政府提供的保障，许多工人在因经济危机而失业的情况下过着食不果腹的生活。在正常的经济环境里，生产环境十分恶劣，工人收入也很微薄，这些有限的社会福利并没有在很大程度上改善工人的状况，由此导致劳资双方也就是所谓资产阶级与工人阶级的对立。

第一次工业革命极大地加强了世界各地之间的联系，改变了世界的面貌。英国是第一个完成工业革命的国家，很快成为世界霸主，建立了“太阳永不落的帝国”。随着技术革新带来交通运输的革命性变化，极大地密切了世界各地之间的联系，最终确立了资产阶级对世界的统治，造成了东方从属于西方的格局；许多东方国家和地区被卷入资本主义世界市场，开始沦为西方国家的商品市场和原料产地，先进的生产方式和生产技术传播到世界各地，猛烈冲击着旧思想和旧制度，同时给落后地区带来了深重的灾难，许多落后地区和国家沦为殖民地或半殖民地，国家饱受侵略和压迫，人民饱受殖民和奴役之苦。

在第一次工业革命期间，从1760年到1840年，中国处于清乾隆、嘉庆和道光三位皇帝的统治时期。当时的中国处于封建社会晚期，封闭经济彻底切断了资本主义的可能性；在政治上，皇帝和大臣们几乎没有野心和奢望。1793年，也就是工业革命开始30年后，乔治国王派使者到中国请求建立外交关系，希望与清朝平等接触，减少关税，但乾隆皇帝非常不屑，因为中国在早期甚至更早的时候就已经领先世界，所以清朝统治者极其盲目傲慢。当时，乾隆皇帝下令闭关锁国，并开始封锁来自外部世界的信息，只开放少数通商口岸与外国沟通。正是由于这一政策，清朝落后于世界，中国的工业化在大约70年后才开始。

当我们回顾清朝以来的中国经济史时，自然会产生一种沉重的压抑感。中华民族在技术上曾领先西方几个世纪，在14世纪已经发明了焦炭炼铁的技术，早于欧洲4个世纪，具备了18世纪第一次工业革命的主要条件。可是，在清王朝时，丢失了曾只有它才掌握的许多生产秘密。因此，中国不但没有发生工业革命，反而后退了。人们不难从第一次工业革命的发展过程中，找到中国自明清以来落后于人类现代化的原因。

第二节　电力和重工业：第二次工业革命的进步

19世纪后半期和20世纪初，资本主义工业世界无论是在生产力方面还是在社会关系方面，都经历了重大的发展和变化。这些发展和变化，在理论上被概括为第二次工业革命。

第一次工业革命，实际上就是资本主义工业化的早期阶段。当时，资本主义工业化的重点是发展轻工业，主要任务是在以纺织业为代表的轻工业部门中用机器生产代替手工生产，实现由手工工场制度向工厂制度的过渡。19世纪后半期和20世纪初，资本主义工业化已经发展到了以重工业为重点的新阶段，出现了以“福特制”为代表的流水线生产方式。其主要任务是改造、扩大和创新重工业的各个部门，并利用重工业的雄厚力量确立大工业在国民经济中的统治地位。由此可见，这个时期的工业生产力，是为改变旧的工业内部格局而发展起来的，其主体是重工业及相关的交通运输业，显然不是前一阶段工业的简单继续。

第一次工业革命是在以蒸汽机的发明、应用为特征的第一次技术革命带动下进行的。虽然瓦特在改进蒸汽机的过程中也曾受益于“潜热”原理的启示，但这次技术革命主要是在实践经验的基础上直接发展起来的，它所反映的是当时工艺上的最出色成就。与此相关，在技术革命中大显身手的，也大多是一些直接活跃在生产现场的能工巧匠。因此，这次技术革命在大多数情况下，在近代自然科学和工业实践之间，并没有建立起密切的联系。

第二次工业革命从重工业行业开始，以电力的广泛应用为显著特点。1831年，英国科学家法拉第发现电磁感应现象，根据这一现象，对电作了深入的研究。在进一步完善电学理论的同时，科学家们开始研制发电机。1866年，德国科学家西门子制成一部发电机，后来几经改进，逐渐完善，到19世纪70年代，实际可用的发电机问世。电动机的发明，实现了电能和机械能的互换。随后，电灯、电车、电钻、电焊机等电气产品如雨后春笋般地涌现出来。电力开始用于带动机器，成为补充和取代蒸汽动力的新能源。电力工业和电器制造业迅速发展。

第二次工业革命同第一次工业革命相比，具有以下三个特点：第一，自然科学开始同工业生产紧密结合起来，科技发展促进技术革新，进而推动生产力的发展，科学技术成为推动生产力发展的直接动力。第二，第二次工业革命几乎在几个先进国家同时进行，其规模更大、范围更广、发展更迅速。第三，在一些后起的国家，两次工业革命同时发生，能充分利用其成果，加速经济的发展。

第二次工业革命的生产力快速发展，人类进入电气时代，促进了资本主义经济的迅速发展；垄断与垄断组织形成，主要资本主义国家进入帝国主义阶段；经济结构上，重工业有长足发展，逐步占主导地位；工业布局上，形成西欧和北美两大工业地带；世界经济格局上，资本主义世界市场最终形成；能源结构上，人、畜、风、水、煤—电、石油能源多样化。政治上，形成比较健全的以代议制民主、政党政治和公民自由为特征的资本主义政治模式；社会主义运动蓬勃发展，促进了工人运动和社会主义运动的新发展和列宁主义诞生；对外政策上，列强加紧对外侵略扩张，瓜分世界，殖民体系最终形成；侵略方式由以商品输出为主转为以资本输出为主。

从以上比较不难看出，19世纪后半期和20世纪初的工业，从一开始就具有新的发展方向、新的技术装备和新的规模。因此，工业生产力能够在资本主义制度所能容纳的范围内，继第一次工业革命之后实现又一次历史性的飞跃。人类由纺织时代跨入了钢铁时代，由蒸汽时代跨入了电气时代。同样，人类也是在这个时期才真正地跨入了火车和轮船的时代。随之，重工业终于在世界经济中取得了主导地位。

第一次工业革命，最初只是英国一国的现象，之后法、美、德等国才陆续地在工业化道路上起步，直至19世纪60年代，即英国工业革命发生100年后，称得上实现第一次工业革命的，也只有英国和法国。而19世纪后半期和20世纪初的工业发展，则集中在几十年内。在这段时间里，工业出现了下述几个层次并行扩大的局面：从国际上看，真正的工业化浪潮从以前西欧个别国家扩大至北美、东欧和日本；从工业部门来看，除原有的工业和交通运输部门获得重大技术改造与发展外，还涌现了一批新的、富有生命力的工业部门；从个别国家来看，工业地区在不断地向纵深地区扩展，机械化生产也日益推广。总体说来，这个时期工业发展的场面是极其壮观的。

国际关系上，资本主义世界体系最终形成，各西方国家资本主义政治经济发展不平衡，为重新瓜分世界，引发了第一次世界大战，此外帝国主义国家加强了对落后地区的资本输出，资本主义世界市场最终确立，刺激了东亚国家民族资本主义的产生。

第二次工业革命是生产力的一次飞跃，社会生产关系发生阶段性的重大变革。如果说，第一次工业革命的主要社会后果是确立了工厂制，那么，19世纪后半期和20世纪初工业发展的主要社会后果则是确立了垄断制。重工业、交通运输业的突飞猛进和新技术装备的广泛采用体现了这一时期的“物质生产资料、生产力的变化和发展”，导致了垄断制的最终确立。

虽然工厂制度在第一次工业革命时期已经建立了起来，可是当时的工厂，即便在英国，机器装备都还比较简单，规模一般也不大。同样，美国在1850年也只有41家工厂的资本达到250万美元。上面这些情况表明，第一次工业革命时期所谓的大生产，严格地说，只是相对于手工工场时代而言的。到了19世纪后半期和20世纪初，由于重工业、交通运输业的迅速发展以及广泛采用先进的技术装备，工业单位随之日益扩大，尤其重要的是，一批拥有数以千计万计工人的真正具有近代气派的大企业建立起来了。只有到了这个时候，资本和生产的集中才终于达到了列宁所说的足以引起垄断的“一定阶段”。因为这些大企业不仅是资本和生产大规模集中的产物，而且还是紧接着的下一轮更大规模的资本集中过程的新起点。大企业由于资本雄厚、技术装备优越和获得更大的信用，故拥有极大的优势。于是，通过大企业对中小企业的吞并，资本集中的过程进一步加快了。例如，美国在1893年危机后，便出现了长达10年的大规模企业兼并浪潮，仅1899年就有1208家公司被吞并，连原先曾在美国钢铁工业中首屈一指的卡内基钢铁公司，在1901年也被摩根用高价收买了。此外，以重工业为主体的大生产，本身也具有一种力求实现一体化生产的趋向，如石油企业要求统一经营开采、提炼、运输、销售，钢铁企业要求进行钢铁和焦炭的联合生产，制铝企业要求同时控制电力公司，等等。

企业单位的扩大引起了资本和生产的进一步集中，在这个基础上又导致了更大规模的企业的建立，这是一个循环的过程。当资本和生产集中到一定的阶段，就会形成为数不多的旗鼓相当的最大企业。它们之间的竞争、火并，无论对哪一方来说，都会遇到很大的困难和风险，而彼此联合起来则比较有利和容易。在这种情况下，垄断便会日益普遍地建立起来，并最终在国民经济生活中确立了支配地位。例如，美国在1904年已有440家大托拉斯，资金近204亿美元，控制着1528家大企业；1919年全国有6家拥有10亿美元的公司。德国在1905年也有385家托拉斯，参加的企业达12000家。美国在20世纪初形成的八大财团，除波士顿财团外，都是在重工业和铁路运输部门中形成的。美国之所以成为一个典型的托拉斯国家，同它是重工业、铁路运输业最发达、技术水平最高的国家有着密切关系。德国最早出现的辛迪加是1857年成立的德意志钢铁厂，19世纪70年代后，在钢铁、煤、化学、精密仪器等部门中，迅速地实现了垄断化。俄国的垄断组织以新兴的工业部门作为它的策源地。英国的情况也不例外。上述这些在重工业、铁路运输业中成立的垄断组织，形成了支配各国工业生产的力量，并决定性地促进了垄断形成的过程。

第二次技术革命和以重工业为重点的大工业的发展，对资本主义工业化的完成起了决定性的作用。资本主义工业化的任务是建立、发展大工业并使之在国民经济中取得主导地位。一个国家还没有足够强大的重工业时，就不可能在坚实的基础上建立起完整的工业体系，也就不可能最终完成工业化的任务。第一次工业革命的重点是发展轻工业，通过第二次工业革命，资本主义各国才发展了以重工业为主体的“大生产”和“更大生产”，从而逐步实现了工业化的任务。第二次工业革命代表着资本主义工业化发展的一个崭新阶段，客观上反映了工业发展的必然逻辑和生产进一步社会化的趋势，无疑具有历史的进步性。与此相关，垄断作为在资本主义范围内所做的一次生产关系的调整，反映了资本和生产集中的趋势，这在某种程度上是有利于技术进步和高度社会化生产发展的。正如列宁所指出的，“拥有亿万巨资的大银行企业，也能用从前远不能相比的办法来推动技术的进步”，“竞争变为垄断。结果，生产的社会化有了巨大的进展，特别是技术发明和改良的过程，也社会化了”。

第二次工业革命发生于技术革新层出不穷和世界交往频繁的时代，各个资本主义国家，特别是后起国家，为了争得在世界市场上的优越席位，不得不顺应技术革新的潮流，努力采用新的技术装备，从而出现了各国在经济技术水平上日益均等化的趋势。与此同时，由于技术装备的先进与否对各国经济发展的快慢具有关键性的作用，而老牌的资本主义国家与后起的资本主义国家之间，在采用、推广先进技术装备方面又存在很大的差别，因而，迅速采用先进技术装备的后起资本主义国家，在经济技术水平存在均等化趋势的条件下，便能够在短时间内跳跃式地赶上甚至超过老牌资本主义国家，成为实力更加雄厚的工业国家。

19世纪70年代开始的第二次工业革命，不仅极大地促进了生产力发展，而且引起人类社会在经济、政治、思想以及国际关系等各领域的变化。在经济领域，由于资本主义生产组织方式的变化，在19世纪自然科学取得重大突破，尤其是在电磁学理论产生和发展的基础上，新的科技成果迅速应用于工业生产，在生产力提高的同时，加速生产和资本的高度集中，最终形成了以科技为依托、以垄断形式组织生产的经济模式。经济结构的变化，第二次工业革命开始后，最早出现垄断组织的是钢铁和电力工业，之后汽车、飞机制造等工业部门也相继出现垄断组织。与第一次工业革命相比，工业结构实现了从轻工业到重工业的飞跃，最终形成了以重工业为主导的工业布局，资本主义生产进入成熟阶段。能源结构的变化，第二次工业革命中，随着发电机的创制成功，电力逐渐成为补充和取代蒸汽的新能源，人类社会进入电气时代。以煤气和汽油为燃料的内燃机以及之后创制成功的柴油机，推动了石油开采业的发展和石油化工工业的产生。在此基础上，电力和石油成为人类社会使用的主要新能源。中国的中央企业电力与石油成为最发达的、最强大的企业群体，可以从这种工业革命中找到根据。

在世界格局中，在第二次工业革命影响下，主要资本主义国家力量对比发生变化，各国发展的不平衡性加剧。英法等老牌资本主义国家发展相对缓慢，尤其是英国丧失了“世界工厂”的地位，而美德等国家抓住机遇发展迅速，到19世纪末20世纪初，工业产值超越英法分别位居世界第一、第二。面对日益变化的经济格局，列强要求按照变化的实力重新瓜分世界，到19世纪末20世纪初，亚非拉美的绝大多数地区已沦为资本主义国家的原料产地、商品市场和投资场所，资本主义世界殖民体系形成，同时标志着资本主义世界体系最终确立。

第二次工业革命对中国的影响是巨大的。19世纪末，列强掀起瓜分中国的狂潮，发动了八国联军侵华战争，《辛丑条约》的签订使中国完全沦为半殖民地半封建社会。第二次工业革命开始时，中国政局动荡不定，民族资产阶级要求发展资本主义，但受到本国封建势力和外国资本主义的压迫。面对日益严重的民族危机，中国人民掀起反帝反封建斗争的新高潮，先后发动了维新变法运动、义和团运动、辛亥革命等，在打击帝国主义侵略势力的同时，加速并最终推翻了腐败的清王朝，在一定程度上推动了中国社会的发展与进步。

发生在19世纪中期的第二次工业革命，也称第二次科技革命，是指1870—1914年的工业革命。第二次工业革命紧跟着18世纪末的第一次工业革命，并且从英国向西欧和北美蔓延。英国、德国、法国、丹麦和美国以及1870年后的日本，工业得到飞速发展。第二次工业革命，中国比西方国家晚了约80年，直到新中国成立，我国工业结构才开始从轻工业到重工业的飞跃。新中国成立后的1956年，“现在我们能造什么？能造桌子椅子，能造茶碗茶壶，能种粮食，还能磨成面粉，还能造纸，但是，一辆汽车、一架飞机、一辆坦克、一辆拖拉机都不能造”（《毛泽东著作选读》下册第712页）。有一点近现代工业，还基本是舶来品，是真正的“一穷二白”。1956年，我国在完成对农业、手工业和资本主义工商业的社会主义改造之后，经济发展战略开始转向重工业优先发展，在采用计划经济体制、农产品统购统销制、人民公社制、城乡户籍制度等经济制度的条件下，我国在初始条件极度不利的情形下达成了战略目标，建立了独立的、比较完整的工业体系和国民经济体系。这一时期的重工业优先发展战略为后续的经济高速增长提供了基础，但计划经济体制却内生着资源配置低效率，其对当时的生产力发展产生了抑制作用。1978年，党的十一届三中全会强调，党和国家工作重心转移到社会主义现代化建设上来，此后开启了对内的经济体制改革——从计划经济体制转向社会主义市场经济体制，推动了对外的融入全球经济——从2001年“入世”前的局部开放到此后的全面开放，改革开放成为决定当代中国前途命运的关键一招。我国从一个典型的低收入国家转变为全球人口规模最大的中等收入国家，从一个在世界经济总量中占据极小份额的国家成长为GDP仅次于美国的第二大经济体。新中国成立以来特别是1978年实施改革开放之后，我国的生产力水平得到了快速发展，不仅补齐了第二次工业革命的课程，而且在第三次工业革命中，实现了从跟跑到领跑的历史转变。伟大的经济实践已使我国生产力水平站在新的历史起点，彻底改变了长期以来困扰我国的“落后的社会生产”局面。无论是从我国发展史还是从全球发展史来看，自20世纪70年代末期以来我国在生产力发展领域取得的成就堪称“奇迹”。

第三节　计算机与核能：第三次工业革命的起飞

在前两次工业革命浪潮中，我国没有跟上步伐，明显掉队，在第三次工业革命浪潮中才得以加速发展，但就我国目前的工业化进程而言，第二次、第三次工业革命仍然是我国亟待完成的历史任务。这就从客观上要求对工业革命兴起、演进重点内在逻辑关系进行研究，把握工业革命进程的路径，在此基础上才能决定中国迎接第四次工业革命的定位和选择。这也是我们研究新质生产力的任务，新质生产力中研究的新兴产业、未来产业，主要是第三次、第四次工业革命的内容。

第三次工业革命，是人类文明史上继蒸汽技术革命和电力技术革命之后科技领域的又一次重大飞跃。自2008年全球金融危机以来，一个声音逐渐响亮——“世界正处在科技和产业革命的前夜”。杰里米·里夫金在《第三次工业革命》中预言，一种建立在互联网和新能源相结合基础上的新经济即将到来。如何走出危机实现复苏的全球性争论正在导出一个突破性的历史结论——全球需要进行一次新的工业革命。杰里米·里夫金在《第三次工业革命》中预言，信息通信技术特别是互联网技术与分布式可再生能源的结合，将促使全球实现第三次工业革命。其实，早在20世纪70年代初，美国就开始探讨第三次工业革命。格林伍德认为，从20世纪70年代初开始，信息技术的发展便推动着经济体系进入第三次工业革命，而信息技术的快速变革会在初期降低生产率，扩大收入差距。第三次工业革命以原子能、电子计算机、空间技术和生物工程的发明和应用为主要标志，是涉及信息技术、新能源技术、新材料技术、生物技术、空间技术和海洋技术等诸多领域的一场信息控制技术革命。概括地讲，第三次工业革命是以互联网为主要标志的信息控制技术革命。

美国著名作家杰里米·里夫金在他的《第三次工业革命》中这样阐述，“第三次工业革命”就是目前新兴的可再生能源技术和互联网技术出现、使用和不断融合后，将带给人类生产方式以及生活方式的再次巨大改变。

第三次工业革命开始于20世纪50年代，首先在美国兴起。战后初期，美国拥有雄厚的物质基础、众多优秀的科技人才、优越的地理环境和巨大的市场容量等方面的优势，这为第三次科技革命首先在美国兴起创造了前提条件和可能性。第三次工业革命以电子计算机、原子能、空间技术和生物工程的发明与应用为标志，带动了科技的全面发展，此时，科学方法论从实证分析向系统综合转型，促进了科学各个分支的形成，如遗传学、有机化学等。第三次工业革命应该以有机化工的末尾、基因工程的开始、系统生物学与合成生物学的迅速发展为起点，生物工业革命的显著特征是学科交叉和技术综合，以有机化学合成技术、高精细分析化学、纳米分子科学、微电子技术、超大规模集成、计算机软件设计、转基因生物技术、药物筛选高通量技术等学科与技术的综合集成，开发生物分子计算机元件、人工智能生物计算、合成细胞生物系统等，在约30年内促进人工设计的新型生物分子材料、藻类人工细胞合成石油、纳米医疗细胞机器人等产业发展。因此，第三次工业革命真正带来了科学的细化，同时，科学之间的交叉性更加明显，一个学科的发展通常以另一个学科为基础，如很多学科的研究都依托于计算机技术，而计算机这个载体让社会步入了信息化、让国家之间的距离显得更加接近、让信息之间的传递变得快速，互联网的发明更是让全世界变成了地球村。同时，航天技术的发展使人类迈出了探索太空的步伐，苏联和美国两个超级大国“冷战”时期的争霸使两国投入极大的物力、精力在高新技术方面，在航天技术方面的发展应该说是超前的。近年来，我国在航天方面也取得了长足的进步，神舟系列、嫦娥一号、天宫一号等使我国成为国际宇航大家庭中重要的一员。同时期武器越来越先进，出现了制导导弹等精确武器，使战争双方越来越不平衡，直接导致两极的形成。

第三次工业革命使科学技术日新月异，人们的生活得到了全面提高，这时期各民族解放运动此起彼伏，世界分成了发达国家和发展中国家，西方发达国家对欠发达国家更多的是采用更为隐蔽的经济控制以及扶持代理人。20世纪五六十年代共产主义发展达到顶峰，直接导致了两极的形成，以美国为首的北约和以苏联为首的华约成为两大阵营，“冷战”思维异常强烈，以美苏为首的军备竞赛给世界埋下了隐患，但庆幸的是第三次世界大战没有爆发。同时，一些国家趁机迎头赶上成为发达国家，像日本、德国等遭受战争重创的国家慢慢地又发展了回来，后来成为第二大、第三大经济体，20世纪70年代“亚洲四小龙”的崛起也见证了亚洲复兴的力量。1978年我国改革开放的实行标志着东方巨龙的觉醒，我国经济飞速发展，最终成为世界第二大经济体，并且在国际社会中越来越有发言权。

值得注意的是，20世纪70年代以前，三次工业革命均未对我国的经济现代化产生巨大的推动作用，其原因是：第一次工业革命开展时，我国处于鸦片战争前夕，清政府闭关锁国；鸦片战争后，洋务派虽然学习西方科技、创办近代企业，但没有改变落后的社会制度。第二次工业革命时，国内长期采用高度集中的经济体制，国家长期受到资本主义阵营的孤立、封锁、包围。直到1978年后，我国才开始走上西方发达国家100年前已经走过的现代化路程。

关于第三次工业革命，学者并没有取得统一的认识。杰里米·里夫金认为，第三次工业革命是新能源技术、新通信技术的出现，以及新能源和新通信技术的融合，即所谓能源互联网的技术革命。综合各种观点，第三次工业革命具有以下特征：

第一，能源使用的主体为可再生能源，利用的方式是能源互联网。化石能源的有限性与大规模利用引起的环境、生态问题已经成为制约人类经济社会持续发展的“瓶颈”，太阳能、风能、核能等新能源在能源消耗结构中的占比会持续上升。但可再生能源地理上分散、规模小、生产不连续、随机波动，很难有效利用，也无法与传统能源网络联通。

第二，社会生产方式为大规模定制、可重构制造系统和社会化生产。3D打印技术的突破，把企业的盈亏平衡点降至数量较少的位置，小型的家庭作坊式生产就可以满足消费者需求，网络化、非线性、个性化、分散化成为第三次工业革命特有的生产方式。工业化和信息化的深度融合，突破了范围经济对现有经济生产方式的限制，经济活动对自然条件的依赖程度下降，人类生产活动的空间和广度都进一步扩大。

第三，新材料、新物种是劳动对象的重要来源。第三次工业革命能极大拓展人类劳动对象的来源。运用纳米科技，人类可以在更微小的范围内认识和改造自然，通过在原子、分子层面对物质进行技术操作，可以制造出能满足各种需要的新材料。生物技术也是如此，通过基因工程、人工育种等生物科技，人类可以对现有物种进行改良、开发新药品、改善和保护环境，大大优化人类生存环境并切实提高生存能力。

第四，技能成为生产劳动者的必备素质，产品成本中劳动力成本占比较低。第三次工业革命的“智能制造”“数字化生产”，极大地提高了生产的自动化水平，劳动者与劳动工具之间的互动界面更友好，“傻瓜”式机器开始占据主导，工人只需掌握基本电脑操作技能就可以生产出复杂的产品，而高智商的人群会集中在实验室从事研究开发活动。同时，生产自动化水平的提高，能够大幅提高制造业劳动生产率，减少单位产品中劳动力成本的占比。

第三次工业革命的影响使国际地缘政治发生重大变化，推动了世界经济格局的深入调整。

一是推动世界经济实现新一轮快速增长。能源互联网革命可以破除目前经济发展所受的资源环境制约，解决广大国家的发展难题。例如，美国能源部数据显示，虽然目前美国电网的可靠率高达99.97%，但仍需每年花费1500亿美元弥补0.03%故障率带来的损失。因此，即使投资上万亿美元，将现有电网升级成智能电网，把剩余故障率排除，也能在10年内收回成本。3D打印、智能化制造也会使生产制造成本大幅下降，个性化定制的生产模式，能够进一步刺激人们的消费需求，拉动经济快速增长。

二是工业和服务业的产业边界模糊化。第二次工业革命以来，第二产业与第三产业的边界比较清晰，传统企业在各自所在的产业内展开竞争，两种产业所提供的产品或服务之间的可替代性非常小，处于一种互补的共生关系。第三次工业革命的智能化、通信技术、新能源等主导技术创新在工业和服务业之间扩散，导致技术融合，消除了两个产业之间的技术性进入壁垒，二者共同的技术基础得以形成，工业产品服务化和服务业产品化的趋势日益明显。

三是超大型制造业企业集团逐渐减少，企业组织小型化。以3D打印为基础的数字化生产可以使每个家庭都成为生产者，每个人都可以通过在线交流进行产品的研发、设计和制造。而高昂的组织成本，僵化和缓慢的运行机制，品种单一、变化滞后的产品供给方式，使为解决规模经济而产生的大型制造企业集团无法满足及时、个性的消费需求，企业组织开始向小型化、扁平化方向发展。

四是推动经济地理布局转变。第二次工业革命以来，交通、通信技术的发展使港口、码头、陆地交通枢纽率先成为经济资源聚集地，世界各国的经济发展状况与交通便利程度分布有显著相关关系。第三次工业革命使“分散生产、就地销售”成为区域贸易的新模式。

我们可以看到，20世纪，制造业给美国、日本和欧洲带来了巨大的经济发展和市场繁荣。现在在我国，制造业同样占有举足轻重的地位，它是我国国民经济的核心和工业化的原动力，是我国经济增长的发动机。改革开放以来，我国制造业相对于国内其他产业发展较快，成为国民经济增长的主要源泉。如今世界制造业中心正在向中国转移，我国作为制造业大国的地位已为世界所认识，尽管我国与美国、日本等制造业强国相比，仍然存在很大差距。此外，我们还欣喜地看到，在财富世界500强中，来自互联网行业的亚马逊、Alphabet公司、京东、阿里巴巴、腾讯是榜单中的常客，世界500强里的互联网公司基本被美国和我国的公司占据。在互联网企业中，我国与美国已经平分秋色，表明我国在第三次工业革命中已经由跟跑到领跑，实现了角色的转变。就传统汽车行业而言，我国很难超越世界上的领先公司，但在信息产业、新能源产业我国已然步入了世界前列，新能源汽车已经走在世界前沿。在某种程度上，我国社会面临着工业文明和信息文明相互交织的新变革时代。根据CEIC数据库的资料，2002—2022年我国互联网网民数从0.59亿增至10.67亿，互联网普及率从4.6%增至75.6%，我国成为全球范围内拥有10亿级网民数的超大规模信息化国家。

第三次工业革命已经在路上，正在对整个社会的经济、政治、军事产生重大影响。我国在保持国内稳定、维护世界和平的前提下，率先取得了关键技术上的突破，这是掌握此次工业革命主动权的关键。

第四节　走向智能：第四次工业革命的曙光

第四次工业革命，是智能技术的产业革命，是人类文明史上继蒸汽技术革命、电力技术革命、信息技术革命之后科技领域的又一次重大飞跃。

习近平总书记指出，党的十八大以来，党中央高度重视发展数字经济，将其上升为国家战略。党的十八届五中全会提出，实施网络强国战略和国家大数据战略，拓展网络经济空间，促进互联网和经济社会融合发展，支持基于互联网的各类创新。

党的十九大提出，推动互联网、大数据、人工智能和实体经济深度融合，建设数字中国、智慧社会。党的十九届五中全会提出，发展数字经济，推进数字产业化和产业数字化，推动数字经济和实体经济深度融合，打造具有国际竞争力的数字产业集群。

党的二十大报告指出："推动战略性新兴产业融合集群发展，构建新一代信息技术、人工智能、生物技术、新能源、新材料、高端装备、绿色环保等一批新的增长引擎。构建优质高效的服务业新体系，推动现代服务业同先进制造业、现代农业深度融合。加快发展物联网，建设高效顺畅的流通体系，降低物流成本。加快发展数字经济，促进数字经济和实体经济深度融合，打造具有国际竞争力的数字产业集群。优化基础设施布局、结构、功能和系统集成，构建现代化基础设施体系。"

第四次工业革命，也被称为"工业4.0"，是一场以人工智能、大数据、物联网、机器人技术等为基础的全新技术革命，是一场以人工智能、清洁能源、机器人技术、量子信息技术、虚拟现实以及生物技术为主的全新技术革命，其不仅是一次技术改革，也是一场深刻的社会变革。这场革命将引领人类进入一个前所未有的高度智能化、高度互联的新时代。人类社会是不断发展的，崭新的、先进的劳动资料总会逐步代替旧的、落后的劳动资料，崭新的、先进的生产工具总会逐步代替旧的、落后的生产工具，劳动资料越来越先进，生产力水平越来越高，这样就会出现新质生产力。

前三次工业革命酝酿了几十年，而如今这场革命如海啸一般迅速席卷了我们的生活。此外，此次工业革命不再是某一个产品或服务的革新，而是整个系统的创新。这场革命将给政府、企业包括个人带来巨大的影响。第四次工业革命，是以人工智能、新材料技术、分子工程、石墨烯、虚拟现实、量子信息技术、可控核聚变、清洁能源以及生物技术等为技术突破口的工业革命。与此同时，生物、物理和数字技术的融合将改变我们今天所知的世界。

习近平总书记在历次讲话中都强调“战略性新兴产业”和“未来产业”，两个产业并列，人们对此高度关注。习近平总书记在中共中央政治局第十一次集体学习时明确指出，新质生产力“由技术革命性突破、生产要素创新性配置、产业深度转型升级而催生”，这里的技术革命，包括“战略性新兴产业”和“未来产业”。我们可以这样理解，“战略性新兴产业”重点是第三次工业革命内容，“未来产业”重点是第四次工业革命内容。目前，全球处在第三次工业革命与第四次工业革命的交汇期。在两次工业革命交替之际，一大批新赛道涌现，对整个经济社会发展产生了重要影响。第三次工业革命方兴未艾，第四次工业革命不期而至。我国应抓住“战略性新兴产业”和“未来产业”发展的机遇，抢占新赛道，布局新产业。

有人认为，第三次工业革命提出时间不长，现在提出第四次工业革命为时过早。我们认为，第三次工业革命提法的认定是2008年后，而实际开始时间在1950年前后，已经70多年了。诸多经济学家进行了理论推演和实证计算。其中，熊彼特有关创新的论点最受关注。熊彼特认为，技术创新的周期性变化引致了经济的周期性变化。从那时起，创新经济学研究者对经济周期进行了持续研究。创新经济学研究者对技术—经济周期进行了划分，明确了起讫时间、技术动因、标志性技术、主导产业、发源国家等。每一次长波都是技术创新或科技和产业的革命性变化引致。因此，科学革命、技术革命、科技革命、产业革命都成为重要议题。进入21世纪第一个10年以来，随着智能化的深入应用，德国、美国的工业界和世界经济论坛等，开始提出“工业4.0”、第四次工业革命的概念。这是符合技术创新的周期性的。

就前三次工业革命而言，每一次大约100年，涵盖五次康德拉季耶夫技术—经济长波，相当于每一次工业革命涵盖两次技术—经济长波。英国开展工业革命还不到300年，一些研究者认为，当前及未来较长一段时期，人类社会依然处于第三次工业革命阶段，第四次工业革命的开启在21世纪中后叶。但是，现代科学技术与创新的迅猛发展带来了新的变化，第四次工业革命已悄然开启。由于科学技术知识的累积效应和创新的加速效应，康德拉季耶夫长波存在缩短的可能。从历次长波演替发展的情况来看，可以认为，目前已经处于第三次工业革命和第四次工业革命的交汇期。

第四次工业革命是在实现机械化、规模化、网络化的基础上，促进工业迈向智能化的阶段。智能化反映出工业生产体系达到了人类社会生产力发展的新阶段。中国第四次工业革命只是部分的、零碎的，还没有系统地展开——在中国，当前还基本表现为5G、区块链、数字化网络、人工智能、量子通信等方面的创新。因此，我们只能就其展开的部分展现在人们面前。

第五代移动通信技术（5G）基本就是占用24兆赫以上毫米波，由微基站传播，采用Massive MIMO（大规模天线技术），通过波束赋形实现多用户、多点、多天线、多摄取协同组网，流量密度和连接数密度大幅提高，系统协同化、智能化水平大幅提升，以及网络间灵活地自动调整的新一代移动通信技术。与4G及以前的网络不同，5G能满足高清视频、虚拟现实等大数据量传输，自动驾驶，远程医疗等实时应用和物联网通信。

数字化网络。数字化与任何一个传统产业链结合起来，都会形成新的经济组织方式，从而对传统产业产生颠覆性的冲击。与工业制造相结合，会形成工业制造4.0；与物流行业相结合，会形成智能物流体系；与城市管理相结合，会形成智慧城市；与金融相结合，会形成金融科技或科技金融。目前，中国已经展开了智慧城市试点；中国央行运用区块链推出了数字货币，中国将率先成为数字货币国家。但从总体情况看，中国的数字化利用不在第一流团队。

人工智能。人工智能即机器人技术。2019年，中国已经有383家人工智能公司。中国的投资已占世界的2/3，中国公司申请的人工智能相关专利达到了美国硅谷的7倍。中国基本占据了世界人工智能中低端市场，但在高端市场上尚不能与欧美国家分庭抗礼。总体来看，在人工智能方面中国尚处于第二梯队。

芯片材料。虽然中国有强大的5G技术，但是，中国是一个缺“芯”的国家。这也是以美国为首的西方国家卡中国“脖子”的关键所在。低端芯片中国已基本能生产并保障供给。对于高端芯片，有报道，中国中兴公司已具备7纳米芯片规模量产商用能力，5纳米芯片正在技术导入。另据报道，制约芯片制造的关键设备光刻机中国也有了突破。

北斗导航系统。北斗导航系统是物联网发展的绝对基础。中国北斗导航系统从立项论证到启动实施、从双星定位到区域组网，再到覆盖全球，经过了30多年的探索实践。中国在西昌卫星发射中心共组织了44次北斗发射任务，利用长征三号甲系列运载火箭，先后将4颗北斗一号试验卫星、55颗北斗二号和北斗三号组网卫星送入预定轨道，任务成功率达100%。

3D金属打印技术。3D金属打印技术在中国已是比较成熟的技术，并且现在中国3D金属打印的成本越来越低，可以适应各种各样的金属材料，能快速、高效、低成本地完成个性化定制打印服务，应用前景广阔。中国的

3D金属打印技术已经走在了世界前列。

量子计算机。量子计算机被认为是当今最具有应用前景的前沿技术之一，在效率和安全性方面，要比目前的光纤通信高出上亿倍，因而是一项有望改变整个世界的技术。目前，中美两国在量子技术领域展开了激烈竞争，量子信息技术的竞争是一场“马拉松”而不是一场“短跑”。在中美这场竞争中，中国有望取得胜利。

上述事实说明，中国第四次工业革命成果，虽然与美国尚有一定差距，但似乎已经走进了世界科技强国的第一方阵。

在智能化科技创新和分众化社会需求驱使下，第四次工业革命兴起背景下的制造业发展呈现以下四个特点：

第一，生产组织灵巧化。与以往工业革命凸显集中化、批量化、规模化有所不同，随着互联网、物联网、3D打印等技术的发展，第四次工业革命呈现出了分散化的新趋势。分布式能源、分布式制造、个性化定制、众包式研发、共享经济等日益模糊着生产者与消费者、创造者与应用者的界限，并带来了前所未有的个人美好体验。从“大众生产”“大众消费”，迈向“分众需求”“个性化定制”，小批量多批次的柔性生产，能够更好地满足个性化需求。

第二，全生命周期循环化。发达国家能否更发达，发展中国家能否步入发达国家行列，亟待科技创新给出全新的解决方案，产品和服务的全生命周期循环化、经济的强可持续性发展正成为核心趋势。全生命周期的循环化，也意味着通过应用智能化信息技术，对全产业链进行全方位的感知和协同。基于生产制造和消费分配全过程、产业链全周期的绿色化、可感知、可追溯，第四次工业革命将使得整个产业经济和城市发展实现生态化、循环化，着力化解“经济不循环、循环不经济”的矛盾。

第三，物流传送高速化。随着电力和无线电的出现并得以广泛应用，能量和信息传输已经实现了光速化，相较之下，物质的移动速度则仍然不高。根据丹尼尔·贝尔在《后工业社会》中的计算和预测，人类目前正处于动力速度发展S曲线的快速跃升期。为实现更广泛的全球化，第四次工业革命带来了更快速度的新交通、新物流和新动力。时代呼唤着更快捷、高效、安全的交通工具和交通科技的出现、发展和广泛应用。持续更新的移动通信技术将使智能驾驶、智能物流、智能仓储等逐步得以实现，从而实现物流配送的高速化、敏捷化。同时，3D、4D打印技术等的发展，将促进分布式制造、即时交付得以发展。

第四，生产资料数据化。新一代信息技术的迅速发展，更为有效地提升了经济活动过程中数据的获取、存储与分析能力，使得人、物、活动等大量信息数据化。随着工业互联网、人工智能物联网（AIoT）、信息物理系统（CPS）等的发展，工业体系中无论是能源能量的投入、物质材料的消耗，还是人力和信息的配置，都日益显现出数字化、数据化的特征。数据成为工业体系中最为重要的生产资料。现场总线的以太网化，同时使得工厂内部的各类数据都可以按照互联网协议标准进行存储、传输和使用，使得工厂内外的数据得到了有机协同。各类软件系统在工厂中的应用，使得工厂的信息化水平不断提升，工厂整个流程变成了数据流。得益于算力、算法和大数据等的发展，AI正迎来发展新高潮，深刻影响着人类价值创造体系。从智能终端到智能网络，从信息的智能化处理到智能制造、智能物流，第四次工业革命正带来制造全过程的智能化，使得制造体系具有信息深度感知、精确控制、自我决策和自我执行等功能。

第四次工业革命正在兴起，智能化、场景化、创意化日益深刻地影响着诸多领域，群体性突破引发新赛道持续涌现，带来了前所未有的机遇和挑战。中国应从加强科学研究、引育优秀人才、推动制度创新、创设应用场景、扩大开放合作等方面着手，努力成为第四次工业革命的策源地之一，为实现中华民族伟大复兴奠定基础。

一是未来50~70年可能处于第四次工业革命兴起兴盛期。世界大多数国家和地区将能基本完成工业化，大多数人口将生活在工业经济社会中，人类文明将开辟出新篇章。可以说，第四次工业革命是对英国工业革命以来世界文明发展范式的一种扬弃。面向未来世界文明发展范式的变革，我们需要在坚定创新自信、文化自信的基础上，鼓励和支持超长时期的“科学展望”，对未来50~70年经济社会与科技创新的态势进行前瞻性把握。

二是未来30年，世界范围内可能发生三次重要的产业变革，将深刻影响人类社会发展和地缘格局变化，中国应努力成为新产业、新科技的重要策源地。20世纪60年代“大停滞”以来，科技创新持续孕育着重大突破。随着科学技术内部矛盾的累积，特别是数据的爆炸式增长和计算能力的飞速提升，学习曲线的缩短与知识更新迭代的加速，开源社区的涌现与嵌入式创新（或称开放式创新2.0）的兴盛，从现在开始到2030年及以后，AI将得到长足发展和广泛应用，形成智能产业变革，极大地提升人类的认知能力，使知识的学习和传播能力得到极大跃升，进而促进知识的创造和应用。

三是世界范围内，新赛道的涌现既带来了机遇，又带来了挑战，中国应努力在新的全球创新治理体系形成发展过程中发挥积极作用。从神经网络、深度学习到生成式AI的生成型预训练变换模型（GPT），从可回收火箭和货舱到全平民航天发射的商业航天，从虚拟现实到扩展现实、混合现实、远程呈现直到元宇宙，从清洁肉、合成生物食品到材料的生物制造，从超高速列车到真空管道磁悬浮，从5G到6G以及近地轨道卫星通信的星链、量子通信，从延续摩尔、超越摩尔到功率半导体的集成电路，群体性突破带来众多新赛道的持续涌现和快速迭代，世界范围内一场宏大的技术竞赛正全面展开。面对纷繁复杂的形势，中国需要保持战略定力，未雨绸缪、积极应对。

第五节　国企新质生产力主阵地在新兴产业与未来产业

习近平总书记在黑龙江考察调研期间指出，“积极培育新能源、新材料、先进制造、电子信息等战略性新兴产业，积极培育未来产业，加快形成新质生产力，增强发展新动能”。“加快形成新质生产力”，包括战略性新兴产业与未来产业，这为国企发展新质生产力，以科技创新引领产业全面振兴划定了主阵地，指明了方向。

为了更生动地描述经济发展动能在新旧产业之间的“切换”，近年来，越来越多的机构将涌现出的新业态、新模式称为“新赛道”。新赛道往往具备以下要素或特征：

其一，AI赋能。大数据作为科研第四范式，已经渗透到诸多学科和行业。随着算力、算法、大数据的完善，AI迎来新的高潮，AI for Science的兴起对诸多领域产生促进作用，新一代信息技术和先进制造领域自不待言，在生物技术、能源、材料等领域，AI也发挥了重要作用。例如，AI在蛋白质结构探寻、药物靶点搜寻、候选药物遴选、高通量筛选新材料、对风光电精准控制和预测性维护等方面发挥着日益重要的作用。在某种程度上，正是由于大数据和AI，这些领域才能从实验室走向实际应用。

其二，系统集成。新赛道的目标是要形成能够满足当下及未来需求的一整套产品、服务及其相应的支撑体系，一方面需要多学科和多技术的交叉融合，另一方面需要将大量已有技术与新兴技术进行组合融通，确保原型验证、模拟场景验证和实际工况验证等得以顺利通过，进而为建立产业技术标准和有关规制奠定基础。这种技术组合并不排斥发明创造，相反，在应用场景进行社会实验过程中，技术迭代不断优化创新，不同的技术路线在相互竞争中可能产生突破性、颠覆性的变化。

其三，生态联动。新赛道往往是开发出潜在需求，或为现实需求提供新的满足手段，一般具有新颖性、创造性，大多属于颠覆性创新，需要建立新的供应体系、分销渠道、合作网络、交付方式、配套设施等，换言之，需要新的产业生态。实际上，致力于抢占新赛道的企业只有构建出一套最小且适用的生态体系，才能获得可持续发展。

其四，绿色持续。随着可持续发展理念的深入普及，以及主要国家和地区对碳达峰碳中和的要求，几乎所有的新赛道都必须具备深浅不一的“绿色”。特别是欧盟一直积极推进的“碳关税”，对中国乃至整个世界都产生了重要影响。这种影响不局限于绿色低碳领域，几乎所有领域都必须达到一定的生态环境友好要求，很多新赛道也是因绿色低碳发展要求而被催生的。

可以预见，随着第四次工业革命的逐步展开，越来越多的新赛道将会被开辟出来，众多创业者和创新型企业在竞合中不断探寻可能的机会窗口和成功赛道，进而建立起新的主导产业。

《中国制造2025》提出了中国新一轮工业革命的“三步走”战略。

第一步：力争用10年时间，迈入制造强国行列。到2020年，基本实现工业化，制造业大国地位进一步巩固，制造业信息化水平大幅提升。掌握一批重点领域关键核心技术，优势领域竞争力进一步增强，产品质量有较大提高。制造业数字化、网络化、智能化取得明显进展。重点行业单位工业增加值能耗、物耗及污染物排放明显下降。到2025年，制造业整体素质大幅提升，创新能力显著增强，全员劳动生产率明显提高，工业化和信息化（“两化”）融合迈上新台阶。重点行业单位工业增加值能耗、物耗及污染物排放达到世界先进水平。形成一批具有较强国际竞争力的跨国公司和产业集群，在全球产业分工和价值链中的地位明显提升。

第二步：到2035年，我国制造业整体达到世界制造强国阵营中等水平。创新能力大幅提升，重点领域发展取得重大突破，整体竞争力明显增强，优势行业形成全球创新引领能力，全面实现工业化。

第三步：新中国成立100年时，制造业大国地位更加巩固，综合实力进入世界制造强国前列。制造业主要领域具有创新引领能力和明显竞争优势，建成全球领先的技术体系和产业体系。

为了实现中国第四次工业革命的战略目标，《中国制造2025》推出了十个方面的战略任务和战略重点。

第一，新一代信息技术产业。一是研发集成电路及专用装备。着力提升集成电路设计水平，不断丰富知识产权（IP）核和设计工具，突破关系国家信息与网络安全及电子整机产业发展的核心通用芯片，提升国产芯片的应用适配能力。掌握高密度封装及三维微组装技术，提升封装产业和测试的自主发展能力。形成关键制造装备供货能力。二是研发信息通信设备。掌握新型计算、高速互联、先进存储、体系化安全保障等核心技术，全面突破第五代移动通信技术、核心路由交换技术、超高速大容量智能光传输技术、“未来网络”核心技术和体系架构，积极推动量子计算、神经网络等发展。研发高端服务器、大容量存储、新型路由交换、新型智能终端、新一代基站、网络安全等设备，推动核心信息通信设备体系化发展与规模化应用。三是研发操作系统及工业软件。开发安全领域操作系统等工业基础软件。突破智能设计与仿真及其工具、制造物联与服务、工业大数据处理等高端工业软件核心技术，开发自主可控的高端工业平台软件和重点领域应用软件，建立完善工业软件集成标准与安全测评体系。推进自主工业软件体系化发展和产业化应用。

第二，高档数控机床和机器人。一是研发高档数控机床。开发一批精密、高速、高效、柔性数控机床与基础制造装备及集成制造系统。加快高档数控机床、增材制造等前沿技术和装备的研发。以提升可靠性、精度保持性为重点，开发高档数控系统、伺服电机、轴承、光栅等主要功能部件及关键应用软件，加快实现产业化。加强用户工艺验证能力建设。二是发展机器人。围绕汽车、机械、电子、危险品制造、国防军工、化工、轻工等工业机器人、特种机器人，以及医疗健康、家庭服务、教育娱乐等服务机器人应用需求，积极研发新产品，促进机器人标准化、模块化发展，扩大市场应用。突破机器人本体、减速器、伺服电机、控制器、传感器与驱动器等关键零部件及系统集成设计制造等技术"瓶颈"。

第三，航空航天装备。一是研发航空装备。加快大型飞机研制，适时启动宽体客机研制，鼓励国际合作研制重型直升机；推进干支线飞机、直升机、无人机和通用飞机产业化。突破高推重比、先进涡桨（轴）发动机及大涵道比涡扇发动机技术，建立发动机自主发展工业体系。开发先进机载设备及系统，形成自主完整的航空产业链。二是研发航天装备。发展新一代运载火箭、重型运载器，提升进入空间能力。加快推进国家民用空间基础设施建设，发展新型卫星等空间平台与有效载荷、空天地宽带互联网系统，形成长期持续稳定的卫星遥感、通信、导航等空间信息服务能力。推动载人航天、月球探测工程，适度发展深空探测。推进航天技术转化与空间技术应用。

第四，海洋工程装备及高技术船舶。大力发展深海探测、资源开发利用、海上作业保障装备及其关键系统和专用设备。推动深海空间站、大型浮式结构物的开发和工程化。形成海洋工程装备综合试验、检测与鉴定能力，提高海洋开发利用水平。突破豪华邮轮设计建造技术，全面提升液化天然气船等高技术船舶国际竞争力，掌握重点配套设备集成化、智能化、模块化设计制造核心技术。

第五，先进轨道交通装备。加快新材料、新技术和新工艺的应用，重点突破体系化安全保障、节能环保、数字化智能化网络化技术，研制先进可靠适用的产品和轻量化、模块化、谱系化产品。研发新一代绿色智能、高速重载轨道交通装备系统，围绕系统全寿命周期，向用户提供整体解决方案，建立世界领先的现代轨道交通产业体系。

第六，节能与新能源汽车。继续支持电动汽车、燃料电池汽车发展，掌握汽车低碳化、信息化、智能化核心技术，提升动力电池、驱动电机、高效内燃机、先进变速器、轻量化材料、智能控制等核心技术的工程化和产业化能力，形成从关键零部件到整车的完整工业体系和创新体系，推动自主品牌节能与新能源汽车同国际先进水平接轨。

第七，电力装备。推动大型高效超净排放煤电机组产业化和示范应用，进一步提高超大容量水电机组、核电机组、重型燃气轮机制造水平。推进新能源和可再生能源装备、先进储能装置、智能电网用输变电及用户端设备发展。突破大功率电力电子器件、高温超导材料等关键元器件和材料的制造及应用技术，形成产业化能力。

第八，农机装备。重点发展粮、棉、油、糖等大宗粮食和战略性经济作物育、耕、种、管、收、运、贮等主要生产过程使用的先进农机装备，加快发展大型拖拉机及其复式作业机具、大型高效联合收割机等高端农业装备及关键核心零部件。提高农机装备信息收集、智能决策和精准作业能力，推进形成面向农业生产的信息化整体解决方案。

第九，新材料。以特种金属功能材料、高性能结构材料、功能性高分子材料、特种无机非金属材料和先进复合材料为发展重点，加快研发先进熔炼、凝固成型、气相沉积、型材加工、高效合成等新材料制备关键技术和装备，加强基础研究和体系建设，突破产业化制备"瓶颈"。积极发展军民共用特种新材料，加快技术双向转移转化，促进新材料产业军民融合发展。高度关注颠覆性新材料对传统材料的影响，做好超导材料、纳米材料、石墨烯、生物基材料等战略前沿材料提前布局和研制。加快基础材料升级换代。

第十，生物医药及高性能医疗器械。发展针对重大疾病的化学药、中药、生物技术药物新产品，重点包括新机制和新靶点化学药、抗体药物、抗体偶联药物、全新结构蛋白及多肽药物、新型疫苗、临床优势突出的创新中药及个性化治疗药物。提高医疗器械的创新能力和产业化水平，重点发展影像设备、医用机器人等高性能诊疗设备，全降解血管支架等高值医用耗材，可穿戴、远程诊疗等移动医疗产品。实现生物3D打印、诱导多能干细胞等新技术的突破和应用。

第四次工业革命引发的生产方式变革。方兴未艾、如火如荼的中国第四次工业革命和世界第四次工业革命，正在全方位、宽领域地向纵深强力推进，也在强力推动新时代中国社会的生产方式的变革。第四次工业革命时代的生产方式也不例外。第四次工业革命生产方式变革的程度，现在还难以全面预料。但是，这种以数字化为基础的工业生产至少会发生以下六个方面的转变，是可以预见的。

一是社会化大生产的生产、流通、消费和分配四个环节向生产、消费两个环节转变。传统的工业生产过程是生产、流通、交换和分配界限比较分明的生产。第四次工业革命的生产有所不同，它基本打破了时间和空间上的限制，消灭了流通和交换。即使是交换的媒介，也不过表现为一组数字。分配虽然是一个独立的存在，但它只能表现在生产和消费之中。即使是生产和消费，二者也在很大程度上融为一体，只不过生产和消费具有本质区别，必须将其作为对立的存在。

二是从生产的中心化向中心化与“去中心化”的统一转变。传统的工业生产是大规模的生产，生产企业就是生产的中心，生产什么、如何生产，都是工厂做主。以数字化生产为基础的生产仍然是生产企业的生产，但又是客户高度参与的生产，是按照客户意愿进行的生产。企业的生产是中心，客户的参与和体现客户的意愿是去中心，第四次工业革命的生产是中心化与“去中心化”的统一。

三是从大规模生产向个性化定制转变。这种生产体系针对客户的需要进行不同的设计、采购、计划、加工及物流配送。客户不再是“看客”，而是生产的主角，其不仅将出现在生产、流通、交换的过程中，而且将广泛、实时地参与到生产和价值的创造过程。

四是从生产型制造向服务型制造转变。围绕产品生命周期的各个环节不断融入各种服务。

五是从要素驱动向创新型驱动转变。这种以数字化为基础的生产，将带来产业链的协同开发创新，制造技术、产品、工艺和服务的创新，客户的参与式创新，并且将不断催生和孕育出新技术、新业态和新模式。

六是从剩余价值的生产向产品价值的创造转变。第四次工业革命将是数字化“力”排挤劳动力的历史过程，随着数字化不断占领和统治生产与消费的过程，人类社会将花费很少的劳动就能获得大量的财富，劳动生产率将得到极大的提高，剩余价值的生产将日益成为多余，人类社会将第一次走到不为剩余价值生产的边缘。

国有企业是新质生产力的主力军。习近平总书记对科技创新与新质生产力的重要论述，多是在国有企业调研时发出的。国有企业应积极推进科技自立自强、只争朝夕突破“卡脖子”困境，牢牢扭住自主创新这个“牛鼻子”，发挥科技创新的“增量器”作用，从推动经济发展质量变革、效率变革、动力变革，到深入推进发展方式、发展动力、发展领域、发展质量变革，习近平总书记对国有企业寄予厚望。每个国企管理人员与每个国企人都置身于一个重要的历史时期。这将重新定义国企工作方向。我们面临着诸多挑战，而在寻找解决方案的过程中，技术必将贡献一份力量，同时会助长挑战并催生新的挑战。

第四次工业革命的大门才刚刚打开，更多的仍是完成第三次工业革命的任务。我们每个人都置身于这一重要历史时期的开端，个人的前途、企业的存亡、国家的安危、世界的未来把握在我们每一个人手中。

第六节　新质生产力是世界一流企业的发力点

完善中国特色现代企业制度，弘扬企业家精神，支持和引导各类企业提高资源要素利用效率和经营管理水平、履行社会责任，加快建设更多世界一流企业。企业是生产力构成要素中劳动者的集合体，是社会形式“总体工人”的劳动者，是社会生产、新质生产力的载体。国有企业是中国特色社会主义的重要物质基础和政治基础，是我们党执政兴国的重要支柱和依靠力量。企业强则产业强、国家强，企业兴则产业兴、国家兴。以中国式现代化全面推进中华民族伟大复兴，需要能够体现国家实力和国际竞争力、引领全球科技和行业产业发展的世界一流企业做支撑。怎样把发展新质生产力、摆脱传统经济增长方式、生产力发展路径与世界一流企业结合起来，是国有企业的新课题。

世界一流企业是那些走在时代前沿、在全球市场上经过激烈竞争胜出的优秀企业。习近平总书记在主持召开中央全面深化改革委员会第二十四次会议时特别强调，要加快建设一批产品卓越、品牌卓著、创新领先、治理现代的世界一流企业，我国需要有一批实力雄厚的世界一流企业。建设世界一流企业的主体是各类企业，市场是检验企业是否优秀的尺度。衡量世界一流企业的要素即产品卓越、品牌卓著、创新领先、治理现代，每个要素都包含了丰富的可量化指标，而且各个要素之间存在紧密的联系并形成一定的逻辑关系，构成一个有机整体。2023年3月，国务院国资委启动国有企业对标世界一流企业价值创造行动，科创板上市的时代电气、铁建重工等10家制造业国企入选创建世界一流示范企业和“专精特新”示范企业的“双示范”企业名单，涵盖先进轨道交通、新能源电力设备、关键战略材料等多个制造业细分领域的龙头，成为引领我国产业转型升级和实体经济提质增效的“领头羊”。

新质生产力、推动高质量发展与培育具有全球竞争力的世界一流企业是契合的，有内在的联系。按照习近平总书记在中共中央政治局集体学习时提出的要求，必须牢记高质量发展是新时代的硬道理，全面贯彻新发展理念，把加快建设现代化经济体系、推进高水平科技自立自强、加快构建新发展格局、统筹推进深层次改革和高水平开放、统筹高质量发展和高水平安全等战略任务落实到位，继续做好创新这篇大文章，推动新质生产力加快发展。结合世界一流的标准，发展新质生产力需要从十一个方面努力。

一流的自主创新能力。就是要围绕战略性新兴产业与未来产业发展，大力发展科技创新，催生新产业、新模式、新动能，是发展新质生产力的核心要素。必须加强科技创新，加快实现高水平科技自立自强，打好关键核心技术攻坚战，使原创性、颠覆性科技创新成果竞相涌现，培育发展新质生产力的新动能。突破一批关键核心技术，取得一批在国际上具有重大影响力的科技成果，努力攀登能源科技发展制高点。在通信技术领域，中国在5G技术方面的领先地位令人瞩目。凭借强大的研发实力和大规模部署能力，中国不仅在5G专利和技术方面占据主导地位，还积极推动5G网络的建设和应用，为全球5G技术的发展提供了有力支持。

一流的数字产业能力。人工智能是中国在第四次工业革命中的大亮点。中国政府和企业在人工智能领域的投入巨大，催生了一批具有国际竞争力的AI企业。这些企业在算法研发、数据处理和应用场景创新等方面表现出色，推动了中国人工智能产业的蓬勃发展。要围绕推进新型工业化和加快建设制造强国、质量强国、网络强国、数字中国和农业强国等战略任务，科学布局科技创新、产业创新。要大力发展数字经济，促进数字经济和实体经济深度融合，打造具有国际竞争力的数字产业集群。通过数字化技术实现生产过程的实时监控和优化，提高生产效率和产品质量。在智能化领域，做到信息技术的升级创新与应用，完成智能化生产系统及过程的实现，以及网络化分布式生产设施的实现。

一流的资源配置能力。要能够充分利用国内国际两种资源、两个市场来有效配置资源，实现结构布局合理、主业突出、产业协同发展。创新生产要素配置方式，让各类先进优质生产要素向发展新质生产力顺畅流动。以产业深度转型升级而催生，以劳动者、劳动资料、劳动对象及其优化组合的跃升为任务，以全要素生产率大幅提升为核心标志，建立平台化的生态系统，整合产业链上下游资源，实现共享经济和协同创新。

一流的产业体系。实现结构布局合理、主业突出、产业协同发展。重点培育发展新兴战略产业，逐步淘汰落后产能。要及时将科技创新成果应用到具体产业和产业链上，改造提升传统产业，培育壮大新兴产业，布局建设未来产业，完善现代化产业体系。要围绕发展新质生产力布局产业链，提升产业链供应链韧性和安全水平，保证产业体系自主可控、安全可靠。努力构建科技引领、协同高效的产业体系，实现规模、速度与质量、效益协调发展。在先进制造和机器人技术方面，引领制造业的数字化、智能化转型。通过实施《中国制造2025》等战略，大力发展智能制造、工业互联网和机器人技术，加速实现制造业的转型升级。

一流的风险管控与安全保障能力。加强安全生产管理体系建设，提高安全生产水平。加强发展全过程管理，增强项目投产后的综合竞争力。要具有良好的产权结构和治理结构，具有与公司发展水平相适应的体制机制、管控模式、管理制度、风险防控体系以及较高的信息化管理水平。优化调整资本布局，提升资产流动性和盈利性。

一流的可持续发展能力。要具有竞争力强的产业结构和组织结构、较高的安全水平和运营效率，企业能够与利益相关者以及环境和谐发展。提升产业链供应链韧性和安全水平，增强国有经济的竞争力、创新力、控制力、影响力和抗风险能力，是中央赋予国有企业的重大责任。

一流的国际竞争能力。要具有较强的参与国际竞争的实力、较高的国际化经营程度和国际经营运作水平。如果一个企业不是在国际、国内竞争当中锤炼出来的，就不能称作世界一流企业。积极培育国际化经营主体，逐步实现在全球范围内有效配置资本、人才、市场等各类资源，不断提升国际化经营管理水平。国企只有胸怀“国之大者”，着力提升发展的质量和效益，加快建设世界一流企业，才能真正成为国民经济稳增长的“压舱石”。

一流的推进绿色发展能力。新能源和清洁能源技术也是中国在工业革命中的重要突破领域。作为全球最大的新能源市场和生产国，中国在电动汽车、太阳能和风能等领域取得了显著成效。必须实施绿色发展行动计划，大力发展循环经济，加快发展方式绿色转型，助力碳达峰碳中和。深入开展能耗指标创优活动，提高节约环保型企业创建水平。坚定不移走生态优先、绿色发展之路。加快绿色科技创新和先进绿色技术推广应用，做强绿色制造业，发展绿色服务业，壮大绿色能源产业，发展绿色低碳产业和供应链，构建绿色低碳循环经济体系。持续优化支持绿色低碳发展的经济政策工具箱，发挥绿色金融的牵引作用，打造高效生态绿色产业集群。

一流的人才队伍。要具有适应现代企业管理和国际化经营管理需要的数量足够、结构和梯次合理的优秀人才队伍。要按照发展新质生产力的要求，畅通教育、科技、人才的良性循环，完善人才培养、引进、使用、合理流动的工作机制。着力推进人才强企，以高端型、复合型人才为主导，以高层次、高技能人才为重点，以技术创新型、国际竞争型人才为牵引，加强专业、管理、党群、技能、国际化人才五支队伍建设。深化人事、劳动、分配三项制度改革，构建选拔使用、考核评价、集约配置、激励保障、培养开发“五位一体”的现代人才管理体系，全面提升人才队伍素质。为发展新质生产力、推动高质量发展培养急需人才。要健全要素参与收入分配机制，激发劳动、知识、技术、管理、资本和数据等生产要素活力，更好地体现知识、技术、人才的市场价值。

一流的经营业绩。要具有较强的综合实力，着力推进运营改善。加强生产、技术和燃料管理，提高设备运行可靠性，降低可控成本。加强市场开拓和营销管理，提高市场份额和盈利水平。加快集团化价值型财务管理体系建设，提高财务集约化管理水平。在世界企业500强中保持同类企业的领先地位；各类主要技术指标、效益指标保持或达到国内、国际领先水平。

一流的品牌形象。要具有高度的社会责任感、优秀的企业文化、良好的社会影响力，并具有较高的国际知名度和美誉度。形象重塑是实现国有企业高质量发展的支撑，国有企业高质量发展需要企业赢得利益相关方和社会高度的利益认同、情感认同和价值认同，获得广泛的社会尊重和影响力。品牌凝聚了产品、产业、商业模式、质量、管理、文化、成本控制等一系列要素，而且品牌要能够传承下来。中国企业的产品在全球范围内应有自己独特的品质和品格，上升到这个层次，就能够真正地成为世界一流企业。国有企业形象重塑的目标方向是要全面强化利益相关方和社会公众对国有企业的原有良好印象，彻底改变利益相关方和社会公众对国有企业的原有不良印象，从传统国企形象转变为焕然一新的国企形象。有120年历史的青岛啤酒，明确以“成为具有全球影响力品牌的世界一流企业”为目标，通过“慢、专、精”的工匠精神，培育形成了青岛啤酒在海内外独特的高质量优势。

中国国企在第四次工业革命中扮演着不可或缺的角色，加快发展新质生产力，推进高质量发展、加快建设世界一流企业，是推进中国式现代化的题中应有之义。加快新质生产力发展步伐、加快建设世界一流企业是发挥国有企业功能作用的必然要求。国有企业要在推进高质量发展中，做高水平科技自立自强的“国家队”、保障安全发展的“稳定器”，成为党和国家最可信赖的骨干力量、依靠力量，建设更多的世界一流企业。

第五章

科技创新——新质生产力的灵魂

创新是企业生存的根本、发展的动力、成功的保障，是企业可持续竞争优势的源泉，是带有氧气的新鲜血液，是企业的生命。党的二十届三中全会提出，“坚持面向世界科技前沿、面向经济主战场、面向国家重大需求、面向人民生命健康，优化重大科技创新组织机制，统筹强化关键核心技术攻关，推动科技创新力量、要素配置、人才队伍体系化、建制化、协同化”。新质生产力的提出，重点在于新兴技术产业、未来产业，在关键核心技术领域的竞争，本质是完成动力制造向智能制造的转变。在新质生产力形成过程中，实现制造业向智造业的历史转换。

国有企业是中国式现代化的企业组织，是科技创新驱动催生新产业、新模式、新动能的积极参与者，是发展新质生产力、推动高质量发展的先锋队。国有企业要认清关键核心技术领域的差距，认清形势，明确责任，找好路径，加强科技创新特别是原创性、颠覆性科技创新，加快实现高水平科技自立自强，在培育发展新质生产力的新动能中作出国企贡献。

第一节　实现制造业向智造业的历史转型

2022年2月28日，习近平总书记在中央全面深化改革委员会第二十四次会议上提出加快建设世界一流企业时，强调“要推动国有企业完善创新体系、增强创新能力、激发创新活力，促进产业链创新链深度融合，提升国有企业原创技术需求牵引、源头供给、资源配置、转化应用能力，打造原创技术策源地”。而新质生产力的提出，对原创技术再次予以强调。

新质生产力的提出有四个阶段。第一阶段是在黑龙江提出意向；第二阶段是在中央经济工作会议上明确方向；第三阶段是习近平总书记在中共中央政治局第十一次集体学习时的阐述理论；第四阶段是在2024年全国两会进行全面部署并提出方法论。

在宏观上，提出加快发展新质生产力扎实推进高质量发展的任务。一是性质认定，是新一轮工业革命，战略性新兴产业，未来产业，实际上是第三次、第四次工业革命；二是动机认定，加快发展新质生产力扎实推进高质量发展的关系；三是质态认定，认定新质生产力的性质是创新起主导作用，摆脱传统经济增长方式、生产力发展路径，具有高科技、高效能、高质量的特征，符合新发展理念的先进生产力质态。

在中观上，强调它由技术革命性突破、生产要素创新性配置、产业深度转型升级而催生。新质生产力三要素，实际上是新质生产力的发展模式。

在微观上，即具体层次上，是创新的内容认定。内容上也有三个方面。

一是“积极培育新能源、新材料、先进制造、电子信息等”。二是发展新质生产力的路径与做法。必须加强科技创新，特别是原创性、颠覆性科技创新，加快实现高水平科技自立自强，打好关键核心技术攻坚战。三是结果，使原创性、颠覆性科技创新成果竞相涌现，培育发展新质生产力的新动能。

其实，这些理念酝酿已久。党的二十大报告明确提出，“必须坚持科技是第一生产力、人才是第一资源、创新是第一动力，深入实施科教兴国战略、人才强国战略、创新驱动发展战略，开辟发展新领域新赛道，不断塑造发展新动能新优势”。党的二十大报告的内容也明确“推动战略性新兴产业融合集群发展，构建新一代信息技术、人工智能、生物技术、新能源、新材料、高端装备、绿色环保等一批新的增长引擎”。《中华人民共和国国民经济和社会发展第十四个五年规划和2035年远景目标纲要》提出，“在类脑智能、量子信息、基因技术、未来网络、深海空天开发、氢能与储能等前沿科技和产业变革领域，组织实施未来产业孵化与加速计划，谋划布局一批未来产业”。

学习领悟习近平同志关于新质生产力的讲话与中央一系列重要文件，有一个强烈的印象，就是新，就是创新。有一个核心的东西，或者说抓手，就是新的科学技术。新质生产力的关键是新科技。培育和形成新质生产力，关键在于科技创新。

习近平总书记重要讲话是在历史背景、世界背景与中国自身背景的三度空间提出发展新质生产力任务的。尤其是在制造业发展的背景下提出任务，更为迫切。认识这些背景，将使我们对新质生产力的意义理解得更为透彻，发展思路更为清晰。

人类历史发展潮流是历史背景。第三次工业革命之后，科技创新和提升全要素生产率成为加快经济发展的主要路径。近年来，科技创新对经济增长的作用进一步凸显，尤其是智能技术、绿色技术、数字技术、健康技术等新技术已经成为加快经济高质量发展的主动能，是新质生产力的“时代化身”。

在智能技术领域，主要发展人工智能技术、计算机技术、物联网技术、精密传感技术、量子技术、生物识别技术等；在绿色技术领域，主要关注节能低碳技术、清洁能源技术、绿色交通技术、清洁生产技术、污染治理技术、生态改善技术等；在数字技术领域，重点瞄准大数据技术、区块链、网络安全技术、移动互联技术、元宇宙、云计算技术等；在健康技术领域，主要聚焦生物技术、数字医疗、制药技术、康复技术等。新技术在产业领域应用而形成的生产工艺、制造模式、生产手段、生产工具和生产方式，也属于新质生产力的范畴，是能够创造财富的劳动资料。2022年11月17日，习近平总书记在亚太经合组织工商领导人峰会上演讲时强调，“我们要顺应新一轮科技革命和产业变革，加速科技创新和制度创新，培育新经济、新业态、新商业模式，实现亚太经济数字化转型”。表明我国顺应新一轮科技革命和产业变革的立场与态度。

世界范围科技竞争的空间背景。2013年，德国在汉诺威工业博览会上推出“工业4.0国家战略”，这被认为是人类第四次工业革命的开端，也拉开了各个国家在新一轮产业革命中竞争的序幕。世界各主要经济体纷纷从自身的现状与优势出发，制定了应对新一轮制造业革命的国家战略。美国在2012年3月提出了“国家制造业创新网络（NNMI）计划”，在制造业的4个重点领域列出了9个创新中枢项目，2009年12月颁布的《重整美国制造业框架》中详细罗列了计划追加的资金额度、应用方向和使用方式，重心放在发展新能源、生物产业和宽带战略等方面。英国2009年6月颁布的《构筑英国未来》提出，要着手建设“明天的经济”，大力发展低碳经济、生物产业等，确保英国的世界领先地位。法国提出了《工业新法国2.0》，将智慧物流、新能源开发、智慧城市、未来交通等9个重点领域作为改革的重心。德国确立目标，至2020年绿色能源将占其能源总需求的35%，试验“能源互联网”。日本在2015年6月公布了《2015年版制造业白皮书》，将3D打印、人工智能和智能ICT作为转型升级的轴心。韩国在2015年3月提出了《制造业创新

3.0战略行动方案》，在3D打印、大数据、物联网、ICT服务等8项核心智能制造技术上发力。中国也在2015年3月正式出台了《中国制造2025》，作为新一轮工业革命的指导纲要，将工业化与信息化“两化”深度融合发展作为主线，力争在10个重点领域实现突破性发展。2022年6月23日，习近平总书记在金砖国家领导人第十四次会晤上讲到，我们要坚持开拓创新，激发合作潜能和活力。谁能把握大数据、人工智能等新经济发展机遇，谁就把准了时代脉搏。企图通过搞科技垄断、封锁、壁垒，干扰别国创新发展，维护自身霸权地位，注定行不通。表明在世界竞争甚至是别国企图搞科技垄断、封锁、壁垒的情况下中国的态度。

数字经济发展是新兴技术、未来技术发展的焦点，也是现在促进新质生产力形成的技术背景和造就新质生产力发展机制的内容，主要包括以下四个方面。

第一，数据、算力等作为基本生产要素赋能生产力升级，形成新质生产力。在数字经济快速发展的今天，数据已经成为国家基础性战略资源和关键性生产要素，并由此衍生形成数据生产力。数据生产力作为新质生产力系统的重要内容，其出现标志着现实生产力由以资本、劳动、土地等要素为基点转向以数据、算力等为基点。大数据技术作为新一代信息技术的重要内容，在数据处理过程中具有速度快、精度准、价值高等优势。大数据产业作为以数据生成、采集、存储、加工、分析、服务为主的战略性新兴产业，可以激活数据要素潜能，推动生产力变革和创新，形成新质生产力。

在数字化时代，算力逐渐成为新质生产力的重要基础动能，助力智能革命、赋能“数实融合”。算力作为数据存储技术的“存力”和基于网络通信技术的“运力”，是信息产业的重要组成部分，包括计算、数据存储和网络通信行业。根据权威机构测算，算力指数平均每提高一个点，国家的数字经济和GDP将分别增长3.6‰和1.7‰。未来，算力将成为数字世界的核心动能。如同在工业经济时代人均用电量对经济的影响一样，数字经济时代人均算力也将成为衡量一个国家或地区产业综合竞争力的重要指标。随着通用人工智能的发展应用，智能算力的应用越来越广泛，其不仅能够提供海量数据的处理能力，还能支撑高性能智能计算，形成更高能级、更高质量的智能生产力。生产力的数字化、智能化是新质生产力的重要特征，也是新一轮科技革命和产业变革条件下生产力发展的基本趋势。当下全球热门的ChatGPT表现出强大的智能生产力潜能，其基本技术运行逻辑便是基于海量数据持续训练，以此构建起巨大模型，并以强大算力尤其是智能算力作为重要底座支撑。借助强大的算力支撑、深度学习算法和万亿级别数据语料的喂养，ChatGPT等才得以进行学习和迭代，为形成更高水平的新质生产力提供强大驱动。

第二，数智技术应用通过深化劳动分工、优化劳动力供给结构、提升生产力各要素的功能，形成新质生产力。首先，数智技术的应用对劳动分工、劳动力供给结构及劳动方式等产生深刻影响。数智技术能够在较短时间内以更大规模复制劳动行为，执行和完成以人类能力包括体力、脑力所不能完成的任务，由此创造出一种在很多方面高于人类劳动力的“新质劳动力”。在这一过程中，数智技术与劳动要素深度融合产生更高质量的劳动力供给，如具有深度学习、自我学习能力的机器人，由此在很大程度上优化了劳动力的供给结构。其次，数智技术的应用通过产生劳动替代效应深化劳动分工。数智技术应用显著提升了生产的数字化、自动化和智能化水平，降低了对低技能劳动力的依赖，由此形成对部分劳动力的替代。数智技术的不断迭代升级，进一步实现对人类脑力和高技能劳动力的替代，机器学习、深度学习的不断发展，拓展了劳动力供给的范围，从总体上提升了包括劳动者体力、脑力、智力在内的综合能力。需要指出的是，数智技术的应用会促使劳动供给由提供体力转向更多地提供脑力、智力和创造力，倒逼劳动者不断学习新知识、新技能，进而提升社会全体劳动者的知识、技能和智慧，为新质生产力的形成提供强有力的劳动力要素支撑。最后，数智技术的应用不断拓展劳动对象的应用范围。从劳动对象来看，随着数字化、智能化技术的发展，大量原来不属于劳动对象的物质转变为劳动对象，由此大大拓展了劳动对象的范围。可见，数智技术的应用通过深化劳动分工、优化劳动力供给结构、提升生产力各要素功能，有力地促进了新质生产力的形成。

第三，数字产业化过程产生的大量新产业、新业态、新模式，为新质生产力的形成提供了强大的产业基础和驱动。在数字经济时代，一大批以数智技术应用为基础衍生发展起来的新产业、新业态、新模式不断涌现，由此形成以战略性新兴产业和未来产业为主要内容的新型产业体系，并表现出显著的高成长性、高效率性和强竞争力，为形成新质生产力提供强大的产业基础和驱动。加快发展战略性新兴产业和前瞻布局未来产业，将为我国新质生产力的形成提供源源不断的驱动力。

第四，信息通信基础设施为新质生产力的形成提供了坚实的平台支撑。在数智化时代，5G、工业互联网、大数据和算力中心等新型基础设施和新一代信息通信技术的迅速发展，对有效发挥数据、算力、算法等要素的作用，促进新兴产业快速成长具有重要支撑作用，由此也构成新质生产力形成的平台支撑。5G网络凭借广覆盖、低时延、万物互联等优势，使越来越多的智能家电设备、可穿戴设备、共享汽车等不同类型的设备以及公共设施实现联网和实时管理，提高了这些设备的智能化水平，为现实生产力注入越来越多的“智能”要素。当前，5G技术在我国工业、矿业、电力、港口等垂直行业的应用越来越广泛，有效助力企业提质、降本、增效。基于5G网络的超高清视频、AR、VR等新应用进一步融入生产生活，为人民群众带来高品质全新体验。工业互联网作为新一代信息通信技术与产业深度融合的新型关键基础设施，表现出显著的技术创新优势、产业融合优势、软硬件连接优势。例如，工业互联网应用促进了我国工业软件业的快速发展，以数据思维、业务中台模式、“云+网+端”为特征的工业互联网平台辅助工业软件整合多方创新资源要素，协助企业实现工业软件的研发和创新突破。工业互联网逐渐突破数据采集和传输、海量数据计算处理速度、行业知识模型化等方面的技术“瓶颈”，将极大地推动大数据、云计算、5G、人工智能等新一代信息技术在产业领域的应用落地，不仅催生出智能制造、规模化定制、网络化协同、服务型制造等新模式、新业态，还进一步创新生产服务场景，优化技术创新方向，从而有效地促进了新质生产力的形成发展。

第二节　关键核心技术领域的竞争

习近平总书记高度重视国家在关键核心技术领域的地位。2022年6月28日，习近平总书记在湖北武汉考察时强调："科技自立自强是国家强盛之基、安全之要。我们必须完整、准确、全面贯彻新发展理念，深入实施创新驱动发展战略，把科技的命脉牢牢掌握在自己手中，在科技自立自强上取得更大进展，不断提升我国发展独立性、自主性、安全性，催生更多新技术新产业，开辟经济发展的新领域新赛道，形成国际竞争新优势。"

显然，把科技的命脉牢牢掌握在自己手中并不是件容易的事情，需要对关键核心技术领域的差距有清醒的认识。知耻者勇，知道落后才明白向哪里攻坚，提升我国发展独立性、自主性、安全性。研究中美工业革命之争的差距与优势是一个重要的切口。20世纪80年代托夫勒的《第三次浪潮》被引入国内时，对于绝大多数中国人（包括知识界）而言，书中的"信息革命"距离还太远；但不到20年，信息化已是随处可见。《第三次工业革命》无疑是有着相类似的、对历史可能性的提前洞察。自2013年提出《第四次工业革命》以来，我们不再是提前洞察，而是仓促应战了。

中美两国在第四次工业革命中的竞争是多维度和动态变化的。两国都在不断调整战略和投入资源以应对挑战和抓住机遇。随着技术的发展和全球化的深入，合作与竞争并存的局面也将持续存在。在第四次工业革命的舞台上，中国与美国各自展现出独特的优势，但究竟谁的前景更为广阔，取决于多方面的因素。中国巨大的市场规模、坚定的政策支持、完善的制造业基础以及在新兴技术领域的突破，无疑为第四次工业革命打下了坚实的基石。而美国凭借其深厚的基础科学研究、成熟的创新生态系统、领先的高端技术领域以及国际影响力，稳稳地站在了工业革命的前沿。

然而，未来的道路充满了不确定性。谁能持续推动技术创新、培养和吸引顶尖科技人才、创造有利于创新的环境并积极参与国际合作，谁就有可能在这场革命中脱颖而出。在第四次工业革命的浪潮中，中国与美国两个经济大国各展所长，各有千秋。但最终，谁能站在全球科技之巅，不仅取决于各自的优势和努力，更在于国际合作与竞争的大局。两大国的对决，背后是全人类的科技文明进程。我们期待着中国和美国在第四次工业革命中携手前行，共同为人类社会的进步和发展作出更大的贡献。

2021年，哈佛大学肯尼迪学院贝尔弗科学与国际事务中心发布的《伟大的科技竞争：21世纪的中国与美国的较量》报告中提到，中国已取代美国，成为世界上最大的高科技产品制造商。2020年，中国生产了2.5亿台计算机、2500万辆汽车、15亿部智能手机。该报告称，“中国将在未来十年内超过美国”。报告对美中在人工智能、5G、量子信息科学、半导体、生物技术和绿色能源6个领域的科技竞争进行了分析评估，对过去20年来美国和中国在关键技术上的进展进行了分析。我们可以从六大技术领域对美中科技进展进行分析。

一是人工智能领域。在未来10年，人工智能可能是对经济和安全产生最大影响的技术。语音技术方面，中国的语音识别公司科大讯飞（iFLYTEK）拥有7亿用户，是苹果Siri用户的2倍。金融科技方面，2/3的美国人使用信用卡，而90%的中国城市居民已使用移动支付。

从企业情况来看，6年前，全球20家最有价值的互联网公司只有2家为中国公司，现在增加至7家。人工智能时代的“七大巨头”分布在美中两国，即谷歌、亚马逊、脸书、微软、百度、阿里巴巴和腾讯。从研发情况来看，中国在AI研发的投资不断飙升并追上美国，研发成果不断积累。2020年，中国AI研究成果被引用的总量已经超过美国，较2019年上升35%。在深度学习领域，中国的专利出版物为美国的6倍。在国际比赛中，中国的人工智能研究人员展现出强大的实力。在斯坦福大学机器阅读理解国际挑战赛上，中国队经常名列前五。

未来竞争趋势是，中国庞大的人口带来强大的人才储备与数据储备，同时带来庞大的内需市场，以及更多的计算机专业学生。在未来5年，中国将拥有更多的科学、技术、工程、数学（STEM）毕业生，而美国本土的AI博士数量自1990年以来并未增加。

当然，美国也有其独特优势，美国聚集了世界上的优秀人才为其工作，未来也将吸引更多的人才进入美国。如果未来的趋势是技术的实际应用，中国的优势将更大；但如果未来10年的AI进步来自算法和硬件突破，优势则在美国。

二是5G，在电信领域。美国国防创新委员会曾称，“中国有望在5G领域复刻美国在4G的成功”。如果成功，中国将在技术上拥有先发优势，并拓展5G技术广阔的商业和军事应用前景。5G大幅提升了网络的速度和可靠性，增加了可连接的设备。美国高通公司预估，未来，5G将在15年间为世界“带来印度大小的经济提升”，中国将占有“蛋糕”的最大一块。

从关键指标来看，截至2020年底，中国的5G连接占全球的87%。各类关键指标显示，中国在5G的未来发展上占据重大优势。从电信设备供应市场来看，根据Dell’ Oro Group的最新季度报告，2021年第三季度全球电信设备供应商总收入约1000亿元，排名靠前的7家供应商占据全球82%的市场份额，分别是华为（29%）、爱立信（15%）、诺基亚（15%）、中兴（11%）、思科（6%）、三星（3%）和Ciena（3%）。在5G设备领域，全球排名为华为、爱立信、诺基亚、中兴和三星。Dell’ Oro Group报告显示，因为美国政府正在竭力遏制华为的崛起、促进供应商多元化，中国以外的市场份额正在发生变化，华为的表现相较2020年出现劣势，爱立信、诺基亚和三星是2021年第三季度中国以外的三大5G设备供应商。

未来竞争趋势是，对于美中而言，5G基础设施将是新基建的重中之重。中国的5G网络建设将推动AI和物联网进一步深入日常生活，并开拓尖端5G应用，如智能工厂系统、智慧城市发展等。

三是量子信息科学领域。传统量子信息科学（QIS）由美国研究人员主导，包括3个子领域：量子计算、量子通信和量子传感。QIS一直被视为科学和技术革命的潜在催化剂，将推动发展更大规模的计算、更快的通信和更精确的测量，可以促进创建更加安全的通信线路，消除对天基定位系统的依赖。哈佛大学的报告提出，在这些领域，美国正被中国追赶甚至被超越。

从量子技术研发情况来看，中国对量子技术的研究投资逐步增加，量子相关专利数量逐渐超过美国。2014年，美中的量子相关专利数量相差无几。2018年，中国申请专利数量为美国的2倍，且占所有量子专利的52%。在量子计算软件专利的数量方面，美国公司占据前三名，中国的哈尔滨工程大学进入前五；硬件方面，美国占据主导地位。

美中都有将科学技术快速转化为实践的能力。①量子计算：因为谷歌、IBM、英特尔、微软等私营公司的大量投资，美国长期占据量子计算领域的领导地位。2019年，谷歌发布53个超导比特量子计算机；2020年12月，中国科技大学创造光子量子计算机，速度更快。②量子通信和加密技术：中国的信息收集能力推动了量子通信的进步，美国逐渐在量子通信领域失去优势。2003年，美国开发了第一个量子密钥分发网络；2016年，中国发射了世界上第一颗支持量子通信的卫星，并在之后创造了量子通信链路的新纪录，还将建设集成量子通信网络。美国专家认为，量子技术将使中国政府和军队的通信更加安全。③量子传感：量子传感将影响军事领域应用，包括隐身技术和雷达干扰无效能力。在所有关于量子传感的出版物中，引用次数排名依次为美国、欧洲、中国。然而，加总过去5年的出版物，中国的量子传感论文每篇的引用次数均排名第一。

从量子领域的中美政策来看，2016年，中国提出的科技创新2030重大项目中部署了量子通信和量子计算机。2018年12月，美国颁布了《国家量子计划法案》，推动量子技术发展，尤其是量子计算。承诺5年内，为量子信息系统投入12亿美元，2020年2月追加8.6亿美元，2021年增加4.92亿美元。

未来竞争趋势是，美国国家安全委员会的Jason Matheny表示，美国量子技术的优势是脆弱的。在量子专业知识领域，美国不具备绝对的垄断地位，美国需要与拥有更先进技术的战略盟友和伙伴（如日本等）合作。

四是半导体领域。美国近半个世纪以来在半导体行业占据全球主导地位，随着国内投资不足和全球竞争加剧，美国半导体制造领域所占的份额已从1990年的37%下跌至2020的12%，但美国对芯片设计和半导体制造的投资依然领先。

中国不断增长的国内需求推动了半导体行业市场的扩张，中国的半导体制造领域所占的份额从1990年的不到1%上升到15%，超过美国。

半导体制造领域，中国的领军企业中芯国际在过去10年中一直名列前五，2020年突破N+17纳米工艺。在芯片设计领域，华为海思在芯片研发上不断突破，2020年成为第一家进入前十大半导体公司的中国公司，取代高通成为中国最大的智能手机处理器供应商，美国的出口管制给该公司近期的发展带来一定负面影响。尽管中国85%的半导体需求仍依赖进口，但近几年的快速发展，使中国半导体行业与全球前沿技术的差距正在缩小。

在半导体制造设备领域，美国占市场份额的55%，中国仅占2%。在芯片设计领域，美国占市场份额的85%。美国作为全球半导体的领导者，前十大半导体公司中，有7家为美国公司。美国担忧其研发经费受到债务限制、半导体人才短缺以及来自中国市场的竞争等因素，将长期影响其半导体产业的发展。综观美国历史上无可争议的芯片制造领先地位，今天仅有44%的设计芯片由美国本土生产，英特尔和格芯在下一代芯片的竞争中也发力渐弱。

尽管美国担忧其半导体的优势无法保持，美国在半导体制造投入方面仍然保持强势，而且通过应用材料和林氏研究等公司控制关键供应链的“瓶颈”位置。

未来竞争趋势是，美国在短期内仍将保持行业领导者地位。半导体有三个关键领域——半导体制造、芯片设计、半导体制造设备。中国已在半导体制造和芯片设计领域取得强劲发展，半导体行业将会在未来10年快速增长。美国对中国企业采取制裁和出口管制等措施会减缓中国半导体行业的发展速度，如对华为进行制裁和将SMIC纳入实体清单。然而，庞大的中国市场使得美国的做法只能是两败俱伤，中国市场占美国芯片总销售额的36%，完全切断中国获得先进半导体的渠道也将影响美国的发展。

五是生物技术领域，包括基因组学、生物化学、分子生物等。在该领域，未来，美国将是无可争议的领导者，但中国在该技术领域与美国竞争激烈，某些方面中国更占优势。从研究成果来看，2007—2017年，中国的生物技术出版物每年增长20%，仅次于美国。在CRISPR改性作物和转基因植物领域，中国的研究产出已经超过美国。在发表论文总数上，美国仍保持领先，但中美差距正在缩小。

在生物制药和治疗领域，中国迅速崛起，将实验室成果快速转化为商业产品。中国在全球生物制药生产的份额占22%，仅次于美国。生物制药的全球产能中，美国排名第一，为35%；其次是欧盟，为25%；中国排名第三为，15%。中国生物制药的增长主要由仿制药和国内庞大消费群体推动，但创新能力在不断增长。中国生物技术的CART细胞疗法领先全球。

未来竞争趋势是，美国仍然是生物技术的领导者，在创新领域遥遥领先，但中国在生物技术领域的投资规模、改革带来的增长，将挑战美国在生物技术领域的霸权。

六是绿色能源领域。绿色能源将在21世纪迅速发展，高盛数据显示，2030年，全球清洁能源投资规模将达16万亿美元。过去20年来，美国一直是新绿色能源技术的主要投资者，但中国在制造和部署新技术方面处于领先地位。从供应链来看，中国在绿色科技供应链的多个关键环节占主导地位，包括设备制造、原材料和能源储存等。制造业的优势使中国成为全球最大的太阳能和风能生产国，其中太阳能产能为美国的3倍，风能为美国的2倍。中国是可再生能源设备的主要制造商，供应全球70%的太阳能电池板。在风力涡轮机生产领域，前十大生产商中有4家中国企业，中国控制40%的全球市场，美国为12%。随着全球绿色化转型向零排放能源过渡，一些资源将成为新的关键要素。在太阳能电池板、电池和其他绿色技术所需的关键资源中，中国的产量占绝对优势，包括化学锂（50%）、多晶硅（60%）、稀土金属（70%）、天然石墨（70%）、精炼钴（80%）和精炼稀土（90%）。在海外市场中，中国企业也积极投资当地资源。而美国的锂、钴和石墨大量依赖进口。在绿色氢能开发领域，中国和欧盟处于领先地位。

未来竞争趋势是，在可预见的未来，中国将凭借绿色能源供应链的优势成为该领域的全球领导者，推广和部署绿色技术方面处于领先地位。尤其在电动汽车领域，中国已成为全球最大的生产国和市场，2020年中国电动汽车销售量为130万辆（占全球的40%），而美国为30万辆。美国在突破性创新方面有着强大的动力。美国在碳捕集和封存技术（CSS）方面占据优势，拥有全球一半以上的大型CSS设施，在研究领域也独占鳌头。针对气候危机，需要美中两个碳排放大国共同应对。中国是美国、欧盟以及其他国家绿色能源技术的最大生产国、使用国和出口国，因此与中国的合作必不可少。对于美中科技竞争的宏观因素，笔者认为，美中在科技领域的竞争不仅表现在特定科技领域的领导力方面，在科技人才吸引、科研生态系统构建和效率、国家政策等方面也存在竞争，并将决定科技竞争的发展走向。在人才领域，美国一直受益于可从全球吸纳人才，但现在美国正失去前沿科学的人才竞争优势。研发领域，在21世纪初，美国研发支出排名第一，为2700亿美元（按当前购买力平价计算）；欧盟第二，为1800亿美元；中国为330亿美元，仅为美国的12%。而2020年，按购买力评价调整后，美国排名第一，为6400亿美元，中国达到5800亿美元，为美国的90%。

现在，由于美国的制造和工程持续外包，其研发能力受到制约，美国正失去新技术的掌握能力和拓展能力，最终损害创新能力。然而，美国的优势依然显著，包括：更多顶尖大学；在全球拥有更广泛的技术伙伴；更能吸引高技术移民；在航空、医学、纳米技术等新兴技术领域占领导地位；支持创新等。

哈佛大学的分析报告认为，中国有着政策优势，包括领导层与政府的重视、国家宏观目标制定，如投资、人才计划、高科技园区等重点投资、政府支持高新企业等，在促进科技创新发展方面优势明显。

美中科技竞争中的博弈。在过去几十年间，美国一直引领全球的技术创新，并在许多领域仍保持优势，但中国的崛起正在挑战美国的领导地位。为了在诸多前沿科技领域保持领先，美国对中国已采取了多种制裁和管制措施。

除哈佛大学的分析报告外，2021年11月美中经济与安全审议委员会的2020年度报告中同样关注了美中在新兴技术领域的竞争方向，并提出加强对中国的技术管制，包括合成生物学、新移动出行技术、云计算和数字货币4个领域，与哈佛大学提出的方向重合。委员会还提出，加强科技保护，避免数据与技术流入中国，限制中国企业在绿色技术领域的准入，限制中国在美国的5G运营，同时审查供应链以摆脱对中国在某些供应关系上的依赖。

近年来，中国的整体技术实力逐步增强，成为有影响力的科技大国。然而，从科技大国到科技强国，中国还有很长的路要走。无论是从横向范围还是纵向差距来看，美国技术实力依然全球领先。打造世界一流企业要专注核心技术与创新能力，核心技术仍然是最重要的，特别是高科技产业已经成为中美竞争的“主战场”。以半导体为代表的高科技产业无疑已经成为未来的发展方向。从企业情况来看，中国头部的高科技制造业企业中，有一半是台资，半导体行业更是只有台积电一棵独苗。而美国已经到了产业发展的最后阶段：淘汰了基础产业，制造业完全渗透进入了国际市场，高科技产业成为主要产业。延续之前对信息和通信技术产业企业（ICT）的关注，在这个全球竞争最为激烈的高新技术产业领域中，美国有19家上榜企业，平均营业收入1262亿美元，平均利润达237亿美元。中国有12家ICT企业上榜，平均营业收入为787亿美元，平均利润为77亿美元。该类别下美国公司平均利润是中国的3倍，考虑到美国及其他发达国家掌握着产业的核心零部件以及关键技术，并且对中国企业的监管持续加强，中国ICT企业需要持续努力以缩小与美国等西方国家企业的差距。当中国企业巩固了世界500强的领先地位后，要更加关注打造“专精特新”的中小企业，而不是片面追求企业的规模。要支持引导行业领军企业和掌握关键核心技术的“专精特新”企业深化改革、强化创新，加大培育力度。

第三节　实现高水平科技自立自强的路径

认清形势是正确决策的先导。2022年9月6日，习近平总书记在中央全面深化改革委员会第二十七次会议上讲话时强调，要发挥我国社会主义制度能够集中力量办大事的显著优势，强化党和国家对重大科技创新的领导，充分发挥市场机制作用，围绕国家战略需求，优化配置创新资源，强化国家战略科技力量，大幅提升科技攻关体系化能力，在若干重要领域形成竞争优势、赢得战略主动。

习近平总书记在多次考察中对国有企业实现高水平科技自立自强提出要求，并在2016年3月7日两会期间参加辽宁代表团审议时提出，坚定不移把国有企业做强做优做大，培育核心竞争力，争当创新驱动发展先行军，加快培育具有较强创新精神和创新能力的企业科技人才队伍。

发展新质生产力，尤其强调要有颠覆性科技创新。新质生产力首先是新制造。新制造涉及新能源、新材料、新医药、新制造装备和新信息技术5个领域，但要称得上新质生产力的概念，那就不是普通的科技进步，不是边际上的改进，而是要有颠覆性科技创新。所谓颠覆性科技创新，以下5个新的标准至少要满足一个：一是新的科学发现。就是“从0到1”、从无到有，对世界有新理解的重大发现。比如，量子科学、脑科学研究，可能会将人类对世界的认知、对自身的认知往前推进一大步。二是新的制造技术。在原理、路径等方面完全不同于现有的技术路线，却能够对原有的工艺、技术方案进行替代的制造技术。比如，未来生物制造通过生物反应器方式，制造人类需要的各种蛋白、食品、材料、能源等。三是新的生产工具。工具变革在人类发展史上始终处于重要地位，因为工具的革新带来了效率提升和成本下降。比如，EUV光刻机的出现让7纳米、5纳米芯片制造成为可能；新能源汽车制造中一体化压铸成型技术，让汽车制造成本大幅下降等。四是新的生产要素。过去的制造靠劳动力、资本、能源等要素，未来的制造除传统要素外，还会有新的数据要素。新要素的介入让生产函数发生新变化，规模经济、范围经济、学习效应会产生新的交叉组合和融合裂变。五是新的产品和用途。每个时代都有属于每个时代进入千家万户的“四大件”“五大件”，近几十年是家电、手机、汽车等，未来可能是家用机器人、头戴式VR/AR设备、柔性显示、3D打印设备和智能汽车等。当然，新质生产力需要有新服务。新服务的重点在于镶嵌在全球产业链、供应链当中，对全球产业链具有重大控制性影响的生产性服务业。关于服务业，世界经济版图里有三个特征：第一个特征是在各种高端装备中，服务业的价值往往占高端装备或者终端50%~60%的附加值。比如，一部手机有一千多个零部件，这些硬件形成的附加值占产品价值的比例约为45%，其余55%是操作系统、应用软件、芯片设计专利等，即各种服务。新服务中同样需要科技创新。

发展新质生产力，关键是依靠科技创新催生新产业、新模式、新动能。国有企业要以身作则，率先垂范，在思想上，要强化国有企业发展新质生产力的主体地位，尤其是科技创新主体地位。在发展新质生产力的新征程上，国有企业要积极提高创新能力，努力成为新质生产力的率先学习者、新质生产力的支撑者、原始创新和核心技术的领头者、破解“卡脖子”难题的攻坚者、资源配置的组织者、新型生产资料的技术供给者、高质量发展的实践者，走在第三次、第四次工业革命前面。

国有企业是新质生产力的率先学习者。推动高水平科技自立自强是国有企业在新发展阶段的一项光荣使命，也是一个崭新的重大课题。2024年1月

31日，习近平总书记在中共中央政治局第十一次集体学习时，首次全面系统阐释了新质生产力的重要概念和基本内涵，指出了生产力跃迁发展的路径和方式，提出完整的理论体系。这为新时代新征程我国加快科技创新、推动高质量发展提供了科学指引，也为中国式现代化语境下新国企建设指明了方向。这需要社会各界持之以恒、长期不懈地努力。国有企业管理者、科研者与实践者要从学习领悟习近平总书记关于新质生产力重要论述开始，振奋精神，不断提高国有企业自身科技创新水平，发挥自主创新引领与表率作用。

国有企业是新质生产力的支撑者。国有企业作为具有中国特色的特殊市场主体，不仅要做科技创新的主力军、"排头兵"，还要在推进高水平科技自立自强中发挥关键作用。由于国有企业既有作为企业的市场主体优势，又有集中力量办大事的资源和体制机制优势，因此相比民营企业等其他主体更有条件也更有必要成为国家战略科技力量的重要支撑。为此，国有企业要为国家战略布局、产业优化调整提供技术支持，支撑整个国家新质生产力的大局。国药集团作为生物医药产业链链长，拥有3个P3高级别生物安全实验室，6个P3高级别生物安全生产基地，是全球最大疫苗生产企业，疫苗年产能超过100亿剂次，供应85%以上的国家免疫规划用疫苗，打造了捍卫国家生物安全的产业链，确保了国民免疫规划和生命健康的自主化、国产化。

国有企业是原始创新和核心技术的领头者。原始创新能力在很大程度上决定着一个国家和民族的核心竞争力。国有企业的特殊性质决定了其可以把公共和私人部门在创新中承担的职能合为一体，着力强化原始创新和核心技术供给，要努力提高原始创新能力，打造原创技术策源地，要构建创新链上各主体共同参与的创新网络，打造创新联合体升级版，大力推进科技攻关，努力掌握更多拥有自主知识产权的原始创新和核心技术。

国有企业是破解"卡脖子"难题的攻坚者。国有企业要主动承担保障国家科技安全的使命和责任，尤其在关键核心技术攻关、行业共性技术供给等方面，国有企业负有不可推卸的责任。作为关键核心技术创新攻关和突破的主要承担者，国有企业应聚焦核心技术重点方向突破技术“瓶颈”。需要选择优先发展的关键技术群，瞄准传感器、量子信息、网络通信、集成电路、关键软件、大数据、人工智能、区块链、新材料等战略性和前瞻性领域，通过科技创新实现重大创新成果的突破。突破技术“瓶颈”，需要统筹发展和安全，强化自主创新，鼓励颠覆性科技创新，实现高水平科技自立自强。攻坚克难、补齐短板，实现赶超，通过“技术制衡”等策略，防止关键核心技术被“卡脖子”或争取能够保持不被“卡脖子”。国有企业要坚持底线思维，时刻保持预警状态，防止现有技术路线被颠覆、现有技术优势被破解和抵消。

国有企业是资源配置的组织者。国有企业特别是中央企业，具有规模、规范管理、品牌影响等优势共同形成的特有组织整合优势，重视自身先进技术成果的积累与梳理，并将适用技术成果转移到其他企业和行业中，带动国内相关企业向产业链价值链的高端汇聚。可以整合国内外经济资源和要素，整合集聚创新资源，形成跨领域、跨学科、大协作、大纵深和高强度的创新基地。国有企业不仅要不断提升自身自主创新能力，还要带动中小企业、民营企业协同创新、共同发展和进步。

国有企业是新型生产资料的技术供给者。国有企业特别是中央企业，具有较强的创新资源和能力积累，是重要的原始创新和核心技术供给主体。可利用其组织平台优势，建设一批概念验证和中试平台，主动开放应用场景，探索在重大项目、重点工程谋划阶段明确自主可控目标，积极应用首台套、首批次、首版次技术产品，在应用过程中不断促进技术产品的完善和迭代升级，加快科技成果向现实生产力转化。

国有企业是高质量发展的实践者。国有企业必须牢记高质量发展是新时代的硬道理，全面贯彻新发展理念，把加快建设现代化经济体系、推进高水平科技自立自强、加快构建新发展格局、统筹推进深层次改革和高水平开放、统筹高质量发展和高水平安全等战略任务落实到位，为推动高质量发展打牢基础。继续做好创新这篇大文章，推动新质生产力加快发展。

总之，国有企业特别是中央企业在推动科技自立自强中发挥组织引领作用。那么国有企业如何进一步推动新质生产力呢？总体来说，首先国有企业自身要实现高质量发展，要加快实施创新驱动发展战略，提高自主创新能力，进而推动和引领、带动其他所有制经济和科研机构在发展新质生产力中共同提高能力。我们应当看到，总体上，我国科技创新水平和发达国家相比还有较大差距，实现高水平科技自立自强还有很长的路要走，需要长时期的不懈努力和艰苦奋斗。推动新质生产力发展不同阶段有不同重点任务。当前阶段的关键环节和主要任务是“补短板”“锻长板”，确保安全稳定并提高其现代化水平。

一是实现国有企业高水平科技自立自强，需要加强系统谋划和顶层设计。需要深入实施创新驱动发展战略，需要在全社会形成良好的创新环境与文化氛围，需要建立有利于自主创新的体制机制并有相应的配套政策。简而言之，就是要建立创新型经济与社会体系，坚持创新在现代化建设全局中的核心地位，走中国特色自主创新道路。中冶集团是中国钢铁工业的开拓者和主力军，是中国冶金工业原创技术策源地，攻克了一批关键共性技术，快速形成具有自主知识产权的全流程低碳冶金核心技术体系，补齐核心装备制造的短板。用独占鳌头的国际一流核心技术、持续不断的创新研发自主可控能力、无可替代的冶金全产业链整合集成优势，成为“世界第一”冶金建设运营国家队，为推动我国从钢铁大国走向钢铁强国，推动钢铁产业成为中国最具竞争力的核心产业，发挥了支撑作用。牢牢占据国内90%、全球60%的冶金建设市场。

二是突破关键领域“卡脖子”技术，打好核心技术攻坚战。建立属于自己的独特科技创新优势，打造更多反脱钩和反制裁的“撒手锏”。而在这些方面，国有企业特别是中央企业无疑具有其他主体无法比拟的特殊地位与优势。原始创新属于根本性、颠覆性的创新，是“从0到1”的突破，具有很大的偶然性与不确定性，往往需要进行跨学科、跨领域、开创性的研究与反复实验、反复探索，因此不是一般中小企业所能实现的。

三是挖掘创新资源与要素，具有承担推动新质生产力水平的良好条件。我国国有企业拥有一大批国家重点实验室、国家工程实验室、国家工程技术研究中心和国家级企业技术中心等国家级科研平台和机构，拥有一大批高素质科学家和科技创新人才，其中两院院士就超过200人，在国家创新体系中占有重要地位。同时，国有企业大多集中在关系国家安全和国民经济命脉的重要行业和关键领域，是推进国家现代化、保障人民共同利益的重要力量，是国家科技创新的骨干和中坚。国有企业科技基础雄厚、创新资源和要素丰富，有条件在加快提升自主创新能力中发挥引领带动作用，在支撑和落实国家科技自立自强战略决策中发挥关键作用。

四是优化国有企业布局结构，大力发展数字经济、智能经济。国有企业布局优化和结构调整是推动创新经济发展的重要举措。推进国有企业和国有资本布局优化、结构调整要以推动高水平科技自立自强为着眼点和目标导向。为此，国有企业要积极布局战略性新兴产业和数字经济。战略性新兴产业和数字经济代表新一轮科技革命和产业革命的方向，是培育发展新动能、获取未来竞争新优势的关键领域。国有企业可以充分发挥产业投资基金和两类公司作用，以大数据、云计算、物联网技术为代表的信息产业和数字经济，以机器人、3D打印、人工智能为代表的智能制造业，此外，还有高端装备、新材料、节能环保等产业。要在现有基础上把我国战略性新兴产业和数智产业继续推向中高端，推动传统产业转型升级与战略性新兴产业有机结合。

五是在重点领域围绕关键核心技术开展突破性创新，培育发展新产业集群。现在，要集中优势创新资源拼强项补短板，现阶段，要聚焦高端装备制造、电子信息、新能源、新材料、生命健康等新兴产业，瞄准高端芯片、基础元器件、集成电路和数字技术，以龙头企业为引领，联合产业链上下游企业、高校、科研院所等创新主体，共同构建产业创新战略联盟，推动创新链和产业链深度融合，促进科技成果转移转化，构建以企业为主体、市场为导向、产学研用深度融合的技术创新体系。遴选和设立一批大型科技攻关项目，建设一批协同创新平台，兴建一批原始创新策源地，推广一批产业化应用项目，培育发展一批新兴产业集群。聚焦人工智能、数字神经网络、超大规模算力、新一代通信、深空深海技术、新一代材料、新一代互联网、生物技术、新能源等领域，构建从基础研究、技术应用、产品研发到产业化的创新链，推进科技创新向新质生产力转化。

六是发挥产业链协调带动作用，促进产业基础高级化和产业链现代化。通过打造科技创新平台和自主创新生态，促进颠覆性原始创新，培育未来技术和产业。当前重点是加强基础研究、构建关键核心技术攻关新型举国体制与协调机制、建立高能级创新联合体、通过技术和场景双轮驱动实现国有企业在关键核心领域取得更多重大突破等。美国逆全球化潮流而动，企图通过打压、围堵、断钩等伎俩将中国产业锁定在全球价值链的中低端环节，阻碍中国高新技术产业的发展，遏制中国的和平崛起。这就需要我们通过推动产业链高级化突破价值链的“低端锁定”，提升产业链供应链韧性，保障产业安全。中国制造业要围绕重点产业链，找准关键核心技术和零部件“卡脖子”薄弱环节，“一链一策”推进强链补链稳链，强化产业链上下游、大中小企业协同攻关，促进全产业链发展，提升重点产业链自主可控能力，为工业强基赋能。

七是深化国有企业改革，增强科技创新活力。发展新质生产力需要一种新型生产关系，这就要求市场在资源配置中起决定性作用，通过体制机制改革，优化创新环境，打通新质生产力形成过程中的堵点和卡点，促进资源要素特别是稀缺要素自由流动，实现资源要素高效配置。国有企业要提高科研人员成果转化收益比例，鼓励国有科技型企业通过员工持股、期权、分红等激励方式，调动科研人员的创新积极性，赋予创新人才更大的尊重和自主权。重视培育战略科学家和敢于冒险、勇于担当、具有创新精神的创新型企业家。建设专业化、市场化、具有全球科技视野的职业经理人队伍，建立和完善中国特色现代国有企业制度，营造有利于推动高水平科技自立自强的内外部环境。

八是激发企业创新的意愿。通过推动研发费用加计扣除、高新技术企业税收优惠、科技创业孵化载体税收优惠、技术交易税收优惠等正面激励强化企业创新的动机；完善落实国有企业创新考核、激励与容错机制，同时健全民营企业获得创新资源的公平性和便利性措施，打消企业“创新高风险”的顾虑。

九是全面提升人力资本，为加快形成新质生产力提供人才保障。人才是创新的第一资源，是形成新质生产力的关键要素。探索多元化的人才培养模式，打造一批战略型人才，培育和引进一批领军型人才，重点培养一批应用型人才，为发展新质生产力服务。实施有利于高素质人才成长的制度和政策，在科研经费、试验设备、工作生活环境等方面创造条件，吸引科研人员乐意创新、专心创新、大胆创新。从产权承认、收益分配、个人所得税减免、社会地位、成果评价与认定等方面给予特惠政策，激励科研人员创新。鼓励科研人员解放思想，支持他们减少非必要的社会活动，把更多的精力和主要时间投入专业领域从事创新工作。

第四节　国有企业要勇当原创技术的策源地

习近平总书记在中共中央政治局第十一次集体学习时强调，加快发展新质生产力，扎实推进高质量发展，特别强调加强科技创新特别是原创性、颠覆性科技创新，使原创性、颠覆性科技创新成果竞相涌现。科技创新是新型工业化的根本动力，是引领发展的第一动力，新兴技术和颠覆性创新成为推动全球产业格局变化和产业链重构的主导力量。

习近平总书记曾指出，“中央企业等国有企业要勇挑重担、敢打头阵，勇当原创技术的‘策源地’、现代产业链的‘链长’”。中央全面深化改革委员会第二十四次会议审议通过了《关于推进国有企业打造原创技术策源地的指导意见》，强调要推动国有企业完善创新体系、增强创新能力、激发创新活力，促进产业链创新链深度融合，提升国有企业原创技术需求牵引、源头供给、资源配置、转化应用能力，打造原创技术策源地。国资国企高度重视打造原创技术策源地工作，在激发创新潜能等方面取得了显著成效。同时，也面临着诸多问题，需要完善创新体系、增强创新动力，优化国有企业原创技术策源地。

“原创”来自英语的Originality，即独立完成的，但不一定是新颖（Novelty）或独一无二的（Uniqueness）。原创的本质是创新，离开了创新思维、创新精神和创新方法也就不能称为原创。策源地也是一个新兴概念，“策”有谋划、驱动、搀扶等意思，“源”有源起、源泉等意思，将二者融合在一起，“策源地”包含了发现、汇聚、创造、转化和引领等多重含义，是与能力和动力相关的概念。可以这样认定，原创技术策源地是技术为原始创新技术、自主创新技术、首次得到应用的技术及重大创新技术，具有较强的原创性和颠覆性的地方。建设国有企业原创技术策源地，提升国有企业原创技术需求牵引、源头供给、资源配置、转化应用能力，是建设国家重要战略科技力量、实现高水平科技自立自强、建设世界科技强国的重要举措。国有企业打造原创技术策源地有利于引领新一轮科技革命和产业变革，提升我国抢抓重大战略机遇的能力。国有企业打造原创技术策源地有利于完善以企业为主体的国家创新体系，更好地服务国家重大战略需求。国有企业打造原创技术策源地有利于在科技创新“无人区”打造核心优势，提升企业核心竞争力。国有企业、民营企业都是科技创新的重要主体，都是创新生态的重要组成部分。国有企业主要集中在关系国家安全、国民经济命脉和国计民生的重要行业和关键领域，在稳定经济社会大局中发挥着“顶梁柱”和“压舱石”的作用，承担着成为国家战略科技力量和原创性技术策源地的责任和使命。特别是中央企业，有强大的产业链基础优势和雄厚的科技研发积淀，理应在服务高水平科技自立自强方面发挥更大作用，成为突破关键核心技术的“领头雁”、主力军。

原创技术一般具有以下特点：一是能够发挥自身产业布局优势，在关系国家安全、国民经济命脉和国计民生的重要领域引领产业链发展方向，主导创新链持续自主创新，汇聚创新势能；二是战略目标清晰，掌控关键核心技术，引领带动产业链技术研发；三是组织方式呈现多元化，包含联合创新体、创新平台、具体企业等多种类型；四是通常拥有一流研发团队、共性技术研发平台、前瞻性技术研发布局。

新时代十年特别是党的十九大以来，国有企业坚决推进高水平科技自立自强，在打造原创技术策源地方面形成了一些经验做法。通过承担重大科技攻关项目、从事基础研究和应用基础研究，更好地服务国家统筹发展和安全的战略需要。一方面，聚焦自主可控，中国电子、中国商飞、中国中车、中航工业等大力开展关键核心技术攻关，积极承接重大项目，使集成电路、5G通信、高速铁路、大飞机、发动机、工业母机、能源电力等领域“卡脖子”问题得到不同程度的缓解。另一方面，航天科技、中国船舶、中国移动、中国通号、国药集团等在以载人航天、探月工程、深海探测、北斗导航、5G应用、国产航母、国产疫苗等为代表的战略前沿领域取得一批世界先进水平的重大成果，建成了港珠澳大桥、白鹤滩水电站、深海一号油气田、华龙一号核电机组、石岛湾高温气冷堆核电站示范工程等一批标志性重大工程。2024年5月，国务院国资委开展第二批央企原创技术策源地布局建设，在量子信息、类脑智能、生物制造等36个领域，支持40家央企布局52个原创技术策源地。两批布局后，共有58家央企承建97个原创技术策源地。正在深入实施“加强应用基础研究”等11个行动计划，力争在量子信息、6G、深地深海、可控核聚变、前沿材料等领域取得一批原创成果。

当前，国有企业虽然在原创技术策源地建设方面取得了一些成果，但是在绝大多数领域，中央企业在创新产出和创新生态上均与一流企业存在差距。一是国有企业研发经费投入有待加强。相较于世界一流创新型企业，国有企业研发经费投入仍有较大差距。欧盟委员会发布的《2020年欧盟工业研发投入记分牌》的统计数据显示，2019—2020年研发投入全球排名前50的公司中，美国有21家公司，中国只有3家企业，分别是华为、阿里巴巴、腾讯。相较于国内外高水平创新型企业，如华为、谷歌母公司Alphabet、微软公司等，我国国有企业研发经费投入尚存较大差距，直接导致国有企业创新产出能力不高。

二是国有企业原创技术成果与科技强国推动制造强国目标存在差距。目前，我国大多数国有企业的创新模式仍为集成创新，缺乏“从0到1”的原始创新能力和颠覆性创新能力。高端芯片、先进材料、核心设计软件、零部件、重要科学仪器等仍无法自给，在专用装备及设备、生物医药及医疗器械、电力装备等部分优势领域也存在技术短板问题。由此，重大突发事件引发的产品技术供应中断会使经济社会发展受到冲击。对标科技强国、制造强国目标，我国国有企业原始创新能力及成果尚不足以助力建成科技强国、制造强国。

三是国有企业在不同领域的原始创新水平差距较大。在高铁、通信器材、风力涡轮机、装备等领域，我国国有企业部分技术处于世界范围内领跑地位。但在科技密集型行业，包括半导体设计、化学品、制药等，还存在较大差距，高端数控机床、科学医疗仪器、集成电路、航空发动机等仍依靠进口。这对企业的生存发展、国家的安全和发展，都构成了极大的威胁和阻碍。

四是国有企业原始创新的开放与合作程度不高。国有企业整合外部各类优秀资源的能力有待提高，科技创新的开放程度还需加强。目前，国有企业开展的创新活动主要为内部创新，在创新方面与外部合作的意愿较低，客户、供应商等处于产业链上下游的合作伙伴是国有企业选择的重要对象，但与高校、科研院所等围绕创新链的合作程度较低。这种现象导致产业链与创新链不匹配，创新成果难以满足产业发展需求。

五是国有企业原始创新动力不足，创新引领作用需进一步加强。除此之外，国有企业创新驱动力欠缺也导致国有企业与成为原创技术策源地的目标存在差距，引领带动作用难以有效发挥。不少中央企业不是完整意义上的以市场为主导，还处于垄断地位，导致市场难以充分发挥作用。国有企业中围绕自主创新的体制机制还不完善，致使科研人员进行创新活动的推力不够。由于创新成功获得收益是一个漫长过程，需要研发经费的支持，并具有较大的风险性，导致利润减少，在这种情况下，国有企业管理者自主创新的积极性较低。

目前国有企业在原始创新领域存在的问题及国有企业与“打造原创技术策源地”目标的差距，对国有企业打造原创技术策源地提出了新的高要求，为国有企业科技创新明晰了发展路径。国有企业应围绕建设世界科技强国的战略目标，发挥创新在国有企业发展中的中心作用，探索新原理、新概念、新方法和新系统，通过持续提高原始技术创新能力，突破并掌握关键核心技术，不断提升国有企业原始技术创新能力，加快打造原创技术策源地，从而把握技术和产业发展主动权，抢占经济、科技、军事竞争制高点，在实现科技强国目标过程中发挥引领带动作用。

一要加大创新研发投入力度，为科技创新注入“强心剂”。创新成果的涌现与核心技术的重大突破需要持续稳定的研发经费投入。为保障创新活动顺利进行，国有企业要围绕创新强化自主投入机制，增加研发经费投入。拓展创新投入引进方式，多渠道筹措研发经费，为国有企业技术原始创新保驾护航。此外，针对创新投入建立合理高效的管理模式，使资源配置合理，投入的资源物尽其用，力争投入产出效益的最大化。

二要加快战略性领域的“卡脖子”攻坚。明确科技发展重点及趋势，引领原始创新活动。国有企业应围绕国家的战略需求及发展目标，兼顾国家总体的顶层设计，根据自身特点，制定国有企业原创技术发展的策略和战略，对创新机会进行动态识别，研判技术的发展趋势及重点，针对关键领域原始创新进行统筹布局，明确技术发展路径，完善国有企业在电子信息、高端装备、化工新材料、医药等领域重点科研任务中“揭榜挂帅”“挂图作战”“联合攻关”的机制，加大支持力度。发挥原创技术策源地的引领作用，推动科技创新从跟跑转变为并跑、领跑。

三要突出“从0到1”的原创导向。针对国有企业在不同领域创新发展不均衡的问题，国有企业应瞄准世界科技前沿，从国家短期及长期的战略需求出发，围绕解决事关国计民生的重大科技问题，明确重点发展的关键领域，使各领域技术均衡发展。在与世界领先水平存在较大差距的产业链关键环节补齐短板，扭转技术受制于人的现状，削弱对国际领先技术的依赖程度。

四要搭建协同创新平台。需要打造国家实验室和国家级制造业创新中心，优化国家科研机构、高水平研究型大学、科技领军企业的定位和布局，依托重点城市建设区域创新中心和国家科学城，完善国家科技基础条件平台体系，壮大国家战略科技力量。国有企业应加强与科研院所、高等院校、民口单位的协同创新，围绕关键技术、核心元器件、原材料、基础软件等共性技术开展协同攻关，有效牵引、精准整合各领域优势科技创新力量，全面提升我国科技领域的原始性创新能力，增强推进新型工业化的原动力。至2024年6月14日，国务院国资委启动第三批中央企业创新联合体建设，围绕战略性新兴产业和未来产业等重点领域，在工业软件、工业母机、算力网络、新能源、先进材料、二氧化碳捕集利用等方向组织中央企业续建3个、新建17个创新联合体。完成第三批布局后，共21家中央企业牵头建设24个创新联合体，全面带动高校院所、地方国企、民营企业等产学研用各类创新主体，加快完善产业创新组织机制，建立创新平台。

五要加大国有企业科技创新激励力度。在“科改示范行动”和“原创技术策源地”中，精选一批开展“创新激励提升行动”，加大对创新参与者股权激励力度，扩大对企业家和领军人才的授权。国有企业应不断完善创新管理机制，制定相应配套政策，加强改革创新，营造良好创新环境，充分激发创新内生动力，发挥创新主体作用。建立健全市场化激励与考核机制，建立项目分红、岗位激励等经济激励机制，包含对人员的薪酬、奖励、股权、分红等多种形式的激励。对国有资本控股的科技型混合所有制企业、规模较小的科技型企业等，深化实施特殊工资总额管理政策、探索提升股权激励中单一员工持股比例。激励机制应避免与考核过分挂钩，给予科研人员一定试错空间，在一定条件下建立创新失败免责机制，更好地激发创新活力和人才动能。

第五节　培育发展新质生产力的新动能

新质生产力是一个具有动态性、时代性和战略性的新概念，是要素新优势、产业新形态、发展新路径、竞争新优势的集成表述，代表着更创新、更高阶、更可持续的生产力发展方向。新质生产力形成与发展的核心在创新，关键在培育经济发展新动能，重点在形成新产业。

中央经济工作会议指出，要以科技创新推动产业创新，特别是以颠覆性技术和前沿技术催生新产业、新模式、新动能，发展新质生产力。

习近平总书记在黑龙江考察时首次提出“新质生产力”这一重要概念。

马克思指出，“生产力中也包括科学”“生产力是随着科学和技术的不断进步而不断发展的”“生产过程成了科学的应用，而科学反过来成了生产过程的因素即所谓职能”“大工业则把科学作为一种独立的生产能力与劳动分离开来”。因此，新质生产力可以理解为在新一轮科技革命推动下形成的新要素新生产组合模式，涉及新产业、新模式、新动能等一系列与生产过程有关环节的根本性变革。

新要素。科技是发展新质生产力最为关键的要素，包括新技术和新工艺的使用，以及提高生产效率和产品质量的重要知识积累。当前新一轮科技革命推动的科技要素变革和迭代，将深刻改变人类社会的生产活动。新材料、新能源、数据资源等作为关键劳动对象进入生产过程，特别是数据已经成为数字经济时代的关键生产要素，从底层改变了传统生产力发展的基本逻辑，将充分赋能生产活动的全流程环节。人才一直是生产活动中不可或缺的要素，高技能人才、大学生、研究生成为新劳动者的主体。新时代是高素质劳动者竞争的时代，以脑力劳动者为代表的高质量劳动力成为生产力中的决定性因素。

新模式。新要素在新技术条件下的有机组合，形成新的生产模式，包括具体生产环节和生产的管理组织架构，是新质生产力发展的内生机制。数字化和智能化生产模式是主要表现形式，先进的数字技术和人工智能等技术在生产过程中得到广泛的运用，实现生产流程的智能化和自动化，提高生产效率和质量。工业互联网生产模式是重要发展方向，基于云计算、大数据、物联网等技术，产业链内部以及产业链之间能够形成设备间、企业间的信息共享和协同，提升整个产业链的效率和协同能力。定制化生产模式能够更好地满足人民群众的个性化需求，通过灵活的生产方式，高效配置生产资源，高效组织生产能力。绿色生产模式将成为新质生产力的鲜明特征，采用可再生能源、循环利用等方式，推动绿色低碳发展，强调发展的可持续性。

新产业。新一轮科技革命和产业变革深入推进，不断有前沿技术和颠覆性技术涌现、成熟、应用和扩散，必将带来很多新需求、新产品、新服务，从而形成新的产业。新质生产力代表了新一轮科技革命的最新成果，既体现为用革命性技术改造传统产业从而形成新的产业形态，又体现为推动战略性新兴产业和未来产业的发展。战略性新兴产业是由科技进步带来的产品创新驱动，是具有巨大增长潜力的产业，能够对经济社会发展的全局和大局产生重要积极影响。未来产业代表着前沿科技的发展方向，是孕育颠覆性技术的孵化器，有着巨大的发展潜力。要积极培育新能源、新材料、先进制造、电子信息等战略性新兴产业，前瞻性布局元宇宙、类脑智能、量子信息、未来网络等未来产业，为新质生产力发展创造有利条件。

新动能。新质生产力是科技创新发挥主导作用的生产力，必然伴随大规模、全方位的技术进步，同时新质生产力的发展又会带来生产关系的变革，从而促进更多先进优质生产要素顺畅地向新质生产力流动。在这个过程中，无论是技术进步还是资源优化配置，都会带来全要素生产率的提升，从而为经济发展带来新动能。具体来看，新动能主要体现在三个方面：一是战略性新兴产业和未来产业的发展能够推动产业门类重构和产业结构革命性跃升，从而为经济发展释放全新空间；二是新技术对传统产业的改造不仅可以提高生产效率，还可以提升产品附加价值，从而促进经济的集约式发展；三是制度创新能够优化生产要素配置，从而在现有生产要素的基础上实现更大规模的产出水平。

生产力的本义是通过生产要素的组合运用提供产品和服务的能力。随着要素条件变迁和市场需求变化，生产力必然是与时俱进、不断更新的。立足要素资源条件新变化、面向技术产业变革新形势、聚焦高质量发展新阶段，新质生产力对传统意义上的生产力概念进行了创新发展、赋予其新的内涵。新质生产力不是既有生产力修补式的调整完善，而是以科技创新和产业变革为核心的生产力体系重塑，筑基于新的要素条件、形成于新的产业质态、导向在高质量发展，是能够更好地支撑现代化建设、拥有更大成长潜力空间、更利于多目标协同的全新生产力。

形成新质生产力的关键是以科技创新推动产业创新，通过整合使用优质和新型生产要素，探索智能、融合、高效、绿色的发展路径，形成高水平、高能级的产业结构体系，提供更高品质、更加丰富的产品和服务。新质生产力与技术创新和产业变革紧密相关，创新属性和成长特征突出，代表着产业迭代、结构升级的主要方向，孕育着新的产业赛道和发展动能。因此，新质生产力既是各国加快布局、角力发展的普遍方向，也是我国实现赶超、赢得领先的机遇窗口，对我国建设现代化产业体系、打破以往国际分工体系制约、抢占全球新一轮产业发展制高点至关重要。

形成新质生产力的基础是立足要素新支撑构筑发展新优势。要素资源是生产力的基础、产业优势的支撑。先进和新型生产要素快速涌现、加速成长，为我国在要素培育和整合应用上占得先机提供了可能。当前，新能源、人工智能、生物医药、数字信息等科技创新不断取得突破，科学创新人才、技术技能人才、经营管理人才等人力资本持续提升，数据信息等新生产要素加速崛起并向各领域深度渗透，共同铺就了不同于以往的要素条件，为产业创新发展构筑起新的支撑条件。目前，新要素涌现对我国产业创新发展的支撑作用已经显现，如优质的科技创新和互联网资源为新能源汽车产业注入发展新活力，一些企业把劳动技能优势和人工智能优势相结合，释放出巨大的效率效能提升空间，企业竞争力在技术工艺流程重构中得到增强。

加快形成新质生产力必须夯实要素新支撑。随着我国经济社会发展阶段变化，以低成本优势为核心的传统要素正在发生深刻变化，把先进和新型生产要素培育好、利用好是发展优势接续、新旧动能转换的必然选择。在优化提升劳动、土地等传统优势要素支撑的同时，需要加大力度培育科技创新、人力资本、数据信息等新要素，加强要素基础制度建设，深化要素整合共享，扩大要素开发应用，提高高端、优质、新型要素对产业创新发展的贡献。

扩大应用先进和新型生产要素是经济持续健康发展的动力之源，能够有效应对传统要素数量和成本优势减退带来的影响，进一步提高全要素生产率，建立起更高水平、更可持续的产业竞争新优势。

自1990年以来，中国制造业增长较快，制造业增加值先后超过德国、美国等世界制造业强国，2010年成为世界制造业第一大国。但中国还不是制造业强国，我们在高端制造技术如数字制造技术方面与发达国家还有比较大的差距。在全球经济正迈向第三次工业革命的背景下，网络经济与实体经济的相互融合日趋加深，生产能力的复苏与增长必然筑基于新的生产方式之上，即以互联网为支撑的智能化大规模定制的生产方式。这是理解当前“再工业化”的关键。从“工业化”到“去工业化”再到“再工业化”这个循环的过程，表面上反映了从实体经济到服务经济再到实体经济的回归，实际上体现了服务经济真正服务实体经济的发展战略，符合经济形态螺旋式上升的发展规律。如果“去工业化”去掉的是低附加值的加工制造环节，那么，“再工业化”实际上是对制造业产业链的重构，重点是对高附加值环节的再造。

发达国家的“再工业化”战略必然会对全球产业尤其是制造业活动的空间分布，以及各国产业结构的调整产生影响。欧美发达国家意图通过“再工业化”解决四个问题：一是希望通过制造业数字化技术发展的领先，继续保持在制造业价值链上的高端位置和全球控制者的地位，解决服务业的虚拟化和金融化与实体经济发展脱节的问题，而这个脱节可能就是美国金融危机的导火线。二是通过“再工业化”推动欧美国家经济结构和产业结构的转型。特别是在再生性能源开发、智能互联网发展方面，通过立法、政府资金投入补助等，使美国等过度依赖化石能源的经济体系、社会生活方式等发生根本改变。三是用新的数字信息技术、互联网技术对传统的劳动密集型制造业重新定义、整合发展，通过技术创新，改变传统制造业的制造模式，降低单位劳动成本，提高其在国际上的竞争力，同时提供大量就业机会。四是积极推动科技创新、技术创新，创造新的产业。我们知道，美国等发达国家的技术力量强，创新能力强。很多新兴的产业源于欧美，继而领先全球，迅速产业化以后，再在全球市场上扩张。美国不仅善于创造新的产业，还善于创新商业模式，这可能成为“再工业化”的中坚力量。

质就是以数字制造技术、互联网技术和再生性能源技术的重大创新与融合为代表，从而引发工业、产业乃至社会发生重大变革，这一过程不仅将推动一批新兴产业诞生与发展以替代已有产业，还将导致社会生产方式、制造模式甚至生产组织方式等方面的重要变革。未来我国发展战略和产业政策调整的要点是：

第一，转型升级战略调整。重新诠释经济转型升级的内涵，未来的工业转型升级不仅是改造传统产业、发展高技术产业和高附加值环节的问题，还要包含如何利用现代制造技术赋予传统产业和制造环节新的竞争优势的问题。从企业层面来看，过去30多年中国制造企业的成长基本遵循了“承接制造能力—市场开拓—改进型创新—自主创新”的路径。按照这样的路径，当中国本土企业已经掌握了足够规模和足够水平的制造能力时，资源投入的重点就应当从生产转向产品创新，或者从工厂转向实验室。在这种背景下，有学者提出“自主产品开发是中国企业自主创新的关键”。在这种理论的指导下，近年来我国的科技资源不断向产品创新倾斜。然而，在第三次工业革命的背景下，我国的产业赶超必须从“承接制造+产品创新”向“产品创新+过程创新”的模式转型。

一是中国工业参与国际分工的形式不能仅停留于“组装和搭配”标准化的模块化架构产品。中国缺乏竞争力的领域不仅体现在高技术产业和价值链环节，还体现在需要制造能力和技术诀窍的一体化架构产品领域。对高技能和多技能要求更高的一体化架构产品优势的形成需要中国企业在产品创新和工艺创新两个方面进行高强度的学习和赶超。

二是产品技术和工艺技术融合发展的技术趋势决定了中国必须坚持产品创新和工艺创新同时推进的全面自主创新道路。现代制造要求在产品设计阶段就能够充分体现产品稳定性、可靠性和可制造性等工艺要求，在这种情况下，产品设计和生产工艺之间的互动变得越来越重要。当生产过程特殊或不易于理解时，产品设计所需的决策参数就不容易形成，这时，不掌握足够工艺制造能力的企业或国家不仅无法完成后续工程化和产业化，连产品设计本身都无法顺利完成。

三是人口大国的基本国情决定了中国必须坚持产品创新和工艺创新同时推进的全面自主创新道路。对于中国这样一个人口众多、将长期面临巨大就业压力的国家来说，工艺创新具有尤为重要的经济社会意义。相对而言，产品创新强调正式研发和实验室的作用，强调科学家和研发人员等少数技术精英；而过程创新是涉及所有劳动者的集体性能力提升，除生产装备现代化和现场管理方式的优化外，过程创新还要求将现场工人由简单劳动者转化为技能和知识型员工，因而是一种更加普惠性、包容性的创新。生产设备可以外购获得，但制造能力的形成必须是自主培育的。大规模定制在日本企业成功应用的一个重要原因，就是日本企业建立大规模定制制造系统的过程，并非像大多数美国企业那样完全从外部采购设备和系统，而是加强企业与设备供应商的合作，加强零部件和系统的内部研发，使制造技术成为自身的专有技术和独特竞争优势。

第二，全球竞争战略调整。促进由个别要素优势向形成综合成本优势和新的竞争优势转变。在机械替代劳动的压力下，未来发达工业国家向发展中国家的制造业国际直接投资增速可能逐渐放缓，甚至出现回流。在这种情况下，中国如果希望继续通过吸引国际投资来引进技术和管理，就必须提高基于综合成本的区位吸引力。制造的区位优势不是仅由劳动力成本决定，而是由包括劳动力、税收、管制、贸易条件、知识产权保护、土地、资本、能源、交通、商业信誉、物流等因素在内的综合成本决定。以美国为例，过去10年间，其对外直接投资的最大经济体不是中国，而是劳动力成本相对高但综合成本更低的欧洲国家，其中仅对爱尔兰一国的直接投资总额就是对中国直接投资总额的3倍多。因此，未来中国加强比较优势的思路，不是一味地抑制传统低价格要素的成本上涨，而是通过降低制度性的经营成本，形成综合成本比较优势。在加强综合成本优势的基础上，进一步通过促进先进制造技术的应用形成中国工业新的竞争优势。加强政策引导和环境建设，促进精细制造从上而下地贯穿企业的整个管理过程，使生产管理成为企业管理者和员工的基本管理理念和基本工作理念。将产品质量、新产品制造周期等生产管理目标提升到企业的战略管理层面，并将这些目标纳入包括总裁在内的高层管理者、技术人员和现场工人的绩效评价体系中。针对现代制造技术对技能和知识提出的新要求，加强对员工的生产管理培训，使其与高层管理者、中层管理者和工程技术人员共同形成完整的生产管理循环。

第三，产业发展战略调整。在加快产品技术创新的同时，协同推进战略性新兴产业与先进制造技术融合发展。一方面，先进制造技术的突破离不开战略性新兴产业的支撑，如云计算、云储存、新材料等新技术和新产品是现代制造技术和制造系统的基础技术，这些领域的技术突破常常成为制造技术突破的“瓶颈”。另一方面，战略性新兴产业的发展离不开现代制造技术的推动：一是多数战略性新兴产品仍然处于实验室的概念化和初步设计阶段，以数字制造为代表的现代制造技术可以大幅提高新产品设计的可制造性，缩短产品原型的开发成本和制造时间，从而缩短战略性新兴产品的工程化、产业化周期，有利于抢占战略性新兴产业发展的先机。美国生物产业发展的经验表明，没有与产品技术相适应的制造技术和工艺的支撑，没有有效的制造、研发一体化组织，大量的生物技术只能停留于实验室的概念研发和以技术交叉许可为主的技术交易阶段，频繁的技术市场内部交易并不能转化为现实的产业利益。二是在新兴产业市场化的初期，通常具有主导设计不明确、需求多样、细分市场规模小的技术经济特点，传统的大规模生产并不适用于这种市场容量小、高度细分的市场结构。在这种情况下，重构生产系统和添加个性化制造等就能够充分发挥其多品种、小批量、低成本的优势。因此，战略性新兴产业的发展必须与现代制造技术的研发、应用结合起来协调推进，通过战略性新兴产业发展为先进制造技术的突破提供应用场所和市场支撑，通过先进制造技术的发展为战略性新兴产业的工程化、产业化提供工艺保障。

第四，技术创新战略调整。在加强前沿制造技术突破的同时，更要注重适用性先进制造技术的攻关、应用和扩散。制造技术的复杂性和先进性并不能决定工业生产的有效性。20世纪80年代初期，美国制造业企业应用柔性制造系统失败的一个重要原因，不是这些企业购置的设备不够先进，恰恰相反，当时美国企业柔性制造系统的平均开发时间通常为2.5~3年，系统开发的平均人力投入为25000人工作时间；而日本企业柔性制造系统的平均开发时间为1.25~1.75年，系统开发的平均人力投入为6000人工作时间。然而更大的系统开发投资反而成为美国企业制造系统的“祸根”：由于更大的投入，美国企业的制造系统较日本企业更加复杂，过度复杂的系统设计和冗余技术导致生产运营中出现更多的缺陷。因此，中国的制造技术战略不应是放弃目前主导的大规模生产方式，并简单地用高度信息化、自动化、数字化的大规模定制系统和个性化制造系统取而代之。事实上，在同一间工厂甚至同一条生产线在不同的领域合理地组合运用大规模生产和大规模定制，恰恰可以达到更好的制造绩效。在未来相当长的时期内，适用性的、多技术路径的、持续改进型的制造技术创新和发展模式对我国的制造能力提升更有意义。此外，发展先进制造要综合考虑目前我国企业的技术应用能力，在加强前沿制造技术开发的同时，集中资源促进适用型的现代制造技术在广大企业特别是中小企业的推广和应用，不仅要将制造技术转化为企业竞争力，而且要通过适用技术的扩散将企业竞争力转化为产业竞争力。

第六章

结构调整与资源配置——新质生产力的血液

党的二十届三中全会指出，“完善要素市场制度和规则，推动生产要素畅通流动、各类资源高效配置、市场潜力充分释放”“推动技术革命性突破、生产要素创新性配置、产业深度转型升级”。并且要求国有资本“向前瞻性战略性新兴产业集中”。发展新质生产力的实践，核心是实现要素的优化配置和提高全要素生产率。新质生产力是更先进的生产力，构成新质生产力的各类要素有别于传统生产力。我们需要从协调配置生产力的角度，研究新质生产力对高质量发展的重大意义。

要素的优化配置，对于国有企业而言，就是围绕增强国有企业的核心功能提高国有企业的核心竞争力，对生产要素创新性配置，推进结构调整，对产业深度转型升级，以劳动者、劳动资料、劳动对象及其优化组合的跃升，实现全要素生产率大幅提升，推动国有经济高质量发展，做好中国特色社会主义经济的“顶梁柱”。

第一节 配置生产力的定义、价值与影响

习近平总书记在中共中央政治局第十一次集体学习时提出，新质生产力“由技术革命性突破、生产要素创新性配置、产业深度转型升级而催生，以劳动者、劳动资料、劳动对象及其优化组合的跃升为基本内涵，以全要素生产率大幅提升为核心标志，特点是创新，关键在质优，本质是先进生产力”。这里提出“生产要素创新性配置”的概念，实际上是提出创新性配置的问题，我们也可以称之为“配置生产力”。实际上，新质生产力也是对生产要素创新性配置的生产力，从而实现劳动者、劳动资料、劳动对象及其优化组合的跃升。“配置生产力”，可以称为对生产要素进行创新性配置，实行劳动者、劳动资料、劳动对象及其优化组合的跃升，实现全要素生产率大幅提升，实际是新质生产力派生出来的、具有操作特征的生产力质态。

“配置生产力”是有马克思主义理论基础的。100多年前，恩格斯在设想未来经济社会布局时提出，“只有按照一个统一的大的计划协调配置自己的生产力的社会，才能使工业在全国分布得最适合于自身的发展和其他生产要素的保持或发展”。这体现出：一是社会主义的基本任务是发展生产力；二是合理的区域布局是生产力发展的重要条件；三是只有克服了资本主义基本矛盾造成的恶性循环，才可能实现全国协调配置生产力；四是制订一个“统一的大的计划”必须有科学技术的指导，科学技术应当参与总体资源配置。

当然，那时还没有实践经验，没有体现具体国度的针对性，只是一个设想。可以说，“配置生产力”的萌芽，已经在马克思主义经典作家的文章里出现。这也是我们提出配置生产力的理论依据。

我国社会主义建设继承马克思主义思想，结合中国实际，创新了中国特色社会主义区域发展理论。习近平总书记对新中国成立以来的区域发展规划，从经济布局角度作了概括分析，“新中国成立后，我国生产力布局经历过几次重大调整。‘一五’时期，苏联援建的156项重点工程，有70%以上布局在北方，其中东北占了54项。后来，毛泽东同志在《论十大关系》中提出正确处理沿海工业和内地工业的关系，20世纪60年代中期开展‘三线’建设。改革开放以后，我们实施了设立经济特区、开放沿海城市等一系列重大举措。20世纪90年代中后期以来，我们在继续鼓励东部地区率先发展的同时，相继作出实施西部大开发、振兴东北地区等老工业基地、促进中部地区崛起等重大战略决策。党的十八大以来，党中央提出了京津冀协同发展、长江经济带发展、共建‘一带一路’、粤港澳大湾区建设、长三角一体化发展等新的区域发展战略。下一步，我们还要研究黄河流域生态保护和高质量发展问题”。显然，我们党长期在资源配置问题上作出努力。

迄今为止，我国区域发展不平衡的状况虽有很大改善，但仍未根本改变。这既是问题，也是潜力，我国高质量发展需要在区域协调、平衡发展方面持续、顺畅运行。从时间维度来看，需要在高质量发展中实现永续发展，扫除生产、分配、交换、消费几大环节良性循环的障碍。从空间维度来看，需要开发地区失衡中蕴藏的活力和资源，充分发挥全国“一盘棋”的巨大合力。在推行中国式现代化的基础上，依托国内丰富资源和愈加扩大的国内市场构建自身的产业链供应链，在高质量发展中加速建设社会主义现代化强国，同时加固在世界范围竞争的根基。当然，对于一个企业而言，其同样存在生产要素配置问题，甚至更为急迫，也更现实，能够以最快的速度形成新的生产力。

回到配置生产力的内涵来分析。生产力是劳动者利用劳动资料作用于劳动对象而表现出来的能力，这里不仅涉及生产过程利用了哪些要素，而且涉及生产中这些要素是如何配置在一起的。即使是同样数量和质量的要素，其要素组合方式的差异也会导致生产结果迥然不同，就此而言，在生产力研究中分析要素组合效率不可或缺，探究要素组合效率或全要素生产率问题至关重要，新增长理论对技术形成机制的关注值得借鉴。

发展新质生产力的实践核心是实现要素的优化配置和提高全要素生产率。生产力是更先进的生产力，构成新质生产力的各类要素有别于传统生产力。新质生产力的最关键要素是新劳动者，新质生产力下的新劳动者已经不仅是各种机器和设备的操作者，而是创造者。新劳动资料也促进了新质生产力的形成，数字时代的劳动资料不仅是传统的机械设备，还涵盖了大量智能化、数字化的工具。新劳动对象的引入，特别是新能源和新材料的应用，不仅推动了产业结构的升级，也推动了经济的可持续发展。

新质生产力的实践路线体现在各种要素的创新性配置上。新质生产力并非简单的要素数量的增加，而是通过创新性配置，使得各种要素之间能够协同工作，实现“1+1>2”的效果。例如，在数字经济时代，数据作为新的要素被纳入生产过程，与传统的劳动、资本、土地等要素相互结合，形成全新的生产模式。这种优化配置有利于不断提高全要素生产率。

与生产力关联的要素组合在微观层面体现为企业效率，在中观层面体现为产业形态，在宏观层面体现为现代化产业体系。产业结构变迁即作为具有相同特征的企业集合，产业在特定时空背景下呈现怎样的结构特征，在不同时期产业结构是如何发生变动的，等等。在这个意义上，生产力分析应引入产业结构变迁因素，后者成为连接企业微观行为和宏观国民经济的“桥梁”。

习近平总书记在中共中央政治局第十一次集体学习时提出，新质生产力“由技术革命性突破、生产要素创新性配置、产业深度转型升级而催生”。一个是技术革命性突破，一个是生产要素创新性配置，一个是产业深度转型升级，三者是相互联系的整体。而配置处于核心地位，上接技术革命，下接产业深度转型，起着承上启下的作用。

生产要素创新性配置在新质生产力发展过程中，起到了贯穿全局的作用。技术革命性突破，也是一个技术配置的过程。当前，全球科技创新进入密集活跃时期，新一代信息、生物、能源、材料等领域不断涌现颠覆性技术，呈现融合交叉、多点突破等态势。这一过程中，催生出新产业、新技术、新产品和新业态的生产力，其本质是创新驱动，充分发挥科技、人才和创新融合发展的作用，这便是配置作用。新质生产力必然要告别传统技术体系、摆脱传统增长路径、符合高质量发展要求，其既是数字时代更具融合性、体现新内涵的生产力，也是配置起决定作用的生产力。新质生产力的融合性源于技术发展的融合交叉性，集中表现为产业融合。新质生产力通常伴随创新技术的广泛应用、产业结构的重大调整和生产方式的变革，需要围绕产业链部署创新链，围绕创新链布局产业链。新质生产力推动产业间的融合与交叉创新，如制造业与信息技术的深度整合形成全新的产业形态和商业模式。新兴产业不仅是新质生产力提升的直接驱动因素，而且在结构和功能上与其他产业进行深度交叉和融合，这种交融产生一系列具有高附加值的产品和服务，推动供应链优化和产业链升级。将数字化等高新科技的创新因素融入传统生产资料的发展模式，通过算法、算力、平台等让生产资料重新配置与融合而形成的新质生产力，不仅有助于提高产业的竞争力，实现经济可持续发展，还能够推动产业创新，加快形成新兴产业并作用于未来产业。在此基础上，新质生产力的发展能够有效促进教育链、人才链、产业链与创新链的有机结合，推动经济高质量发展、教育优先发展及人才引领发展相互融通、相互协同、相互促进。

在产业深度转型升级过程中，配置是重要手段。在聚合模式与协同耦合的过程中，重要的是配置。在数字经济时代，“大平台+小前端”逐渐成为新型分工协作模式。企业平台化、员工创客化、用户个性化的要求使小微企业成为大型企业的基本单元。“巨平台+海量小前端”成为新型分工形态的全新载体与重要依托。聚合模式是“平台的平台”，这一平台通常整合了众多其他平台的资源，用户可以通过一个入口获得多家平台提供的服务。对于超级平台而言，平台企业的入驻能够为其增加消费场景、补充用户数据、完善业务生态；对于平台企业而言，超级平台能够为其导入流量，同时，可以在品牌、资金、技术等方面为其提供支持，进而实现两者之间的互促互动、协同发展。聚合模式和产能共享在实现生产方式社会化方面的作用将进一步凸显。劳动分工越精细化，劳动协作就越社会化，个体生产的独立性愈益被分工上取得相应表现的社会依赖性补充，互联网技术、数字技术、人工智能技术、生命科学技术等嵌入各行各业，其核心特征是打破行业边界，跨界协同，重塑边界。新质生产力的发展使大量异质性企业借助大数据和互联网紧密融合，形成共生的价值循环体系，不同行业之间通过业务交叉、数据联通、运营协同等形成新的产业融合机制和社会协同平台，由此产生数字生态中的产业生态。产业生态是数字经济和实体经济融合而成的新的基本经济单元，有助于推进资源整合、激发创造活力，实现系统集成、资源互联共享。产业生态的融合性重塑是新质生产力带来生产方式进一步社会化的新表现。新质生产力推动的资源共享和协同创新集中表现为一种社会融合效应，生产方式的社会化水平进一步提高。新质生产力的配置性意味着协同耦合，产生“1+1>2”的非线性放大效应。配置能够产生新特质、新现象、新功能，使系统整体功能大于局部个体功能之和，进而催生新质。

对于配置生产力，要理解其实践意义与理论创新意义。

首先，深刻认识配置生产力，其是新时代习近平加快发展新质生产力、扎实推进高质量发展战略理论与实践的新探索。随着生产力高质量发展，中国抓住世界经济发展具有长周期波动的特点，进入建立配置生产力新形态的新机遇期。理论揭示，配置生产力新形态决定的任何一个周期性发展阶段或周期内形成的不同的时空连接期，都会对不同的国家与地区产生不同规模、不同范围、不同影响的时代性发展机遇。谁能抓住这个时代性发展机遇，谁就能从根本上避免“落后就要挨打”的历史悲剧。坚持高质量发展是“最大硬道理”的新理念，牢固把握建立多维度配置生产力新形态的大趋势，不断创造“攻关期”转变发展方式、优化经济结构、新旧动能转换的“闯关”操作新模式。从上述理性思路出发，配置生产力是习近平“由技术革命性突破、生产要素创新性配置、产业深度转型升级而催生”思路的落实与实践延伸。

其次，深刻认识建立配置生产力新形态，既是进行新质生产力全要素新方位再组合的空间新布局，也是中国特色社会主义生产关系重大调整。中国进入第三次工业革命与第四次工业革命的新时代。经济要从过去的业态、模式、方式、手段、行为、思维束缚中解放出来，以治理体系和治理能力现代化为主题，着眼于生产关系的调整，优化政府机构设置与职能配置的改革，使上层建筑更加适应经济基础，通过制度性改革，以重整行装再出发的新姿态面对新机遇，进行经济体制改革与国企改革。创造创新配置生产力新形态的操作运行新模式。建立配置生产力新形态的本质内容是以合理的生产力要素布局与协调的生产关系及取得最佳经济社会效果的科学运行体系，优化经济结构，建成以发展目标、水平状态、质量结构等为评价标准的规模空间布局，彻底摆脱旧的经济发展模式，创造最佳模式。

最后，深刻认识建立配置生产力新形态，能够直接提高全要素生产率，是新质生产力的实现途径。优化资源配置效率可以通过改善产业结构和产业内部资源配置等途径实现。目前，我国应当把优化产业结构作为重中之重，让市场在资源配置中起决定性作用，紧密围绕“质量变革、效率变革、动力变革”推进产业结构优化升级，推动产业发展向更高水平演进，加快提升产业的技术水平，引导资源和生产要素由低效率部门向高效率部门流动，推动资源配置实现效益最大化和效率最优化，不断提升资源配置效率与生产效率，从而为经济高质量发展提供有力支撑。

配置生产力新形态是新质生产力的重要理论概念，是新时代重塑经济格局的更高实践境界。研究创新性配置在新质生产力中的核心地位与作用，既具有重要的现实意义，也具有理论意义。

第二节　配置生产力的内容与实现路径

习近平总书记提出，新质生产力“由技术革命性突破、生产要素创新性配置、产业深度转型升级而催生”，产业深度转型是目标。拥有核心竞争力的现代化产业体系，是建立新质生产力新形态的目标。新质生产力中，配置什么、怎么配置，是我们目前思考的重点。

新时代是中国特色社会主义发展历程中出现的一个全新的历史阶段，支撑新时代构建与完善大国经济发展空间新格局的物质技术基础是现代化产业体系。习近平总书记强调，要及时将科技创新成果应用到具体产业和产业链上，改造提升传统产业，培育壮大新兴产业，布局建设未来产业，完善现代化产业体系。现代化产业体系本质是由所有产业活动的各种要素（包括各个环节、各个链条、各个节点、各个层面、各个领域）之间形成的相互关系和内在联系，合力构成的一个现代化的有机整体。这个有机整体被称为现代化产业体系。只有建成现代化产业体系，才能实现高质量发展，进而成为建立配置生产力新形态的基石。以打造新技术、新产品、新业态、新模式为起始点；以完全实现高质量发展为落脚点。从起始点到落脚点，大逻辑决定全过程操作方向的聚焦点是以大历史观对已经过时的认识进行大清除式的“思想风暴”，建立以新指标体系、政策体系、标准体系、统计体系、绩效评价、政绩考核为主要内容的制度保障体系，不断提高现代产业的水平，这是企业转型升级的结果。

一是现代化产业体系中以科技产业、信息与大数据产业为主体形成的科技与平台型新经济，在新质生产力中始终发挥最强引领力作用。新时代建立生产力新形态，必须加强科技创新，特别是原创性、颠覆性科技创新，加快实现高水平科技自立自强。科技创新是发展新质生产力的强大引擎，建立新质生产力的进程就是不断强化最强引领力的过程。在新一轮科技革命和产业变革条件下发展新质生产力，从根本上取决于科技创新能力，特别是关键核心技术的创新突破能力。首先，增强关键技术创新能力。瞄准大数据、人工智能、区块链、传感器、量子信息、网络通信、集成电路、关键软件、新材料等战略性前瞻性领域，发挥新型举国体制优势，进行创新突破，提高数字技术基础研发能力。其次，建立以企业为主体、市场为导向、产学研深度融合的技术创新体系，进一步加大自主研发力度，充分发挥社会主义市场经济条件下关键核心技术攻关优势，突出关键共性技术、前沿引领技术、现代工程技术、颠覆性技术创新，有计划、有重点、有步骤地突破核心技术与关键技术。

二是现代化产业体系中关键核心技术的创新及其应用，在新质生产力建设中始终是最强转化力。力促科技成果转化为现实生产力，加速科技成果的产业化。依托我国超大规模市场优势，推进数字技术与各领域的深度融合，建立以科技创新企业为主导，产业链、创新链、资金链、人才链深度融合的数智化技术创新联合体，进一步完善创新成果快速转化机制，加快实现创新技术的工程化、产业化、市场化。积极发展新型研发机构，打造高校与企业创新联合体等新型创新主体，构建多元化主体参与、网络化协同研发、市场化运作管理的新型创新生态体系。支持具有自主核心技术的开源社区、开源平台、开源项目发展，促进开放式创新、平台化创新，借助数智技术及平台实现创新资源共建共享。

三是现代化产业体系中大力推进数字产业化，发展的新产业、新业态、新模式，在新质生产力中始终是最强拉动力。首先，深化数字技术与各领域融合应用，推动行业企业、平台企业和数字技术服务企业进行跨界创新。引导支持平台企业加强数据、产品、内容等资源整合共享。发展基于数字技术的智能经济，加快优化智能化产品和服务运营，培育智慧销售、无人配送、智能制造、反向定制等新增长点。其次，重点推进信息技术软硬件产品产业化、规模化应用，提高基础软硬件、核心电子元器件、关键基础材料和生产装备的供给水平，提升关键软硬件技术创新和供给能力。再次，推进产业链强链补链，完善人工智能、集成电路、5G、工业互联网等重点产业的供应链体系，推进新一代信息技术集成创新和融合应用，发展新兴数字产业，深化平台化、定制化、轻量化服务模式创新。最后，优化数智产业创新生态，发挥平台企业、领军企业的引领带动作用，推进资源共享、数据开放和线上线下协同创新。

四是现代化产业体系中以引领性与探知型为鲜明标志的新兴与未来产业新经济，在新质生产力中始终是最强推进力。大力发展战略性新兴产业，前瞻布局未来产业。战略性新兴产业和未来产业是新质生产力的重要载体。目前，我国战略性新兴产业增加值占国内生产总值的比重已超过13%，发展势头强劲。应进一步聚焦发展新一代信息技术、生物技术、新能源、新材料、高端装备、新能源汽车、绿色环保以及航空航天、海洋装备等战略性新兴产业，强化科技创新特别是关键核心技术的创新应用，推动战略性新兴产业集群化、融合化、生态化发展。把握新一轮科技革命和产业变革发展趋势，前瞻谋划布局类脑智能、量子信息、基因技术、未来网络、深海空天开发、氢能与储能等一批具有广阔发展前景的未来产业。通过对前沿科技的深入探索和交叉融合创新，特别是加快对颠覆性技术的突破，促进未来产业快速发展，为新质生产力发展提供后续驱动力。

五是现代化产业体系中要坚定不移地实施人才强国战略，劳动力在新质生产力中始终是最强保障力。要加快打造一支高层次、高质量的数智化人才队伍。劳动力是生产力的最基本、最活跃要素，在数字经济时代，加快培育一支高层次、高质量的数智化人才队伍，是形成新质生产力的基本条件和重要支撑。一是加强数字经济、人工智能学科建设，做好相关学科，调整优化顶层设计，将数字经济、人工智能研究与人才培养更好地结合起来。二是加大对高端数智化人才的引进力度，重点引进大数据分析、机器学习、类脑智能计算等国际著名研究团队和高水平研究专家，并鼓励企业、科研机构依托项目合作、技术顾问等形式引进数智化人才。三是以产业需求为导向，推进高校学科交叉融合发展，建立和完善适应数智化发展要求的学习和技能培训体系，围绕数智化产业发展培养一批既掌握数智化技术，又了解现实产业运作的复合型人才，形成产学研深度融合、完整连续的数智化人才培养新体系。

第三节 推动国有资本配置的“三个集中”

国有企业的新质生产力，同样是“由技术革命性突破、生产要素创新性配置、产业深度转型升级而催生”。生产要素创新性配置对于国有企业有其特殊要求，强调通过资源配置，持续推动国有资本“三个集中”，充分发挥国资央企“顶梁柱”和“压舱石”作用。

国有企业是中国特色社会主义的重要物质基础和政治基础。国有企业特别是中央管理企业，在关系国家安全和国民经济命脉的主要行业和关键领域占据支配地位，是国民经济的重要支柱。习近平总书记提出，产业深度转型是目标。拥有核心竞争力的现代化产业体系，是建立新质生产力新形态的目标。国有企业在新质生产力中，配置什么、怎么配置，有其特殊规律。

党的十八大以来，习近平总书记对国资央企工作作出一系列重要论述，深刻阐明了新时代国有企业在党和国家事业中的地位作用，强调“国有企业是中国特色社会主义的重要物质基础和政治基础”，明确“国有企业特别是中央管理企业，在关系国家安全和国民经济命脉的主要行业和关键领域占据支配地位，是国民经济的重要支柱，在我们党执政和我国社会主义国家政权的经济基础中也是起支柱作用的”；深刻阐明了国有企业肩负的责任使命，强调使国有企业成为一股依靠力量、五股重要力量，国有企业要做落实新发展理念的排头兵、做创新驱动发展的排头兵、做实施国家重大战略的排头兵；深刻阐明了搞好国有企业的方法路径，要求加快国有经济布局优化和结构调整，加快建设一批产品卓越、品牌卓著、创新领先、治理现代的世界一流企业。这一系列重要论述总结提炼了我国国有经济发展实践的规律性成果，把实践经验上升为系统化的思想理论，为国资央企改革发展提供了遵循。

新时代新征程，国资央企要坚定不移做强做优做大，关键要提高核心竞争力、增强核心功能，更好地发挥在建设现代化产业体系、构建新发展格局中的科技创新、产业控制、安全支撑作用。这与新质生产力的方向是一致的。

核心功能是企业存在的价值和地位作用的集中体现。国有企业是国有经济的重要载体、公有制的重要实现形式、社会主义制度属性的重要保证，必须充分发挥科技创新、产业控制、安全支撑作用，在中国式现代化国家新征程中当好主力军、排头兵。核心竞争力是企业独特具有的，能够在市场竞争中保持优势、实现基业长青的能力，由独特的产品、技术、人才、管理和文化等要素构成，是企业“硬实力”和“软实力”的综合体现。在我国，公有制经济是国民经济的主体，国有经济在国民经济中起主导作用，国有大中型企业是国民经济的支柱，对整个国民经济的发展起决定性作用。

国有企业在发展新质生产力过程中，同样要从技术革命性突破开始，必须加强科技创新，特别是原创性、颠覆性科技创新。要以科技创新推动产业创新，特别是以颠覆性技术和前沿技术催生新产业、新模式、新动能。发展新质生产力必须加快实现高水平科技自立自强。完善新型举国体制，实施制造业重点产业链高质量发展行动，加强质量支撑和标准引领，提升产业链供应链韧性和安全水平。必须打好关键核心技术攻坚战。要大力推进新型工业化，发展数字经济，加快推动人工智能发展。打造生物制造、商业航天、低空经济等若干战略性新兴产业，开辟量子、生命科学等未来产业新赛道，广泛应用数智技术、绿色技术，加快传统产业转型升级。必须使原创性颠覆性科技创新成果竞相涌现。加强应用基础研究和前沿研究，强化企业科技创新主体地位。鼓励发展创业投资、股权投资。必须培育发展新质生产力的新动能。强调科技创新是企业发展的核心动力。但在“破”的过程中要注意度的把握，在新动能尚未形成、新模式并未确立之前，不宜对改变旧动能、打破旧模式操之过急，要更加兼顾短期目标和中长期目标之间的协调性。

国有企业在生产要素配置中，必须围绕增强企业核心功能、提高核心竞争力来进行资源配置：一是发挥科技创新作用。国有企业带动战略性新兴产业集群化发展。加强与民营企业等各类所有制企业合作，大力发展集成电路、工业母机、新一代移动通信、工业软件、人工智能、生物技术、新能源、新能源汽车、新材料等科技含量高、带动作用大的战略性新兴产业，积极培育孵化未来产业，加快构建集群化发展优势。二是发挥产业控制作用。国有龙头企业在产业链循环畅通中的支撑带动作用，是启动产业链融通发展共链行动，推动基础固链、技术补链、优化塑链、融合强链。推动数字化技术与企业生产经营管理深度融合，加大绿色低碳技术研发和推广力度，推动传统产业数字化、智能化、绿色化转型升级。国有企业积极稳妥推进碳达峰碳中和，加快打造绿色低碳供应链。三是发挥安全支撑作用。加快建设现代化产业体系，更好发挥国有经济战略支撑作用。要强化重点领域布局，通过市场化方式，强化国有经济在国防军工、能源资源、粮食供应等领域的控制地位，增加医疗卫生、健康养老、防灾减灾、应急保障等民生领域公共服务有效供给。增强重要能源资源托底作用，加强重要能源、矿产资源国内勘探开发和增储上产，推进油气资源进口多元化，提升对运输通道的掌控力。强化重要基础设施建设，加大对新型基础设施建设的投入，维护能源、交通、通信等基础网络安全。

2024年1月24日，在国务院新闻办公室举行的新闻发布会上，国务院国资委副主任袁野，秘书长、新闻发言人庄树新，副秘书长、财务监管与运行评价局局长、新闻发言人李冰，产权管理局负责人谢小兵介绍聚焦增强核心功能、提升核心竞争力，更好实现中央企业高质量发展有关情况，并答记者问。对聚焦国有资本放大功能，促进科技创新与战略性新兴产业融合实现新发展进行充分的展示。本次发布会提出，科技创新是促进战略性新兴产业发展的关键，也是发展新质生产力的首要动力。本次发布会着重强调国有资本的引领作用，表明中央企业、地方国资国企应从构建产业生态系统的角度，抓好科技创新这个“牛鼻子”，释放创新驱动的原动力，以“链”上升级实现产业链安全可控，以“融”上发力助力战略性新兴产业和未来产业培育，充分发挥好科技创新在战略性新兴产业发展中的支撑引领作用。

一是以“链”上升级实现产业链安全可控。

战略性新兴产业是提升产业链供应链韧性和安全水平的关键动力。中央经济工作会议提出，“打造生物制造、商业航天、低空经济等若干战略性新兴产业”。国务院国资委层面已成立专项工作领导小组，相关工作方案覆盖新一代移动通信、人工智能、生物技术、新材料等15个重点产业领域方向。本次发布会强调，“增强战略支撑托底能力，更好地服务经济社会发展大局”。各中央企业、地方国资国企应围绕产业链部署创新链，依托既有产业基础优势，加强对核心技术的研发攻关，依托战略性新兴产业发展吸引科技人才，以创新驱动强链、补链、增链、固链，加快形成“科技—产业—金融”良性循环机制，探索形成良好的产业链知识技术流动机制，促进产业链上、中、下游企业之间的业务协作、资源共享和系统集成，抢占产业链、价值链的核心环节，提高产业链供应链的安全性、稳定性与竞争力。

二是以“融”上发力助力战略性新兴产业和未来产业培育。

战略性新兴产业和未来产业是形成发展新质生产力的主阵地。本次发布会提出，“践行新型举国体制”“加大新产业新赛道布局力度”。新一轮国企改革深化提升行动实施以来，天津、湖南等地制定发展战略性新兴产业文件，强化对企业主责主业动态管理，推动企业加快布局新赛道，江苏等地通过组建产业基金集群加大对战略性新兴产业的投资力度。未来，各中央企业、地方国资国企应系统性优化创新生态，建设领军企业牵头的体系化、任务型创新联合体，通过共建实验室等方式，汇聚新型研究机构、共性技术平台等不同领域创新创造力量，加强基础研究；鼓励具备条件的国企特别是国有资本投资公司、运营公司设立专业化平台，通过投早投小的策略，为底层创新和培育孵化提供“长期资本”“耐心资本”，发挥战略性新兴产业和未来产业“孵化器”作用。

在新质生产力发展过程中，创新性配置起到了贯穿国资央企全局的作用。新质生产力的融合性源于技术发展的融合交叉性，集中表现为产业融合。围绕产业链部署创新链，围绕创新链布局产业链。新质生产力推动产业间的融合与交叉创新。在这方面，国务院国资委聚焦国企引领带动作用，促进战略性新兴产业实现融合化、集群化、生态化发展。本次发布会提出，“发挥中央企业引领带动作用，根据战略性新兴产业融合集群发展特点”，“深化产业链生态圈战略合作，加快提升现代化产业体系建设水平”。本次发布会强调“融合集群”“生态圈”，是从优化重大生产力空间布局的角度进行谋篇布局，表明中央企业和地方国资国企应准确把握产业融合化、集群化、生态化的内在要求，通过构建多主体参与的协调机制，统筹推进跨区域、跨层级融合发展，实现互利共赢。

第一，准确把握产业融合化、集群化、生态化的内在要求进行配置。

从政策要求来看，国家“十四五”规划和党的二十大报告中分别提出“推动战略性新兴产业融合化、集群化、生态化发展”和“推动战略性新兴产业融合集群发展”，这为推动战略性新兴产业融合集群发展奠定了总基调。2023年中央经济工作会议提出，“优化重大生产力布局，加强国家战略腹地建设”，又将战略性新兴产业布局推向新的战略高度。近年来，各中央企业、各地国资委通过深入实施区域协调发展战略，使我国重大生产力布局发生积极变化，但仍存在一些地区产业结构雷同，部分关键产业、产业链关键环节分布过于集中等问题，战略性新兴产业存在趋同化现象。未来，各中央企业、地方国资委应加强协调沟通，建立中央、地方、企业等多个主体共同参与的协同决策机制，推动形成差异化协同发展路径，避免低水平重复建设，在整体发展和相互协作中努力实现差异竞争、合理分工、错位发展；加强对战略性新兴产业发展的持续跟踪和动态预测分析，适时动态调整优化政策工具组合。

第二，深化跨领域、跨层级合作，打造产业链生态圈，进行配置。

2023年9月，国务院国资委会同工业和信息化部正式启动中央企业产业链融通发展共链行动，旨在探索建立大中小企业有序竞合、融通发展的新格局。自2023年9月以来，在国务院国资委、工业和信息化部指导下，中国通用技术集团、中国电信、中国移动、南方电网、中国宝武、中车集团、国机集团、中国联通、中国化学工程、中国移动、中国中车、中国中化、中国海油、三峡集团、国家电网等多家中央企业举办了共链行动相关专题活动。本次发布会提出，“深化产业链生态圈战略合作”，表明未来中央企业、地方国资国企应坚持以市场化原则，聚焦新一代移动通信、人工智能、生物技术、新材料等重点产业领域和重大项目，通过政策、资本、市场、技术、服务等方式做实对接服务机制，找准央地合作契合点，深化人才培养、科技攻关、成果转化、产业链协同合作，定期跟踪并动态调整合作方式，实现优势互补、互利共赢；发挥引领带动作用，加强与链上不同所有制企业的联动合作和协同发展，推动企业研发服务和生产制造合理布局，发挥国有企业畅通国内经济循环的积极作用。

可以看出，国务院国资委新闻发布会总结上一年工作的基调，是以配置的思想来总结的。发布会认为2023年以来，国务院国资委和中央企业把发展战略性新兴产业和未来产业作为一项牵引性、全局性工作来抓，取得了积极的工作进展。

一是明确了发展新方向。围绕新一代移动通信、人工智能、生物技术、新材料等战略性新兴产业，未来信息等未来产业，启动实施中央企业战略性新兴产业焕新行动和未来产业启航行动，明确了发展重心和方向，细化了任务目标和路径。

二是有效激发了企业新动能。在资源投入、主业培育、人才支撑等方面制定了“一揽子”政策，给予企业“顶格”“管用”“解渴”的支持。优化主责主业管理，建立完善主业动态调整机制，鼓励企业加快转型升级、探索新增长点，培育前瞻性战略性新兴产业。各企业抓紧完善适应新产业新赛道布局的体制机制，落地配套政策，敢于创新、勇于探索、大胆试错的氛围正在形成，活力效率不断激发。

三是在布局上取得了新突破。中央企业2023年在战略性新兴产业领域完成投资2.18万亿元，同比增长32.1%，在光伏制氢、碳纤维制造、汽车芯片等领域落地了一批重点项目，在激光制造、量子通信、卫星互联网等领域组建了一批新企业，在电子科技、新能源、生态环保、智能网联汽车等领域推动了一批重组整合，新产业、新业态正在成为企业的重要增长点。

新闻发言人庄树新对新方向、新动能、新突破这“三新”的概括给人感觉清新。对于如何加快培育形成新质生产力，下一步怎么办？庄树新又讲出另外一番“新”来。

庄树新指出，将完善推进机制、优化支持政策，集全系统之力，持之以恒、全力以赴发展战略性新兴产业和未来产业。以央企产业焕新和未来产业启航“两个行动”为抓手，加快在战略性新兴产业收入和增加值占比上取得关键进展，在央企布局结构上实现战略转型。

这里提出“两个行动”，庄树新讲出具体部署。具体来说就是：谋划推动一批重大工程，遴选战略性新兴产业“百项工程”，建设一批战略性新兴产业集群，实施人工智能“AI+”等专项行动，抓紧在生物、新材料、新能源汽车等重点领域形成标志性成果；加快以技术突破支撑产业发展，加快培育启航企业、领军企业、“独角兽”企业，在类脑智能、量子信息、深地深海、激光制造等领域形成标志性产品；系统构建新型产业生态，创新中央企业、地方及各类所有制大中小企业合作模式，强化跨企业、跨领域协同，共建高效协同、良性发展的产业生态，加快战略性新兴产业基金落地见效，切实以科技创新推动产业创新，更好地发挥国资央企在加快形成新质生产力、增强发展新动能中的引领作用。

从庄树新讲话中可以看出，重视打造新型劳动者队伍，用好新型生产工具，特别是掌握关键核心技术，重视塑造适应新质生产力的生产关系，将有利于各类先进优质生产要素向发展新质生产力顺畅流动和高效配置。

第四节　加快国有企业重组的步伐

从资源配置角度来看，围绕优化资源配置，国资央企聚焦服务国家重大战略，进一步推动国有资本“三个集中”——推动国有资本向关系国家安全、国民经济命脉的重要行业和关键领域集中，向关系国计民生的公共服务、应急能力、公益性领域等集中，向前瞻性、战略性新兴产业集中。而从资源配置形式来看，推进央企战略性重组和专业化整合，是加快国有经济布局优化和结构调整的重要举措。中化集团、中国化工围绕主业专业化重组后，切实增强了我国在种业、化肥等领域的国际资源配置能力，有效地提升了我国维护粮食安全和稳定的能力。“两化”重组新设中国中化，资产总额、营业收入双双突破万亿元，成为全球规模最大的综合性化工企业。

“两船”重组组建中国船舶，将舰船科技自立自强作为发挥重组效应的重要主攻方向，统筹36家科研院所和61家国家级创新平台，组建做实集团公司科技委，成立重大科研项目论证中心，发挥整体科技优势，不断提升自主创新能力。深入开展重点科研项目攻关，电磁隐身、水声通信、无人装备、量子导航等领域一些关键技术取得突破性进展。深化论证了深海空间站、深海矿产开发重大科技工程项目，列入国家面向2035年30个重大科技专项。自主研发的舰用燃气轮机、智能船舶等项目取得积极进展。从“蛟龙”号、“深海勇士”号到“奋斗者”号，为科技创新树立了典范。企业造船完工量、新接订单量、手持订单量等造船行业三大指标占全球总量均超过

20%，均居全球第一。

2024年，央企重组整合将聚焦哪些重点领域？“国务院国资委将按照国有企业改革深化提升行动有关要求，围绕坚定不移做强做优做大国有企业的目标，推动重组整合工作进一步走深走实。”国务院国资委副秘书长、财务监管与运行评价局局长、新闻发言人李冰在2024年1月24日国务院新闻办公室发布会上说。

值得关注的是，未来央企推进专业化整合，将聚焦战略性新兴产业发展。

李冰表示，下一步，将发挥央企引领带动作用，根据战略性新兴产业融合集群发展特点，更大力度开展信息通信、新能源、装备制造等领域专业化整合，积极开辟新赛道、抢占新高地、塑造新优势，深化产业链生态圈战略合作，加快提升现代化产业体系建设水平。

国资央企资源配置方式有：

一是加强顶层规划设计，注重统筹谋划。本次发布会提出“加强统筹谋划，提升重组整合整体成效”。2024年1月6日，国务院印发《关于进一步完善国有资本经营预算制度的意见》，提出“推动国有资本向关系国家安全、国民经济命脉的重要行业和关键领域集中，向关系国计民生的公共服务、应急能力、公益性领域等集中，向前瞻性战略性新兴产业集中”。各中央企业、地方国资国企应围绕“三个集中”优化国有资本布局结构，“统筹谋划好重组整合的主攻方向和重点任务”，明确战略目标和定位，务实选择重点发展领域；在整合路径上，聚焦横向合并增强规模实力，聚焦纵向联合推动上下游协同发展，聚焦创新攻坚打造关键引擎，聚焦内部协同夯实发展根基，“有计划、有节奏地调整优化布局结构”，更好地服务现代化产业体系建设。

二是加强资源优化配置，加快传统产业强基转型。本次发布会提出，“建设科技强国、制造强国、网络强国等战略，作为战略性重组、新央企组建的着力点”，“加快推动传统产业强基转型”。2024年开年以来，国有企业并购重组动作频频，在更新披露重大重组事件的上市公司中，已有18家企业项目有国有企业背景，包括中国稀土集团通过成为上市公司广晟有色实际控制人实现对稀土行业的进一步整合，五矿集团旗下的中钨高新拟购买五矿钨业实现对钨产业链的整合升级，均是通过并购重组提升产业链的竞争力、控制力、影响力。下一步，国有企业应统筹抓好国有资本优化配置，通过并购重组、战略合作等方式，整合产业链优质资源，提升技术、专利、标准、品牌等竞争力，培育产业领军企业和“专精特新”企业，加快传统产业向产业链高端环节发展。

三是加快投资布局，助力战略性新兴产业蓬勃发展。战略性新兴产业是引领未来发展的新支柱、新赛道。本次发布会再次提出要“积极开辟新赛道、抢占新高地、塑造新优势”，未来国有企业应主动应对全球产业链重组、深度参与国际产业链分工，在信息通信、新能源、高端装备制造等领域发挥先导性和引领性作用，加大国有资本投入和占比；大力培育新产业新赛道，做好战略性新兴产业关键技术识别，通过构建完善新赛道主动发现和前瞻遴选机制、绘制面向未来的产业链图谱，加快国资精准布局。

国有经济布局优化和结构调整，是国企资源配置的主要方式。

面对国际环境和国内发展阶段变化，新征程上国有经济布局优化和产业结构调整应更加注重促进国有经济更好地实现其功能定位和使命任务的“质量目标”，基于功能定位分类推进国有经济战略性调整，努力将自身发展融入全面建设社会主义现代化国家的宏伟蓝图之中。

一是强化建设中国式现代化使命担当，高质量推进国有经济布局优化和产业结构调整。国有企业必须将实现中华民族伟大复兴作为组织的根本使命，这是由国有企业的公有制性质决定的，也是国有企业存在的重要原因。强化建设中国式现代化使命，是国有企业在现代化国家新征程中推进布局优化和结构调整的逻辑基点。要通过国有经济布局优化和结构调整，使国有企业更加完整、准确、全面贯彻新发展理念，服务于国家重大战略布局，积极承担企业社会责任，坚持高质量发展，成为现代化经济体系建设的重要市场主体，在解决“卡脖子”技术难题、提升产业链现代化水平、推进共同富裕、建设全国统一大市场等重大战略中发挥引领和支撑作用。

二是深化国有企业分类改革，精准化推进国有经济布局优化和产业结构调整。明确国有企业功能界定和进一步推进分类改革，是深化国有企业改革的基础性工程，有利于进一步优化市场环境，保障各类所有制企业公平参与竞争，同时能够为推动国有经济布局优化和结构调整提供更为精准的实施依据。为此，可进一步完善国有企业分类标准，区分企业内部不同性质的业务活动并进行精细化分类。在充分竞争性领域，要大力发展混合所有制经济，对待国有资本和民营资本要一视同仁，对民营资本不设股权比例上限，在并购重组中充分保障各类资本合法权益。在指定垄断或公共服务领域，要积极引进社会资本，引入持股超过5%的积极股东，优化国有企业股权结构，提高公司治理水平。

三是更好发挥“两类公司”平台作用，专业化推进国有经济布局优化和产业结构调整。国有资本投资、运营公司作用的充分发挥有利于国资监管加快实现从管企业向管资本转变，有助于提升国有经济布局优化和产业结构调整的专业化水平。国有资本投资公司应围绕国家重大战略布局，通过对战略性核心业务进行控股，促进国有资本向国家重大项目、基础设施建设、产业链强链补链等重点领域集中，发挥国有资本的引导效应和带动效应，提升我国现代化产业体系水平，保障国家经济安全。国有资本运营公司则应围绕提升国有资本运营效率和提高国有资本回报率，以财务投资性持股为主，通过股权运作、基金投资、培养孵化、价值管理、有序进退等方式，在资本市场上进行运作，从而盘活国有资本，实现保值增值。

四是适应构建更高水平开放型经济新体制要求，创造性推进国有经济布局优化和产业结构调整。构建更高水平的开放型经济新体制，一方面体现在“更高水平”，要求形成更大范围、更宽领域、更深层次的开放格局；另一方面体现在“经济新体制”，即要加快完善社会主义市场经济体制。这就要求我们在国有经济布局优化和结构调整中要大力推动体制机制改革，创新对外开放合作模式，适应构建更高水平开放型经济新体制的要求，特别是要对标CPTTP等自由贸易协定中关于国有企业的条款。规范国有企业监管体系，营造公平竞争的市场环境。深化国企混合所有制改革，打造符合现代企业规范、有国际竞争力的世界一流企业。

五是积极融入国内国际双循环，开放式推进国有经济布局优化和产业结构调整。国有企业要用好两个市场、两种资源，深度融入国内国际双循环体系，基于国内大循环积累的竞争优势，吸引全球高端要素、先进技术和各类资源为我所用。深化和拓展与科技强国的产业技术合作交流，深度参与全球供应链，不断提升全球产业链控制力和主导能力，塑造以中国制造、中国创造为关键技术谱系的国际生产体系。在经济全球化横向分工的区域化集聚趋势中，应以更加开放的理念和态度，基于“一带一路”建设加快布局“以我为主”的区域产业链体系，推动国有企业科技成果“走出去”。国有企业应更加积极地参与国际标准及贸易规则的制定和推广工作，依托技术优势和创新实践，加强与国内外市场规则相融合，打破技术壁垒的限制。进一步推进与“一带一路”国家行业标准协同及贸易规则的互认、对接和合作，积极参与国际组织工作，深化国际交流与合作，增强国有企业在全球经济中的话语权和影响力。

六是健全部际协同联动机制，协同化推进国有经济布局优化和产业结构调整。加快国有经济布局优化和产业结构调整是涉及诸多方面的一项系统性工程，需要加强顶层设计，建立部际协同联动，形成推动改革的合力。在党中央、国务院领导下，由国家发展改革委、国务院国资委、财政部牵头，建立协调推进工作机制，出台具体改革方案和保障措施，推进中央国有经济布局优化和结构调整，指导地方开展国有经济布局优化和结构调整。研究完善支持国有经济布局优化和结构调整的财政、金融、土地等相关政策，就国有企业集团内部的专业化整合、同一国有资产出资人机构或国有资本投资、运营公司出资的国有企业间业务整合及资产划转等提出具体支持政策，妥善解决国有企业土地及房产确权、变更登记、处置等历史遗留问题。

显然，深刻认识新时代实施以国有经济布局优化和结构调整为主体的国企资源配置，要进行理论与实践的新探索。随着生产力高质量发展，中国抓住世界经济发展具有长周期波动的特点，进入建立多维度配置生产力新形态的新机遇期。深刻认识建立多维度配置生产力新形态，既是进行国企生产力全要素新方位再组合的空间新布局，也是中国特色社会主义生产关系的重大调整，是国企改革的内容。

第五节　实现全要素生产率大幅提升

新质生产力与要素组合方式及效率紧密关联，已有研究显示，经济增长在根本上是一个生产率提高而非要素供给增长的过程。新征程上我国形成新质生产力的关键是依靠组织和技术创新，不断推动要素组合方式变革，进而在要素组合效率提高的前提下促使产出成果增大、产出结构优化。在这方面，我国与主要发达经济体之间仍存在差距，根据佩恩表（PWT10.0），以美国全要素生产率（TFP）为1，则2010—2019年中国的全要素生产率介于0.40~0.44之间，低于德国（0.90~0.94）、法国（0.90~0.95）、英国（0.76~0.83）、日本（0.63~0.68）、韩国（0.59~0.68）等。按照CEIC数据库的资料，2010年以来我国三次产业劳动生产率仍存在明显差异，第一产业劳动生产率与第二、第三产业劳动生产率仍有显著差距。

2022年，我国第二产业与第一产业的劳动生产率比值是4.58，第三产业与第一产业的劳动生产率比值是3.69。这从侧面反映出劳动力在不同产业之间仍存在错配状况，要素的配置效率提高仍有较大空间。反之，全要素生产率的提高、产业结构的加速转型以及科技创新的增强关联着要素组合效率，因此应成为新征程上我国大力形成新质生产力的主要努力方向。在新发展阶段，高质量发展体现在四个方面：生产、流通、消费和分配，其中“牛鼻子”就是生产。从微观层面来看，生产的高质量发展就是要实现产品附加值的提升、产品质量的提高、企业全要素生产率的提升，乃至整个行业形成全产业链、三大产业合理协调发展的生产体系。其中，最关键的是企业全要素生产率的提升，也是新质生产力提升的核心。全要素生产率是指当控制了资本、劳动、土地、能源乃至数据等投入后，产品产量依然能够提升的部分，其中提升的来源就在于技术的进步。全要素生产率的进步就是技术的进步，而新质生产力的核心又在于全要素生产率的提升，换言之，新质生产力的提升就在于技术进步与科技创新。

这种情形意味着生产力增长不仅包括已有生产在规模上产生的增量，而且包括要素意义，生产力的形成依赖生产要素的供给状况。生产要素通常是指劳动、土地、资本等有形要素，新质生产力是指在已有要素之外出现了新类型要素，要素的范围和种类得以扩展，且要素供给的侧重点从数量逐步转向质量。从历史角度来看，在农耕社会，形成生产力的主要要素是土地和劳动，在工业社会，形成生产力的主要要素扩展为土地、劳动、资本等，但在信息社会，生产要素在此前要素的基础上增加了数据等，生产要素的范围再次扩大，类型更加多元。正是在这种情形下，党的十九届四中全会明确提出，“健全劳动、资本、土地、知识、技术、管理、数据等生产要素由市场评价贡献、按贡献决定报酬的机制”。数据被纳入现阶段经济发展的要素范围，这是我国在深刻把握发展趋势的基础上对生产要素范围进行与时俱进拓展的重要体现。已有研究发现，数据要素对我国经济增长具有“双维驱动”作用，即数据要素既能通过自身的经济增长效应直接驱动经济增长，也能通过促进技术进步间接驱动经济增长。除范围和种类方面发生变化之外，生产要素的强调重心也呈现从数量增长转向质量提高的明显转变。例如，劳动力要素有数量和质量两个方面的含义，随着经济发展水平的提高，劳动力质量对经济增长的作用日益增强。

抢抓新一轮科技革命和产业变革发展机遇，加快培育形成新质生产力，是一项复杂的系统性工作，国有企业需要从要素、技术、产业、制度等多个方面加以推进。

第一，加快培育发展数据、算力等新质生产力要素。培育发展数据生产力，首先，进一步提升数据要素供给质量。提升数据资源处理能力、管理水平和数据质量，培育壮大数据服务产业，进一步提升公共数据开放水平，释放数据红利，形成更加完整贯通的数据链。其次，进一步完善数据要素市场体系机制，培育多元数据要素市场主体，建立完善数据定价体系和数据资产市场运营体系，提升数据交易效率。最后，创新数据开发利用机制。进一步推动数据价值产品化、服务化，促进数据、技术、场景深度融合，鼓励多方利益主体和社会力量参与数据价值开发，完善数据治理体系机制。

夯实算力高质量发展基础，构筑算力竞争优势。随着数字经济的发展，算力正成为我国新质生产力的重要内容和推动力量。根据中国信息通信研究院发布的《中国算力发展指数白皮书（2023年）》，预计到2023年，中国算力产业规模将超过3万亿元，年均增速将超过30%。算力正加速向政务、工业、交通、医疗等各行业各领域渗透，为形成新质生产力发挥越来越重要的作用。应从技术研发、基础设施、产业应用、人才培养等多个维度着手，加快构筑算力竞争优势，包括加强算力关键技术研发与创新、统筹算力网络建设与布局、推动算力产业集群化或生态化发展及应用、培养算力相关复合型人才等。

第二，加快打造一支高层次、高质量的数智化人才队伍。劳动力是生产力的最基本、最活跃要素，在数字经济时代，加快培育一支高层次、高质量的数智化人才队伍，是形成新质生产力的基本条件和重要支撑。一是加强数字经济、人工智能学科建设，做好相关学科调整优化顶层设计，将数字经济、人工智能研究与人才培养更好地结合起来。二是加大对高端数智化人才的引进力度，重点引进大数据分析、机器学习、类脑智能计算等国际著名研究团队和高水平研究专家，并鼓励企业与科研机构依托项目合作、技术顾问等形式引进数智化人才。三是以产业需求为导向，推进高校学科交叉融合发展，建立和完善适应数智化发展要求的学习和技能培训体系，围绕数智化产业发展培养一批既掌握数智化技术，又了解现实产业运作的复合型人才，形成产学研深度融合、完整连续的数智化人才培养新体系。

第三，大力推进科技创新特别是关键核心技术的创新及其应用。在新一轮科技革命和产业变革条件下发展新质生产力，从根本上取决于科技创新能力，特别是关键核心技术的创新突破能力。首先，增强关键技术创新能力。瞄准大数据、人工智能、区块链、传感器、量子信息、网络通信、集成电路、关键软件、新材料等战略性前瞻性领域，发挥新型举国体制优势，进行创新突破，提高数字技术基础研发能力。其次，依托我国超大规模市场优势，推进数字技术与各领域的深度融合，建立以科技创新企业为主导，产业链、创新链、资金链、人才链深度融合的数智化技术创新联合体，推动行业企业、平台企业和数字技术服务企业进行跨界融合创新，进一步完善创新成果快速转化机制，加快实现创新技术的工程化、产业化、市场化。最后，积极发展新型研发机构，打造高校与企业创新联合体等新型创新主体，构建多元化主体参与、网络化协同研发、市场化运作管理的新型创新生态体系。支持具有自主核心技术的开源社区、开源平台、开源项目发展，促进开放式创新、平台化创新，借助数智技术及平台实现创新资源共建共享。

第四，大力推进数字产业化，发展新产业、新业态、新模式。一是深化数字技术与各领域融合应用，推动行业企业、平台企业和数字技术服务企业跨界创新。引导支持平台企业加强数据、产品、内容等资源整合共享。发展基于数字技术的智能经济，加快优化智能化产品和服务运营，培育智慧销售、无人配送、智能制造、反向定制等新增长点。二是提升数字经济核心产业竞争力，重点推进信息技术软硬件产品产业化、规模化应用，提高基础软硬件、核心电子元器件、关键基础材料和生产装备的供给水平，提升关键软硬件技术创新和供给能力。引导支持平台企业加强数据、产品、内容等资源的整合共享。三是推进产业链强链补链，促进面向多元化应用场景的技术融合和产品创新，提升产业链关键环节竞争力。完善人工智能、集成电路、

5G、工业互联网等重点产业的供应链体系，推进新一代信息技术的集成创新和融合应用，发展新兴数字产业，深化平台化、定制化、轻量化服务模式创新。四是优化数智产业创新生态，发挥平台企业、领军企业的引领带动作用，推进资源共享、数据开放和线上线下协同创新。

第五，大力发展战略性新兴产业，前瞻布局未来产业。战略性新兴产业和未来产业是新质生产力的重要载体。目前，我国战略性新兴产业增加值占国内生产总值的比重已超过13%，发展势头强劲。应进一步聚焦发展新一代信息技术、生物技术、新能源、新材料、高端装备、新能源汽车、绿色环保以及航空航天、海洋装备等战略性新兴产业，强化科技创新特别是关键核心技术的创新应用，推动战略性新兴产业集群化、融合化、生态化发展。把握新一轮科技革命和产业变革发展趋势，前瞻谋划布局类脑智能、量子信息、基因技术、未来网络、深海空天开发、氢能与储能等一批具有广阔发展前景的未来产业。通过推动对前沿科技的深入探索和交叉融合创新，特别是加快对颠覆性技术的突破，促进未来产业快速发展，为新质生产力发展提供后续驱动力。

作为传统产业，提高全要素生产率，是发展新质生产力的重要路径。2023年，钢铁市场需求持续低迷，压力增大。甘肃酒钢集团从全要素生产率入手，推进落实提质增效转型升级方案从6个方面提出138项保障措施，多举措提高资源利用效率与效益，推进产业集聚发展。围绕循环经济产业链，酒钢系统梳理短板和弱项，通过发挥“链主”+“链长”地企联合优势，协同推进产业链招商，促进技术研发、产品转化、引进落地等一批在产业链构建中起关键作用的项目落地实施。与祁连山水泥集团合作开发水渣、钢渣延伸产品，与公交建集团合作开展新型胶凝材料研究应用，与招商局合作开展固废利用项目，盘活长期闲置的整装生产线及部分可利用设备。酒钢在极度困难的情况下，2023年全年劳动生产率提高10%，实现利润25.2亿元，同比增长10.4%。

第七章

转型升级——新质生产力的整体重塑

完善现代化产业体系，是新质生产力的重要任务。党的二十届三中全会提出，“加强关键共性技术、前沿引领技术、现代工程技术、颠覆性技术创新，加强新领域新赛道制度供给，建立未来产业投入增长机制，完善推动新一代信息技术、人工智能、航空航天、新能源、新材料、高端装备、生物医药、量子科技等战略性产业发展政策和治理体系，引导新兴产业健康有序发展。以国家标准提升引领传统产业优化升级，支持企业用数智技术、绿色技术改造提升传统产业。”这为我们完善现代化产业体系、因地制宜发展新质生产力指明了方向、明确了路径。

新时代是造就国有企业转型升级的黄金时代，在拥有千载难逢历史机遇的同时也遭遇比以往更为严峻的挑战。国有企业要将科技创新成果应用到具体产业和产业链上，改造提升传统产业，培育壮大新兴产业，布局建设未来产业，完善现代化的国有经济产业体系。

第一节　完善现代化产业体系

习近平总书记在参加十四届全国人大二次会议江苏代表团审议时强调："面对新一轮科技革命和产业变革，我们必须抢抓机遇，加大创新力度，培育壮大新兴产业，超前布局建设未来产业，完善现代化产业体系。"发展新质生产力，培育新产业是重点任务。科学技术只有应用到生产过程中，才会转化为现实的、直接的生产力。创新成果不能停留于"实验室"，而要运用于"生产线"；科技发明不能存放于"书架"，而要走上"货架"。既重视"从0到1"的原始创新突破，又关注"从1到无穷"的成果转化应用，及时将科技创新成果应用到具体产业和产业链上，才能推动科技创新同经济发展深度融合。

目前，我国基本构建了规模大、体系全、竞争力较强的产业体系，但一些产业"大而不强""全而不优"的问题依然存在。站在新的起点上，必须围绕发展新质生产力布局产业链，完善现代化产业体系。一方面，战略性新兴产业、未来产业是发展新质生产力的主阵地，要打造生物制造、商业航天、低空经济等战略性新兴产业，开辟量子、生命科学等未来产业新赛道；另一方面，传统产业通过转型升级，也能成为新质生产力的重要部分，要让数智技术、绿色技术得到更广泛的应用，推动产业向中高端迈进，跑出新旧动能转换"加速度"。

2024年政府工作报告提出，大力推进现代化产业体系建设，加快发展新质生产力。充分发挥创新主导作用，以科技创新推动产业创新，加快推进新型工业化，提高全要素生产率，不断塑造发展新动能新优势，促进社会生产力实现新的跃升。提出了加快发展新质生产力的任务与实施路径，将其落实在具体产业上。

国务院《关于2023年国民经济和社会发展计划执行情况与2024年国民经济和社会发展计划草案的报告及2024年计划草案》中，也将“推进现代化产业体系建设，加快发展新质生产力”作为2024年国民经济和社会发展计划的首要任务，并提出了6个要求，对政府工作报告中关于“现代化产业体系与新质生产力”的内容作出补充。

强国必先强产业，现代化产业体系是现代化经济体系的重中之重，是现代化强国的物质基础和重要标志。党的十七大报告首次提出“发展现代产业体系”的战略目标，党的十八大报告扩展为“着力构建现代产业发展新体系”，党的十九大报告进一步提出“着力加快建设实体经济、科技创新、现代金融、人力资源协同发展的产业体系”。党的二十大报告作出重大部署，提出“建设现代化产业体系，坚持把发展经济的着力点放在实体经济上”。可见，建设现代化产业体系是新时代的重大任务，是中国经济发展对产业结构转型升级的现实需求和客观要求。从人类经济现代化进程来看，科学技术是实现现代化目标的重要引擎。科学技术的现代化是实现中国式现代化的关键。产业现代化是建立在科学技术现代化基础上的，而发展新质生产力是科学技术现代化的关键支撑和主要体现。因此，在新一轮科技革命与产业变革下，新质生产力通过多种新型形态改造升级传统产业、构建新的经济增长点，正在成为推动构建现代化产业体系的关键力量。

我们注意到，习近平同志在党的十八大后，就思考历次产业革命与生产力发展的问题。2013年9月30日，习近平总书记在十八届中央政治局第九次集体学习时讲道:“历次产业革命都有一些共同特点：一是有新的科学理论作基础，二是有相应的新生产工具出现，三是形成大量新的投资热点和就业岗位，四是经济结构和发展方式发生重大调整并形成新的规模化经济效益，五是社会生产生活方式有新的重要变革。这些要素，目前都在加快积累和成熟中。即将出现的新一轮科技革命和产业变革与我国加快转变经济发展方式形成历史性交汇，为我们实施创新驱动发展战略提供了难得的重大机遇。”

可以发现，习近平总书记早在10年前就把即将出现的新一轮科技革命和产业变革看作我国实施创新驱动发展战略难得的重大机遇。

新质生产力一定要落实在现代化产业体系上。党中央、国务院提出大力推进现代化产业体系建设，加快发展新质生产力，是从我国现代化产业体系构建和发展的现状出发的必然选择。我国进入新时代以来，产业发展实现了从规模增长向规模与质量并举发展的历史性转变。依托新一代信息技术和产业革命带动新质生产力的形成，我国农业、工业与服务业部门发展质量不断提升，并协同高新技术产业，充分发挥创新驱动作用，为形成多样丰富的产业生态系统提供了扎实基础和有利条件，进一步深化改革开放，强化创新驱动，推动前沿技术和颠覆性技术加速涌现，培育发展战略性新兴产业和未来产业，汇聚新质生产力形成的磅礴动力。如何培育和壮大新质生产力，加快现代化产业体系建设？在新时代背景下，推进科技创新和产业创新深度融合，培育和壮大新质生产力，加快塑造高质量发展新动能新优势，必须落实好以下具体措施：

第一，加强顶层设计和战略规划，完善现有产业体系。进一步完善现有产业体系，实现科技创新与产业创新的深度融合，首先必须从国家层面进行顶层设计和战略规划。政府应制定长期、中期和短期的现代产业发展规划，明确发展目标和重点任务。同时，要建立健全跨部门、跨领域的协调机制，确保各项政策措施的有效实施。充分发挥我国完整工业体系和产业配套优势，进一步提高国内产业规模效应，推动产业高端化、智能化、绿色化、融合化发展。优化产业布局，促进东、中、西部和东北地区差异化分工与专业化协作，引导产业创新资源和要素向优势区域集聚。以重点优势地区为核心，依托区位交通、人才集聚等优势，加大对国家战略性新兴产业集群工程的支持力度，积极培育发展未来产业和现代服务业，提升国内产业体系的完整性、先进性和安全性。把握全球产业发展大势，推动重点产业在国内外有序转移，支持企业深度参与全球产业分工与合作，促进国内外产业深度融合，打造自主可控、安全可靠、竞争力强的现代化产业体系。

第二，聚焦现代化产业体系建设的关键核心技术，加大投入。聚焦现代化产业体系建设的关键核心技术需求和未来产业发展的前沿颠覆性技术需求，开展关键核心技术攻关和原始技术创新。适应前沿技术融合发展趋势，组织实施“新赛道”战略。发挥政府重大科技创新组织者作用，加快布局一批国家未来产业技术的研究。在十四届全国人大二次会议首场“部长通道”上，国务院国资委党委书记、主任张玉卓用技术源头、产业升级、产业生态来概括未来国资央企加快发展新质生产力的重点发力方向。近年来，央企不断加大科技创新投入，2023年达到10660亿元，国产大飞机、航空发动机、燃气轮机等成果加速涌现。张玉卓表示，下一步央企要继续加大研发投入，力争取得更多标志性成果，同时要进一步加大基础研究与应用基础研究的力度；要坚持开放创新，加强与高校、科研院所、民营企业等创新主体的协同，积极融入全球创新网络。完善颠覆性和非共识技术的遴选与支持机制，实现更多原创性突破，需要增加研发经费、建设高水平科研平台、引进和培养高端科技人才等。同时，要完善科技创新的激励机制，鼓励企业、高校和科研机构积极参与创新活动。

第三，促进科技创新与产业创新的深度融合。强化产业创新体系建设，促进科技创新与产业创新的深度融合。产业创新是将科技创新成果转化为实际生产力的关键环节。因此，必须加强产业创新体系建设，包括完善产业链、提升产业基础能力、推动产业升级和转型等。同时，要鼓励企业加大技术创新力度，提高产品质量和附加值。要实现科技创新与产业创新的深度融合，必须打破传统的条块分割和部门壁垒。政府应推动产学研用一体化发展，加强科研机构、高校和企业之间的合作与交流。同时，要建立健全科技成果转化机制，加速科技成果的产业化进程。优化创新生态环境。良好的创新生态环境对于促进科技创新与产业创新的深度融合至关重要。政府应加大对创新生态环境的优化力度，包括完善法律法规、保护知识产权、营造公平竞争的市场环境等。此外，要加强创新文化建设，鼓励创新思维和创新精神。

第四，充分释放数据要素潜能到现代化产业中。新质生产力通过技术创新和生产方式创新促进传统产业实现质的飞跃，实现产业体系“焕新”。在传统产业内部，新旧更替机制体现为以优逐劣。新技术的广泛应用对传统产业中发展成熟的产业进行转型升级，并拥有新业态、新模式；而对传统产业中不适应现代化发展要求的产业进行“部分出清”，这将尤其为服务型制造业的蓬勃兴起提供更大的市场空间。新质生产力通过加速数字技术和数据要素向新兴产业和未来产业聚集，实现产业体系“出新”。在新兴产业和未来产业的发展中，新旧更替机制体现为不断丰富和做大做优现代化产业体系。数字经济时代下，以数字技术为代表的战略性新兴产业通常会成为企业和社会的重点投资领域，并逐渐发展成为主导产业，让数据要素和各类资源充分流动，产业才能活跃起来。一是推进数据标准化体系建设，二是推进数据确权、流动和共享，三是创新数据开发利用机制。

第五，构建科技、产业、金融深度融合的现代化产业体系实现机制。顺畅的“科技—产业—金融”循环机制是新技术产业化的重要通道，也是新质生产力的重要实现机制。一是畅通“科技—产业”循环。坚持“四个面向”，建立以企业为主体的技术需求发布机制，促进产学研联合攻关，推动创新链产业链深度融合。二是畅通“产业—金融”循环。牢牢把握金融服务实体经济的根本要求，扎实做好科技金融、绿色金融、普惠金融、养老金融、数字金融等金融服务实体经济五篇文章。支持国有大型金融机构做优做强，打造服务实体经济的主力军和维护金融稳定的“压舱石”。三是健全科技、产业、金融协同配合的政策体系。依托中央财经委员会、中央科技委员会和中央金融委员会等决策议事和协调机构，建立集科技创新、产业发展、金融服务等于一体的政策体系。着力加强科技、产业、金融决策部门的衔接沟通，重点解决金融机构经营模式与实体经济需求不匹配、金融自我循环等问题。遵循科技金融、新兴产业发展和金融创新的客观规律，围绕产业链部署创新链，围绕创新链布局产业链，围绕创新链完善资金链，进一步完善以市场为导向，以企业为主体，科技、产业、金融深度融合的新质生产力实现机制。

第六，促进形成现代企业发展的国内国际环境。持续加大适应新科技革命背景下创新型企业培育的新型基础设施建设力度。适应新质生产力发展需要，建设大型科学装置和公共科研平台，推动连接、算力等数字基础设施建设及传统基础设施的数字化改造，加强适应人的更高发展需要的公共服务设施建设。营造良好的外部环境。在全球化背景下，加强国际合作与交流对推动科技创新与产业创新的深度融合具有重要意义。政府应积极参与国际科技合作计划，加强与发达国家在科技创新领域的合作与交流。同时，要鼓励企业拓展国际市场，参与国际竞争与合作。加强与美交流对话，积极拓展与欧日韩合作，推动“一带一路”高质量发展，促进先进技术、数据、高技术产品与服务的贸易自由化和投资便利化，营造企业国际化发展的良好环境。

第七，建立健全现代化产业体系评估与监督机制。为了确保各项措施的有效实施并取得预期效果，必须建立健全评估与监督机制。政府应定期对科技创新与产业创新深度融合的进展情况进行评估和监督，及时发现问题并采取相应措施加以解决。同时，要加强对政策执行情况的监督和检查，确保各项政策措施落到实处。例如，标准制定牵涉推动数据在智能制造、商贸流通、交通物流、金融服务、医疗健康等重点领域应用，加强场景需求牵引，打通流通障碍、提升供给质量，推动数据要素与其他要素结合，催生新产业、新业态、新模式、新应用、新治理，推动数据在不同场景中发挥乘数效应。

第二节 培育壮大新兴产业

在十四届全国人大二次会议首场“部长通道”上，国务院国资委主任张玉卓介绍，国资央企一方面要利用新的技术，推动传统产业高端化、智能化、绿色化发展；另一方面要大力发展战略性新兴产业，布局建设未来产业。2023年，中央企业战略性新兴产业营收占总营收比重增加3.23个百分点。从目标来看，到2025年中央企业战略性新兴产业收入的占比要达到35%。这表明国家对培育新兴产业和未来产业的重视。

2024年政府工作报告在部署大力推进现代化产业体系建设，加快发展新质生产力任务时，专门用一个段落部署培育新兴产业和未来产业。报告指出，实施产业创新工程，完善产业生态，拓展应用场景，促进战略性新兴产业融合集群发展。巩固扩大智能网联新能源汽车等产业领先优势，加快前沿新兴氢能、新材料、创新药等产业发展，积极打造生物制造、商业航天、低空经济等新增长引擎。制定未来产业发展规划，开辟量子技术、生命科学等新赛道，创建一批未来产业先导区。鼓励发展创业投资、股权投资，优化产业投资基金功能。加强重点行业统筹布局和投资引导，防止产能过剩和低水平重复建设。

新质生产力塑造的核心在于培育战略性新兴产业。战略性新兴产业是引领未来发展的新支柱、新赛道。在《国民经济和社会发展第十四个五年规划和2035年远景目标纲要》里，专门有一章是“发展壮大战略性新兴产业”，其中一节是“前瞻谋划未来产业”。这一章里提到的战略性新兴产业，包括新一代信息技术、生物技术、新能源、新材料、高端装备、新能源汽车、绿色环保以及航空航天、海洋装备等；提到的未来产业则包括类脑智能、量子信息、基因技术、未来网络、深海空天开发、氢能与储能等。新时代以来，我国高度重视战略性新兴产业的培育，释放出强劲生产动能。目前，我国新能源汽车生产累计突破2000万辆，工业机器人新增装机总量全球占比超50%，第一批国家级战略性新兴产业集群已达到66家，2023年，我国电动载人汽车、太阳能电池、锂电池等“新三样”产品，合计出口同比增长60%以上，拉动整体出口同比增长1.8个百分点，彰显产业基础好、市场需求大的独特优势。战略性新兴产业、未来产业都具有创新活跃、技术密集、发展前景广阔等特点，关乎国民经济和社会发展及产业结构优化升级全局。

在经济格局的动态演进中，战略性新兴产业的诞生代表着一种打破常规，标志着创新和适应时代的到来。在经济格局不断演变的背景下，战略性新兴产业在多种力量的融合中诞生。技术变革、地缘政治动态和全球市场需求汇聚在一起，为创新经济活动提供了肥沃的土壤。各国政府意识到这些行业的潜力，通过政策、激励措施和战略投资积极塑造其起源。行业起源的核心在于研发的动态相互作用。对尖端技术、科学突破和协作努力的投资有助于培育处于创新前沿的行业。在富有远见的洞察力和应对不确定性的意愿的推动下，企业家在促进这些行业的诞生方面发挥着至关重要的作用。

一切利用新技术提升生产力水平的领域，都属于新质生产力的应用范畴。战略性新兴产业、未来产业和新质生产力紧密关联：战略性新兴产业、未来产业将成为生成和发展新质生产力的主阵地；形成新质生产力可以更好地培育壮大战略性新兴产业，抢占战略性新兴产业制高点，抢占未来产业的新赛道。

与传统产业相比，战略性新兴产业具有高技术含量、高附加值、高成长性、产业辐射面广等特点，既是各国经济发展竞争的关键点，也是现代化产业体系的主体力量。需要注意的是，战略性新兴产业与传统产业并不是绝对隔离绝缘的，传统产业不等同于落后产业，强调培育和壮大战略性新兴产业也不是简单地抛弃传统产业。战略性新兴产业发展高度依赖传统产业作为基础、提供技术支撑。因此要通过形成新质生产力，运用新成果、新技术改造提升传统产业，为战略性新兴产业发展提供强大动能。

推进战略性新兴产业高质量发展需要从以下六个方面着手：

第一，着力提升战略性新兴产业技术创新能力。加强科技创新特别是原创性、颠覆性科技创新，加快实现高水平科技自立自强，打好关键核心技术攻坚战，使原创性、颠覆性科技创新成果竞相涌现，培育发展新质生产力的新动能。企业应充分发挥科技创新主体作用，加大科技研发投入，持续强化国际标准和专利布局，全力以赴突破核心技术。信息通信业作为国民经济的战略性、基础性、先导性行业，是布局战略性新兴产业和未来产业的重要力量。未来，信息通信业应加快科技自立自强步伐，全力以赴地发展战略性新兴产业，培育发展新动能。

第二，巩固扩大智能网联汽车与新能源汽车等产业的领先优势。智能网联汽车与新能源汽车已成为诸多新质技术的最大集成体，是推进中国式现代化的先导产业。2023年，中国汽车行业产销两旺，新能源汽车发展迅猛，给2024年开局带来新的希望和更高起点。同时，新能源汽车和智能网联汽车产业也进入了新阶段，技术与商业创新更加活跃，国际竞争更加激烈，跨界融合更加深入。随着国家级车联网先导区、智慧城市基础设施与智能网联汽车协同发展试点、智能网联汽车准入和上路通行试点、智能网联汽车“车路云一体化”应用试点等工作的深入开展，我国车路城融合发展迸发出强劲的新质生产力。

第三，加快前沿新兴氢能、新材料、创新药等产业发展。氢能方面，需“示范先行，引领氢能低碳转型新方向”。下一步在考虑当前遍布各地城市群示范的基础上，可以连通构建一个“氢能走廊”，形成综合化、规模化示范工程，打造氢能和燃料电池战略性新兴产业，实现氢能交通愿景。新材料是指新出现的具有优异性能或特殊功能的材料，或传统材料改进后性能明显提高或产生新功能的材料；创新药物是指具有自主知识产权专利的药物。相对于仿制药，创新药物强调化学结构新颖或新的治疗用途。其研究成果将可能给企业带来高额的收益。

第四，积极打造生物制造、商业航天、低空经济等新增长引擎。国家在确定2024年工作任务中，确定加快培育新兴产业，其中要打造生物制造、商业航天、低空经济等新的增长点。

加快培育新兴产业。启动智能网联汽车准入和上路通行试点，推进北斗规模应用和卫星互联网发展。壮大新能源、新材料、高端装备、生物医药及高端医疗装备、安全应急装备等新兴产业，打造生物制造、商业航天、低空经济等新的增长点。还瞄准人形机器人、量子信息等产业，着力突破关键技术、培育重点产品、拓展场景应用。

第五，持续推进战略性新兴产业集群发展。战略性新兴产业是知识技术密集型产业，具有成长潜力大、综合效益好等特征，产业集群作为发展战略性新兴产业的有效路径之一，一方面，能够汇聚创新资源，集聚更多的人才、资本、技术等要素，吸引更多的企业和科研机构入驻，形成规模效应。另一方面，能促进专业化分工。企业之间可以通过分工协作实现降本增效，进而提升产业竞争力。为进一步发展壮大战略性新兴产业，各地可立足当地资源禀赋，推进产业错位发展，促进跨区域协调合作，共享各地特色产业集群溢出要素资源，构建各具特色、错位发展、优势互补的战略性新兴产业发展格局。同时在战略性新兴产业细分领域培养一批“专精特新”中小企业，充分发挥龙头企业带头带动作用，促进集群内大、中、小企业融通发展。

第六，采用集成创新的战略性新兴产业渐进式飞跃的方法。其方法包括两种具体形式，即集成创新和跟随创新。集成创新是生产力各要素形成新的组合，进而形成新的生产力的过程。与原始创新引致的生产力爆发式飞跃不同，集成创新更多的是实现生产力的渐进式飞跃。跟随创新是在原始创新产生的技术和产品的基础上，通过吸收、消化并进行再创新的过程，表现为生产力的渐进式飞跃。我国正在实施的“东数西算”工程是集成创新催生新质生产力的典型案例。在建设国家算力枢纽节点的各省（自治区、直辖市）中，贵州的算力提升和数字经济发展是跟随创新催生新质生产力的典型案例。作为经济后发省份，贵州利用自身在可再生能源、自然气候以及经营成本等方面的优势，独辟蹊径推动数字经济发展，获批国家算力枢纽节点，走出了一条跟随创新催生新质生产力的道路。“十三五”期间，贵州省数字经济增速连续5年位居全国第一，贵阳市数字经济增长值达1649亿元，占地区生产总值的38.2%。

在打造新兴产业，构建现代化产业体系、助推地方经济发展中，最典型的莫过于“盐城东方模式”。盐城经开区东方集团作为一家国有平台企业，按照市委“把产业方略转化为强市支撑”的要求，从传统的招商引资模式转变为“以投促招、招投联动、投招双赢”的现代化产业模式。自2016年以来，东方集团潜行新兴产业投资，经历“以增强造血功能为追求目标的财务投资阶段”（2016年至2017年）、“财务投资兼顾产业投资阶段”（2018年至2020年）和“把产业投资作为第一主业阶段”（2021年至今），先后招引了中联即送、聚盟共建、农信数智、麦腾物联、罗化芯显示、埃克森储能等20多个重大产业项目落户盐城，涵盖数字经济、电子信息、新能源等多个战略性新兴产业。自主投资并招引的中联即送是国内即时配送行业龙头，全国总部已落户经开区，入驻当年即实现纳税超亿元，此外还新招引落户了国内大票零担物流领军企业——聚盟共建，共同开辟数字物流产业新赛道，聚力构建数字物流产业园，为盐城市现代服务业体系的形成打开新局面。“盐城东方模式”的意义，不仅在于走出传统招商模式，推动集团转型发展迅速“蝶变”，更重要的是为一座城市造就一个新兴产业的产业链条。得益于此，近三年，东方集团实现归母净利润7.81亿元、7.48亿元、7.94亿元，完成属地税收5.24亿元、6亿元、5.44亿元。盐城东方集团投资并形成现代化产业体系的成功探索，成为地方国企投资新兴产业、推进高质量转型发展的“一个样本”。

第三节　布局建设未来产业

中央经济工作会议强调，“以颠覆性技术和前沿技术催生新产业、新模式、新动能，发展新质生产力”，要求“开辟量子、生命科学等未来产业新赛道”。前瞻布局未来产业是重塑国际竞争新优势的必答题，是打造经济增长新引擎、培育产业体系新支柱的抢答题，是发展新质生产力的重中之重。

认识新质生产力本质特征。观瞻历史，一个时代有一个时代的未来产业。从未来产业看新质生产力，新质生产力由技术革命性突破、生产要素创新性配置、产业深度转型升级而催生，代表新一轮科技革命和产业变革浪潮下从工业化转型向数字化转型的先进生产力质态。新质生产力具有“新产业载体”。

前瞻布局未来产业意义重大。作为新质生产力最活跃的先导力量，未来产业处于产业萌芽阶段，但能对经济社会起到全局性、引领性变革作用。从未来产业洞察新质生产力，新质生产力既具有先发效应，即先行国家与地区一旦在技术创新与产业转化上取得突破，就能够迅速构筑包括知识产权、产品标准等在内的先发壁垒；也具有融合赋能效应，未来材料、未来网络等能够广泛渗透传统产业链上下游各个环节，引领传统优势产业高端化、智能化、绿色化转型；还具有路径颠覆效应，能够不断突破人类认知极限和物理极限，拓展新的发展空间，深刻改变经济活动运行方式与企业组织经营模式等。

抢占国际竞争制高点的迫切需要。未来产业正成为当前及今后较长时期全球产业竞争最激烈的战略必争之地。从全球形势来看，美国、欧洲等国家和地区纷纷出台战略规划，前瞻布局未来产业。从历史镜鉴来看，在20世纪70—80年代的光刻机、工业软件、操作系统等未来产业领域，我国起步并不晚，但由于技术、市场、政策等因素制约，这些当时的未来产业没有得到有效培育壮大，一定程度上导致出现当前关键核心技术"卡脖子"问题。结合全球形势与历史镜鉴，前瞻布局未来产业、加快形成新质生产力刻不容缓，是增强自主发展能力、锻造非对称技术优势不容错过的战略机遇。

打造经济增长新引擎的战略选择。当前，我国经济回升向好面临一些困难和挑战，前瞻布局未来产业，既有利于培育发展一批产业规模大、带动能力强的新支柱产业，为建设现代化产业体系提供更加坚实的战略支撑，也有利于增强经济发展韧性，不断增强国内大循环内生动力和可靠性，提升国际循环质量和水平，推动经济实现质的有效提升和量的合理增长。未来产业是发展新趋势，成长不确定性更大，培育周期也更长。前瞻布局未来产业，就是要先发制人，为新兴产业做好接续储备。

推进未来产业高质量发展需要从以下六个方面着手：

一是发挥体制机制和市场优势。随着新一轮科技革命和产业变革深入推进，围绕未来产业的全球竞争越来越激烈，对于我国而言，前瞻布局未来产业、加快形成新质生产力关键要在体制机制、市场产业等方面发挥自身优势、探索特色模式。一方面，发挥有为政府作用，突出新型举国体制优势。从技术支撑看，发挥新型举国体制优势在于集中力量建设大科学装置，组建适应未来产业发展需要的新型研发机构，组织重大科研计划，强化国家战略科技力量，大幅提升科技攻关体系化能力，在若干重要领域形成竞争优势、赢得战略主动。从产业支撑看，发挥新型举国体制优势在于通过国家发展规划、专项规划以及重大工程、重大项目、重大改革等，围绕国家战略需求，超前部署一批事关国家长远发展的未来产业，全国"一盘棋"引导地方政府、各类企业加大对未来产业的支持力度。

另一方面，发挥有效市场作用，突出超大规模市场优势。加快形成新质生产力关键在于完成从科技成果到产业转化的跃升。从市场规模看，我国超大规模市场为未来产业孵化提供了技术熟化、产品中试、早期市场等全链条支撑，而多样化的应用场景、差异化的细分市场也有利于催生更多未来产业技术路线与发展模式。从产业配套看，我国具有全球最完备的产业体系，能够快速整合优化不同生产工艺组合、不同生产环节资源，未来产业的技术路线一旦成熟，就能快速实现低成本、大规模产业化，把前沿技术转变成新质生产力。当前，长三角等地形成了许多具有国际竞争力的产业集群，这些产业集群为培育未来产业、形成新质生产力提供了良好的产业配套条件。

二是聚焦关键环节扎实推进，夯实技术策源基础。发展新质生产力，必须全面深化改革，形成与之相适应的新型生产关系，让各类先进优质生产要素向其顺畅流动。未来产业处于产业生命周期的萌芽阶段，培育未来产业更依赖科技创新、更需要前瞻布局、更渴望耐心资本。未来产业的技术策源要立足于高水平科技自立自强，充分发挥科学家、战略企业家两个主体积极性，探索“科学家+企业家”的科技协同创新机制，推进“企业家出题、科学家答题”“科学家给技术、企业家用技术”的联动模式，既要沿着“基础理论创新—工程技术创新—产品开发设计—商品产业转化”的路径，从理论突破开始，相继把基础理论变成工程图纸、实验室样品、小试中试产品再到大规模产业化的商品，又要沿着“巨大潜在市场需求—关键核心技术攻关—产品开发设计—商品产业转化”的路径，让市场需求倒逼技术攻关，进而催生未来产业。

三是梯次布局产业发展。从近期看，上海、广东等多地率先布局未来产业新赛道，已出现液态太阳能燃料、神经形态芯片等一批突破性创新产品。这些产品面临从小试、中试到大规模市场化的关键跳跃，是近期培育未来产业的重点赛道。从中期看，我国在新能源、新材料、智能制造等领域已出现引领性工程技术，这是中期布局未来产业的重点领域，需要把不断迭代成熟的工程技术与潜在的应用需求结合起来，开发出更多供需适配的创新产品。从远期看，“从0到1”的基础研究不足是制约我国长周期增长与高质量发展的“瓶颈”因素，当前在核聚变、类脑智能、泛基因组等领域出现一批前沿性基础研究成果，这些领域是远期布局未来产业的战略方向。

四是推动耐心资本投入。针对未来产业孵化培育长周期、高风险、战略性特征，未来产业比其他产业更需要有耐心的资金支持。一方面，要强化政府资金耐心投，引导各类政府产业投资基金以一定比例支持未来产业，建立健全政府科技研发资金、政府产业引导资金与市场化投资基金的联动机制。另一方面，要引导社会资金放心投，鼓励金融机构创新适应未来产业特征的金融产品与服务，引导保险资金等长期资金加大对未来产业的投入力度。

五是掌握深度交叉融合规律。新质生产力以数字化、网络化、智能化的新技术为支撑。近年来，全球信息技术革命和产业变革持续深化，全球经济增长的新引擎，无一不是由新技术催生的新产业，进而形成的新生产力。当前，科技创新进入密集活跃时期，新一代信息、生物、能源、材料等领域颠覆性技术不断涌现，呈现深度交叉融合、高度复杂和多点突破发展态势。支撑社会发展的基础设施也在新技术的作用下进一步扩充与延伸，形成数字化智能化的新型基础设施。

六是利用新技术来赋能企业和产业。打造新质生产力，要利用新技术来赋能企业和产业，解决传统产业领域中的一些痛点、难点、堵点。“VR+制造”就是数字赋能的体现。在数字化转型的当下，要用新技术改变既有的生产形态，以新技术产生新的生产力。

不仅仅是赋能传统产业，更大的元宇宙、虚拟现实产业集群正向我国国有企业集结。

未来产业是基于前沿、重大科技创新而形成的产业，发展未来产业的根本出路是科技创新。工业和信息化部有关负责人表示，培育发展未来产业要聚焦重点领域，持续开展前沿技术攻关。

未来产业的原创技术策源要立足于高水平科技自立自强，充分发挥战略科学家、战略企业家两个主体积极性，探索科技创新与产业创新协同机制，让“企业家出题、科学家答题”“科学家给技术、企业家用技术”。

高质量推进未来产业创新创业孵化培育，要立足创新链产业链双向融合，瞄准打造引领未来的先导性支柱性产业，利用给场景、育主体的政策支持方式，突出应用场景与早期市场供给，形成各类初创企业不断涌现、梯次发展的良好生态。

“人工智能”2017年第一次出现在政府工作报告中。2024年政府工作报告把“智能+”写入报告。作为国家战略的人工智能正在作为基础设施，逐渐与产业融合，加速经济结构优化升级，对人们的生产和生活方式产生深远的影响。作为企业一方面要大力促进人工智能技术的发展和应用；另一方面要加强前瞻性预防和约束引导，确保安全可控。

第一，加快推动人工智能技术发展。人工智能的发展离不开算料（数据）、算力（计算能力）和算法（技术）这三个重要的支撑。算料：数据的收集与处理，数据是AI的“眼睛”和“耳朵”。算力：提升计算能力，算力是AI的“大脑”，它决定了AI处理问题的能力。算法：技术的创新与优化，算法是AI的“心脏”，它决定了AI的智能程度。

第二，应用人工智能赋能产业升级。人工智能技术的应用领域广泛，可以赋能各行各业，推动产业的智能化和自动化，从而提高产业的效率和质量。例如，应用于制造业的智能化生产线、服务业的智能客服、医疗行业的医疗图像识别。

第三，应对新技术带来的风险与挑战。AI技术不仅带来了巨大的机遇，也带来了一些风险和挑战。我们需要确保AI的安全、可靠、可控。一是数据安全；二是AI系统的可靠性；三是AI技术的可控，确保AI技术在合法、合规的范围内使用。

第四，未来发展关注的焦点。一是教育人才，培养更多的AI人才，以满足AI发展的需求；二是政策法规，以推动AI的健康发展；三是应用落地赋能千行百业，确保AI的应用能够真正赋能产业，提升产业的竞争力。

总体来说，AI技术是推动产业升级的新引擎，我们需要从多方面发力，推动AI技术的发展和应用，应对新技术带来的风险和挑战，以实现产业的智能化和自动化。在未来，我们期待看到更多的“AI+”产业应用，共同开创更加美好的明天。

第四节　改造提升传统产业

习近平总书记在2024年全国两会江苏代表团审议时指出，“用新技术改造提升传统产业，积极促进产业高端化、智能化、绿色化”。2024年政府工作报告指出，实施制造业技术改造升级工程，培育壮大先进制造业集群，创建国家新型工业化示范区，推动传统产业高端化、智能化、绿色化转型。

2024年3月20日，习近平总书记在湖南考察时强调“要以科技创新引领产业创新，积极培育和发展新质生产力。立足实体经济这个根基，做大做强先进制造业，积极推进新型工业化，改造提升传统产业，培育壮大新兴产业，超前布局建设未来产业，加快构建以先进制造业为支撑的现代化产业体系。更加重视科技创新和产业创新的深度融合，加强重大科技攻关，增强产业创新发展的技术支撑能力。强化企业创新主体地位，构建上下游紧密合作的创新联合体，促进产学研融通创新，加快科技成果向现实生产力转化。深入实施制造业重大技术改造升级和大规模设备更新工程，推动制造业高端化、智能化、绿色化发展，让传统产业焕发新的生机活力”。

这段讲话的标题是“要以科技创新引领产业创新，积极培育和发展新质生产力”，表明新质生产力的重点是科技创新引领产业创新。讲话中的“改造提升传统产业，培育壮大新兴产业，超前布局建设未来产业，加快构建以先进制造业为支撑的现代化产业体系”，把改造提升传统产业放在前面，一个是“改造提升”，一个是“培育壮大”，一个是“超前布局”，三个词组，定位是明确、准确、精确的。讲话的落脚点在以先进制造业为支撑的现代化产业体系上。这就清晰了，现代化产业体系以先进制造业为支撑，先进制造业以改造提升传统产业为支撑。并且提醒我们，要以产业创新为出发点来抓科技创新，两者要“深度融合”。

创新是一个链条，谁主谁次？因为科技创新的目的是加快科技成果向现实生产力转化，所以创新主体是企业，构建上下游紧密合作的创新联合体，促进产学研融通创新。这里牵涉产学研三者的关系、地位、作用、任务。最后落脚于推动制造业高端化、智能化、绿色化发展，让传统产业焕发新的生机和活力。

对于处在发展关键时期的我国而言，加快推进传统产业改造升级，巩固提升传统动能，着力振兴实体经济，是新旧动能转换接续的关键所在，既是当务之急，又是长远大计，事关经济社会发展全局。

我国目前正处于迈向高收入经济体的关键时期，工业发展起到了基础性支撑作用。其具有以下发展特征：

一是制造业向高端化、智能化和绿色化转型，加速迈向“制造强国”。中国目前拥有全球产业门类最齐全、产业体系最完整、配套能力全球领先的制造业生产体系，在世界500种主要制造业产品中，我国超过40%的产品产量位居世界第一。2022年制造业增加值达33.5万亿元，占全球比重近30%，连续13年位居世界首位。制造业在全球产业链价值链中的地位持续攀升，通信设备、先进轨道交通装备、纺织、家电等产业居于世界领先位置，新能源汽车和光伏产量全球领先。

二是劳动生产率及增加值率低。我国制造业的劳动生产率（人均增加值）和增加值率，与美国、日本等工业发达国家相比存在很大差距。我国制造业仍然停留在劳动密集阶段，技术含量低，附加值也低。

三是技术创新能力十分薄弱，缺乏核心技术。目前，中国多数行业的核心技术与装备基本依赖国外，大部分产品没有自主知识产权，基本停留在仿制的低层次阶段；绝大部分制造业企业技术开发能力和创新能力薄弱，缺乏技术创新的机制和优秀人才，尚未成为技术创新的主体，原创性技术和产品甚少，自主开发能力较薄弱。产品缺乏足够的竞争力，能够参与国际主流渠道竞争的产品很少。

四是竞争优势行业的层次低下。目前，中国制造业大多集中在低水平层次上，增值能力有限，附加值较低。在我国外贸领域取得竞争优势的行业80%以上为劳动密集型产业，在高技术领域，计算机集成制造技术、材料技术、航空航天技术、电子技术的竞争力指数均非常低，比如电子及通信设备出口大部分是计算机外围设备、电子元件、家用视听设备，属于高新技术产业中的低端产品。“世界制造工厂”实际上是世界低端产品及零部件的廉价供应商。在重装备制造业领域，中国产品的竞争力一路下跌。比如机床出口，我国10台机床还卖不上1台瑞士机床的价格。我国产品的竞争力还处在一个非常低的层次上。

五是产业组织的不合理。“十五”时期以来，钢铁等原材料行业投资和建设规模过度扩张，导致产能大量过剩；同时，落后生产能力比重过大，产业和产品结构不合理。目前制造业产业组织的主要问题是：市场结构依然过于分散，企业竞争过度集中于价格竞争；企业进入和退出存在障碍，影响了产业竞争效率的提高；企业规模普遍偏小，缺乏具有国际竞争力的大型企业；合理的分工合作秩序尚未形成，企业生产专业化水平仍较低。

也许有人会认为，随着高科技的发展和新科技革命的到来，一些传统产业可能不复存在，但是作为新技术形成和创新载体的产业基础是不会被取代的。这可能就是已经实现了生产全球分工的欧美发达工业国家“重返制造业”的重要原因。更何况我国是发展中国家，许多传统产业直接关系到国家的经济安全和自主发展问题，采取简单的放弃和不发展的办法完成结构转型，显然是有害无益和不现实的。

国际经验表明，高科技产业的发展与传统产业的转型，彼此之间并不是非此即彼的对立关系。以日本为例，20世纪70年代至80年代上半期，是日本经济经历的一个重要转型时期。日本在传统产业的改造方面主要采取了3项措施：一是在重点的产业领域里，有针对性地加大对节省能源、防治公害的研发投资，开发符合日本产业特点的节能型、效率型技术，将以往资源能源消耗型产业转变为节省资源能源型产业。二是在产品生产上，从重视产品的数量增长转向注重其品质的提升，在开发新技术和改造既有产业技术中推进产品性能的高质量化，实现产品特点由“重、大、长、厚”向“短、小、轻、薄”转变。三是协调和妥善处理好双轮战略发展的关系，着力用先进技术来改造和提升传统产业，实现生产过程的自动化和竞争能力的国际化，从而使日本通过产业转型与创新提升了建设世界工业强国的发展能力。日本的实践使我们看到，没有工业创新就没有后起者持续发展能力的提升，同样，没有工业创新推动传统产业改造，就没有经济体本身转型与变革的切实完成。

从结构上看，传统产业与新兴产业、未来产业等关系十分密切。传统产业种类多、体量大、市场广、产值高，是现代化产业体系的基底，在产业链供应链中扮演着不可或缺的角色。离开传统产业，很多新兴产业、未来产业就不能完全循环起来，甚至会出现“断链”现象。从发达国家的产业结构演变规律来看，一些国家没有处理好传统产业与新兴产业的关系，出现了产业“空心化”等问题，对经济增长影响较大。从实践情况来看，若传统产业不能实现转型升级，就会导致其国际竞争力下降，引发传统产业整体外迁或部分外迁，造成研发与制造环节脱节。离开了传统产业的转型升级，加快建设自主可控、安全可靠、竞争力强的现代化产业体系也就无从谈起。

传统产业是我国参与国际竞争、开展全球产业链供应链合作的基本盘。近年来，随着国内劳动力、资源环境等要素成本普遍上升，一些劳动密集型产业和资源密集型产业向东南亚、南亚等地区转移。同时，发达国家推动全球产业链布局重构，通过加大研发投入、出台优惠政策等方式吸引产业链高端环节回流。加快传统产业转型升级是应对这些挑战的需要。

我国已进入高质量发展阶段，加快传统产业转型升级必须以高质量发展为导向，牢牢牵住自主创新这个“牛鼻子”，在巩固存量、拓展增量、延伸产业链、提高附加值上下功夫，形成较为完善的产业链和产业集群，推动传统产业迈向高端化、智能化、绿色化、融合化。

第一，推动传统产业向高端化迈进。从附加值率上看，就是要强化传统产业嵌入全球价值链各环节的增值能力，以实现在全球价值链上的地位提升，增加出口产品的附加值率。从结构上看，就是要增强重点环节和核心部件的国内自给率，不断提高我国资本品和中间品市场占有率。从质量和产品上看，就是要引导企业围绕增品种、提品质、创品牌，不断提升产品、服务的质量水平和层次。要增加高端产品供给，加快产品迭代升级；提高质量管理能力，全面提升产品质量；加快企业品牌、产业品牌、区域品牌建设，打造一批具有国际竞争力的“中国制造”高端品牌。从动力上看，就是要转向创新驱动，推动传统制造业优势领域锻长板，推进强链延链补链，加强新技术新产品创新迭代，聚焦消费升级需求和薄弱环节，大力开发新产品，在基础零部件、基础元器件、基础材料、基础软件、基础工艺和产业技术基础等领域，加快攻关突破和产业化应用。

第二，推动传统产业向智能化迈进。要顺应新一轮科技革命和产业变革趋势，把握数字化、网络化、智能化方向，加快人工智能、大数据、云计算、5G、物联网等信息技术与传统产业的深度融合。要提升研发、设计、生产、企业管理等各环节的数字化水平，推动数字化设计、数字化控制、数字化管理、数字化服务的发展，节省设计和生产成本。要通过应用网络技术，实现网络协同设计、远程设计，实现生产制造过程的信息共享、企业设备的监控和运维，提高产品、管理和服务的精准性、协同性，推动工业互联网与重点产业链协同发展，建设智慧供应链。要大力发展智能产品、智能制造装备、智能工厂，在重点行业推动人工智能规模化应用。通过引入人工智能，提高设计、生产、管理、服务等各个环节决策和执行的敏捷性，缩短设计周期，降低生产成本，化解劳动力成本上升带来的影响。

第三，推动传统产业向绿色化迈进。要进一步优化结构，坚决遏制高耗能、高排放项目盲目发展，推动钢铁、石化、化工、建材等重点行业实现节能降碳和绿色转型，加快绿色能源建设，推动煤炭等化石能源清洁高效利用，提高企业能效水平。推进产业链供应链全链条、产品全生命周期的绿色化，加快建设绿色工厂、绿色园区和绿色供应链，推动绿色设计、绿色采购、绿色制造、绿色流通、绿色金融、绿色消费、绿色管理等的发展。

第四，推动传统产业向融合化迈进。从产业上看，就是要促进传统制造业与现代服务业融合发展，促进一二三产业融合发展，促进传统产业与新兴产业融合发展，深化业务关联、链条延伸、技术渗透。从资源利用上看，就是要促进行业耦合发展，实现能源资源梯级利用和产业衔接。从要素上看，就是要促进新型要素与传统要素有机融合，促进新模式和新业态的发展。作为传统产业，提高全要素生产率，是发展新质生产力的重要路径。2023年，钢铁市场需求持续低迷，压力增大。甘肃酒泉钢铁从全要素生产率入手，推进落实提质增效转型升级方案从6个方面提出138项保障措施，多举措提高资源利用效率与效益，推进产业集聚发展。围绕循环经济产业链，酒钢系统梳理短板和弱项，通过发挥“链主”+“链长”地企联合优势，协同推进产业链招商，促进技术研发、产品转化、引进落地等一批在产业链构建中起关键作用的项目落地实施。与祁连山水泥集团合作开发水渣、钢渣延伸产品，与公交建集团合作开展新型胶凝材料研究应用，与招商局合作开展固废利用项目，盘活长期闲置的整装生产线及部分可利用设备。酒钢在极度困难的情况下，2023年全年劳动生产率提高10%，实现利润25.08亿元，同比增长10.4%。

第五，推动传统产业向链条化迈进。通过优化生产力布局，推动重点产业在国内外有序转移，与国内国际两个链条结合。深化传统产业的产业链供应链分工，培育一批能发挥带头作用的先进制造业集群、中小企业特色产业集群，提升传统产业集群的竞争力。山西省汾酒集团作为传统产业，以产业创新理念重构与提升清酒类产业链，以全要素生产率大幅提升为管理目标，着力补齐海外短板、拉长质量文化长板、锻造物流新板，增强产业链供应链韧性和竞争力。加强质量支撑、标准引领与文化支持，致力打造有国际影响力的“国家”品牌。2023年公司实现营业收入同比增长21.8%，归属于上市公司净利润同比增长28.93%。营收、净利润两个核心指标刷新同期历史新高，跃居全国白酒第四位。推动形成以茅台为代表的酱香型白酒、以五粮液为代表的浓香型与汾酒为代表的清香型白酒的产业链竞争局面。

第五节　以数字变革赋能国有经济发展

2024年，政府工作报告在强调大力推进现代化产业体系建设、加快发展新质生产力时，对深入推进数字经济创新发展作出部署。报告指出：

深入推进数字经济创新发展。制定支持数字经济高质量发展政策，积极推进数字产业化、产业数字化，促进数字技术和实体经济深度融合。深化大数据、人工智能等研发应用，开展“人工智能+”行动，打造具有国际竞争力的数字产业集群。实施制造业数字化转型行动，加快工业互联网规模化应用，推进服务业数字化，建设智慧城市、数字乡村。深入开展中小企业数字化赋能专项行动。支持平台企业在促进创新、增加就业、国际竞争中大显身手。健全数据基础制度，大力推动数据开发开放和流通使用。适度超前建设数字基础设施，加快形成全国一体化算力体系，培育算力产业生态。我们要以广泛深刻的数字变革赋能经济发展、丰富人民生活、提升社会治理现代化水平。

什么是数字化转型？数字化转型是指企业或组织将传统业务转化为数字化业务，利用人工智能、大数据、云计算、区块链、5G等数字技术提升业务效率和质量的过程。通俗来说，就是将数字技术应用到企业的各个方面，包括业务流程、组织结构、产品设计等，实现企业业务的数字化、智能化、网络化。

数字化转型的价值在于：一是提升企业竞争力。数字化转型有利于企业更好地理解市场需求和客户行为，优化产品和服务，从而提升企业的竞争力。二是提升生产效率。数字技术的应用可以提高企业的生产效率和质量。自动化和智能化技术的引入，可以减少人力资源的需求，提高生产线的运行效率和稳定性。同时，数字化的数据管理和分析能力可以帮助企业更好地监控和优化生产过程，减少资源浪费和降低成本。三是提升用户体验。数字化转型可以改善用户体验，提供更便捷、高效的服务。例如，通过数字化技术，企业可以实现在线购物、在线支付等便利服务，提升用户的满意度和忠诚度。四是加强组织协作。数字化转型可以促进组织内部的协作和沟通。通过数字化工具和平台，员工可以更方便地共享信息、协同工作，提高工作效率和团队合作能力。五是数据驱动决策。数字技术的发展使得企业可以更好地利用数据进行决策。通过数据的收集、分析和挖掘，企业可以获取更准确、全面的市场信息和消费者洞察，从而更好地把握市场趋势和需求变化，作出更明智的决策。六是创新业务模式。数字化转型可以帮助企业创新业务模式，开拓新的市场机会。

面对制造企业发展的现实“瓶颈”，推动制造企业数字化转型升级是必由之路。我国提出从“中国制造”向“中国智造”转型，致力于实现从制造大国向制造强国转变。与发达国家相比，我国制造企业数字化转型具有得天独厚的优势。然而，一个现实摆在我们面前：数字经济与实体经济融合不充分不平衡。

我国是世界性的实体经济大国，数字经济发展规模稳居世界第二位，但当前数字经济与实体经济融合尚不充分不平衡。融合得不充分主要表现为：第一，中国制造业比重下降，呈现过早去工业化特征。第二，中国制造业存在高新技术占比较低的结构性问题，中低技术产业仍具有较大的发展空间，亟待通过数字经济与实体经济深度融合助推中低技术产业挖掘潜力。第三，不同行业和领域的数字经济与实体经济融合程度存在差异，数字经济与现代农业的融合相较现代服务业而言有明显不足，数字经济与生产性服务业的融合相较生活性服务业而言相对不足，还处于成长期。第四，不同地区和群体的数字技术应用程度存在差异，特别是对于落后地区和低收入人群，在互联网接入方面还远远不足，数字鸿沟成为数字经济与实体经济融合的关键阻碍因素。

造成当前数字经济与实体经济融合尚不充分不平衡的深层次原因：一方面在于“脱实向虚”的发展走势未得到根本扭转。金融业和房地产业增加值占服务业的比重一直处于较高水平，较强的虚拟经济在一定程度上对实体经济产生不利影响。另一方面在于传统企业和数字企业对数字经济与实体经济融合的认知存在偏差。传统企业仅仅将数字技术看作生产方式转型升级的辅助，没有充分吸收和融合数据资源与数字技术对产业链价值链提升的战略作用。而拥有足够数据挖掘和分析能力的新型数字企业，由于对生产工艺和流程缺乏相应了解，不能满足实际生产运营需要，从而制约了数字技术产业化形成新兴产业。

因此，以新质生产力推动现代化产业体系建设的实现路径在于，要以升级传统产业、壮大新兴产业和产业融合发展推动产业结构高端化，以创新配套基础设施、要素资源流动和创新营销模式推动生产流通智能化，以基础研究、创新人才和创新协同体系推动核心技术自主化，以数字产业化和产业数字化推动数字实体融合化，以绿色产业、绿色技术和绿色发展政策推动产业发展低碳化。

中国企业需要采取多种措施，开辟数字化转型的道路。

第一，加快推进产业数字化，从传统业务向数字化业务模式转型。一是发挥大企业数字化转型的示范作用，协助中小企业实现数字经济与实体经济的融合。二是以数字新质生产力推动新型工业化，推动传统制造业基于自身发展特质实现全方位、全链条的数字化转型，构建低成本、高适配性的数字技术平台，推动制造业中低技术行业的数字化升级。三是深化数字要素向经济社会各领域的渗透，大力发展数字商务和数字金融，培育智慧物流、新零售等新增长点，深入推进服务业数字化转型。中国石化集团共享服务公司利用数字化技术推动管理流程优化，共享端财务记账，用时从单笔1.5小时降至3分钟以内，有效促进中国石化100多家单位的财务集中核算。并且开始形成覆盖财务、人力资源、IT、党务、商旅、内控、法律、档案等多职能一体化共享服务体系，打造共享经济在国企管理创新的实践标杆。

第二，加快数字产业化，推动数字经济与实体经济融合的发展模式转型。充分发挥我国海量用户和广阔应用场景的优势，推动数字经济和实体经济深度融合，加快推进数字产业化。一是大规模建设数字基础设施，加快传统基础设施数字化改造，增强关键数字技术创新和供给能力，从供需维度拉动数字产业发展。二是打造适宜数字产业发展的营商环境。通过明晰数字产权、保障数字安全，为数字产业健康规范发展提供制度保障。国家电网公司致力于建设智能电网，运用大数据、云计算等技术提升电网的智能化水平，提高能源分配的效率和安全性。中国石油天然气集团公司（CNPC）在油田数字化方面进行了探索。通过建立数字油田，CNPC利用物联网、大数据分析等技术优化油气生产，提高资源利用效率，减少环境污染。

第三，建立数字化转型领导组织机构，推进企业转型的顶层设计与组织实施。企业需要适应数字化时代的特征，制定数字化转型战略。企业应明确数字化转型的目标、路径和重点，制定出符合自身实际的数字化转型战略。打破传统的组织架构，建立更加平等、协作、灵活的工作方式，适应数字化时代的快速变化。企业需要制定数字化转型战略，加大技术研发和创新投入，培养数字化人才，推进数据安全和隐私保护，加强合作与交流，全面提升自身实力和竞争力。

第四，适应数字化时代的快速变化，推进企业设备的转型。数字化变革正在改变传统制造过程，大部分生产设备已嵌入传感器和控制系统，借助行业云，越来越多的制造设备实现了与管理、执行、物流和人力资源等系统的连接。制造企业可以运用大数据技术对机器设备采集的数据进行分析，对工厂的生产流程进行实时跟踪并进行前馈控制。企业可以及时发现并预测生产设备的性能和故障点，改进依从性，提高可用性，尽可能减少浪费，提高生产效率。例如，借助3D打印技术可以加快设备维修和保养进度，通过数据分析精准控制零部件库存。此外，制造过程和产品生命周期管理一体化能够加速设计、研发和制造过程，有利于制造企业将数据分析结论应用到产品与服务中。潍柴集团对标全球前沿、世界一流，聚焦装备制造主业，成功研发出我国第一台具有完全自主知识产权的WP10/12蓝擎发动机，陆续突破商用车动力总成、CVT动力总成、液压动力总成等核心技术，将潍柴集团打造成拥有国际一流核心技术和自主创新能力的研发制造基地。目前，潍柴集团重型发动机销量全球第一，液压、新能源等技术全球领先，引领了全球行业发展趋势。

第五，培养创新型、复合型数字化人才，推进发展队伍的转型。首先，聚焦发展需要，深化人才制度和体制机制改革，健全人才培养、引进、使用和评价等制度。针对人工智能相关前沿技术领域的高层次人才和紧缺人才，搭建对外交流平台、畅通引进渠道、完善人才引进相关服务，为引进人才提供便利；同时探索建立差异化、长周期、多元化的专业人才评价体系，构建有效机制。其次，深化高校、职业院校和企业之间的合作，通过校企合作设立研发基地和实习基地等平台，加强产学研融通合作，打通科研创新、科技成果转化和产业创新的“接口”。最后，注重构建以职业院校为基础，学校教育与企业培训紧密联系，政府推动与社会支持相互结合的人才培养体系。深化校企合作，通过提供智能化场景案例和解决方案等方式增加对学生实际经验的培育。

第六，投资和采用新的技术，推进技术架构的转型。企业需要投资和采用新的技术，如云计算、大数据、人工智能、物联网等，提高业务流程的效率和质量，同时也要注意保护数据隐私和信息安全。国有企业通过积极参与和推动数字技术在各行各业的应用，有效促进了传统产业的转型升级。截至

2023年，已经在全国范围内部署了超过60万个5G基站，实现了对主要城市和重点区域的全面覆盖。这一成就不仅极大地提升了网络速度和质量，还推动了5G技术在各行各业的广泛应用，如远程医疗、智慧城市建设、工业互联网等领域。这些成果是我国完善的新型基础设施和科学规划的直接体现。

第七，赋予传统产品以软件智能和联网功能，推进产品的转型。赋予传统产品以软件智能和联网功能，使其与环境、人、机器和其他联网产品交互。如今，内嵌于产品的芯片或软件才是产品性能及市场定价的决定性因素。1990年，西门子在德国南部运营一家小型电子厂，该电子厂的自动化程度为25%，而现在数字化程度已达到75%，工厂产量也比原来提高了8.5倍，次品率下降到每100万件产品不足11.5件，而员工数量多年来几乎保持不变。

第八，“链接”制造企业的生产端和销售端，推进智能服务能力的转型。“一切皆服务”日益成为生产制造新范式，消费者不再需要通过购买产品来获得服务，而是通过“即时服务”的方式获取，这是因为“万物互联”之后基于数据形成了一系列新型业务模式。企业借助互联网实现基于数据的服务，可以根据不同的“产品—服务”组合更改配置，从而创造新的价值链和网络。智能服务连接着制造企业的生产端和销售端，为制造企业的发展提供价值支持。例如，法国轮胎制造商米其林在轮胎中嵌入智能传感器，监测轮胎生命周期并平衡轮胎性能，确保能够及时更换。米其林公司由此开创了一条新业务线，既能够带来可观的边际收益，又没有侵蚀轮胎销售这一核心业务，找到了制造业转型基于服务的新业态。

第九，动态整合各方资源构建生态系统，打造具有国际竞争力的数字产业集群。大力发展数字基础产业，做大做强数字优势产业；以数字产业集群带动数字人才和数字技术集聚，进一步促进数字未来产业发展。产业链各企业共同构成一个松散并共生的业务实体，这个实体正是制造企业生态系统的核心。制造企业只有通力合作，才能建立生态系统并整合各方资源。将自身产品优势、客户资源与外部合作伙伴的流程及技术优势紧密结合将成为新常态，竞争不再是制造企业之间的个体竞争，而是数字生态系统之间及系统核心成员之间的竞争。

第十，鼓励员工不断学习和创新，推进制造企业数字化能力的转型。随着经济社会的快速发展，数据要素成为制造企业的关键竞争力，数据收集与分析能力是制造企业的必备能力。具备获取分析数据的能力无疑将为制造企业创造巨大的价值，有利于重塑企业组织模式，提升决策科学性，充分释放企业潜能。

第十一，把控节奏能力，推进制造企业数字化管理的转型。从管理层面来说，应在构建数字能力的过程中讲求实效、随机应变、主动适应、鼓励试错、开放包容，而不是固守僵化路线，这样才能充分释放企业数字化能力，为潜在竞争对手设置市场进入壁垒。设计思维是推动制造企业数字化转型的底层能力要素，并贯穿研发过程的各个阶段。

数字化是手段，转型是过程和结果。最终目的是实现数字化、智能化、网络化，激发更高效、更灵活的生产力。我国制造企业数字化转型的优势条件十分突出，为数字化转型升级提供了前置性条件。当前应从提升把控节奏和设计思维两种底层能力着手，提高产品生命周期同步能力、产品物联能力、数据分析能力、设备感控能力、智能服务能力、生态系统运营能力等，将底层能力与关键能力有机整合并转化为市场洞察力、统筹协同力、战略领导力和综合运营力，推进我国制造企业数字化转型。

国务院国资委提出，央企要坚持战略性新兴产业和传统产业"两端"发力，在发展新质生产力中发挥产业引领支撑作用。一方面，要把战略性新兴产业和未来产业发展摆在突出位置。2023年，央企战略性新兴产业投资同比增长32.1%，按国务院国资委要求，这一比重到2025年要达到35%，在类脑智能、量子信息、可控核聚变等方面要提前布局。另一方面，央企在传统产业布局较多，要利用新技术进行高端化、智能化、绿色化改造，提升效率。目前这方面已有不少标志性成果，央企建设了100多个智能工厂，还启动了

“人工智能+”行动，比如煤矿井下可以实现自动化、无人化、智能化操作。借助人工智能、大模型等，许多传统行业正变得“更智慧”“更聪明”。

值得一提的是，在推动产业升级发展方面，央企带动作用明显。2023年，央企采购量达13万亿元，通过采购直接拉动产业链上下游、大中小企业200万户。近期，国务院国资委启动了产业链融通发展共链行动计划，发布了1000多项清单，同5000多家企业建立了深层次合作关系。“两端”发力的央企，也有望带动上下游一批企业升级发展。

转型升级方面，河南能源集团结构调整过程提供了案例。2021年4月，河南省政府通过《河南能源化工集团改革重生方案》，坚决打赢关键核心技术攻坚战，开辟发展新领域新赛道，推动传统能源向新能源转型、基础化工产品向生物可降解材料和高端功能性新材料转型。短短几年间，上缴税费创下历史同期最高水平，经济效益创十年来最好水平。河南能源根本经验是调结构、抓转型、兴科技，实现发展模式的根本性变革。

第八章

绿色发展是高质量发展的底色

党的二十届三中全会提出，“聚焦建设美丽中国，加快经济社会发展全面绿色转型，健全生态环境治理体系，推进生态优先、节约集约、绿色低碳发展，促进人与自然和谐共生”。习近平总书记强调，绿色发展是高质量发展的底色，新质生产力本身就是绿色生产力。必须加快发展方式绿色转型，助力碳达峰碳中和……坚定不移走生态优先、绿色发展之路。加快绿色科技创新和先进绿色技术推广应用，做强绿色制造业，发展绿色服务业，壮大绿色能源产业，发展绿色低碳产业和供应链，构建绿色低碳循环经济体系……打造高效生态绿色产业集群。

国有企业是党和国家的政治基础与经济基础，也是生态建设的排头兵。在推动我国产业绿色低碳化发展过程中，国有企业要抓住新质生产力下绿色技术、绿色产业快速发展的机遇，用好绿色发展政策工具，协同解决当前制造业低碳化转型压力大、绿色产业发展不足和绿色核心技术有待突破等问题。

第一节　新质生产力本身就是绿色生产力

习近平总书记在中共中央政治局第十一次集体学习时强调，加快发展新质生产力，扎实推进高质量发展。在讲话中，习近平总书记以较长的段落论述了新质生产力与绿色发展的关系。

习近平总书记指出，绿色发展是高质量发展的底色，新质生产力本身就是绿色生产力。必须加快发展方式绿色转型，助力碳达峰碳中和。牢固树立和践行"绿水青山就是金山银山"的理念，坚定不移走生态优先、绿色发展之路。加快绿色科技创新和先进绿色技术推广应用，做强绿色制造业，发展绿色服务业，壮大绿色能源产业，发展绿色低碳产业和供应链，构建绿色低碳循环经济体系。持续优化支持绿色低碳发展的经济政策工具箱，发挥绿色金融的牵引作用，打造高效生态绿色产业集群。同时，在全社会大力倡导绿色健康生活方式。

从词面来看，以上表述包含以下六点核心内容：

第一，"新质生产力本身就是绿色生产力"。"新质生产力"是2023年9月习近平总书记提出的新词汇。中央对新质生产力的最新定义是"创新起主导作用，摆脱传统经济增长方式、生产力发展路径，具有高科技、高效能、高质量特征，符合新发展理念的先进生产力质态"。可以看出，新质生产力是由传统生产力提质增效、转型升级而来，符合绿色发展理念，自身带有"绿色"属性。

第二，“助力碳达峰碳中和”。碳达峰碳中和是我国在应对气候变化、推动绿色发展方面的重大战略决策。自2020年9月正式提出以来，习近平总书记在巴黎和平论坛、金砖国家领导人会晤、二十国集团领导人峰会、气候雄心峰会、世界经济论坛“达沃斯议程”对话会、《联合国气候变化框架公约》（UNFCCC）缔约方大会等国际会议发表讲话时多次表明我国实现“双碳”目标的决心。我国的全国代表大会、中央经济工作会议、中央全面深化改革委员会会议、中央财经委员会会议、中共中央政治局会议也多次强调了“双碳”目标的重要性。实现“双碳”目标是一场广泛而深刻的变革，必须坚持科学有序、稳中求进。

第三，“绿水青山就是金山银山”。这是我国新发展阶段重要的发展理念，也是推进中国式现代化建设的重大原则。“绿水青山就是金山银山”理念阐述了经济发展和生态环境保护的关系，揭示了保护生态环境就是保护生产力、改善生态环境就是发展生产力的道理，指明了实现发展和保护协同共生的新路径。绿水青山既是自然财富、生态财富，又是社会财富、经济财富。保护生态环境就是保护自然价值和增值自然资本，就是保护经济社会发展潜力和后劲，我们要坚定不移走生态优先、绿色发展之路，使绿水青山持续发挥生态效益和经济社会效益。

第四，“构建绿色低碳循环经济体系”。2021年2月，国务院发布了《国务院关于加快建立健全绿色低碳循环发展经济体系的指导意见》（国发〔2021〕4号），强调建立健全绿色低碳循环发展经济体系，促进经济社会发展全面绿色转型，是解决我国资源环境生态问题的基础之策，这也成为我国高质量发展顶层设计体系中的一项重要指引文件。“绿色低碳循环经济体系”涵盖了绿色经济、低碳经济与循环经济，但并非三者的简单叠加，而是一种统筹三者关系、促进其协同发展的综合性概念。

第五，“持续优化支持绿色低碳发展的经济政策工具箱，发挥绿色金融的牵引作用”。我国总体上已构建起目标明确、分工合理、措施有力、衔接有序的碳达峰碳中和“1+N”政策体系，形成多方共同推进的良好格局。绿色低碳领域的货币政策工具箱也在逐步扩容，如中国人民银行推出的“碳减排支持工具”“支持煤炭清洁高效利用专项再贷款”等都是丰富绿色低碳发展政策工具的有益尝试，未来我国也将通过创新货币政策、财政政策，合理降低项目资本金比例，统筹研究税收优惠，加强政府专项债资金支持等途径，同时发挥绿色金融的广泛支持作用，全面助推“双碳”工作与绿色发展。

第六，“在全社会大力倡导绿色健康生活方式”。2024年1月最新发布的《中共中央 国务院关于全面推进美丽中国建设的意见》对“践行绿色低碳生活方式”作出专门部署，提出倡导简约适度、绿色低碳、文明健康的生活方式和消费模式，明确发展绿色旅游，持续推进“光盘行动”，鼓励绿色出行等具体要求。这些基本举措是贯彻落实习近平生态文明思想的务实之举，有助于形成崇尚生态文明的社会氛围，凝聚起全面推进美丽中国建设、加快推进人与自然和谐共生的中国式现代化的蓬勃力量。

从层次上讲，这次讲话对绿色发展提出了完整的体系，讲了六层意思。

第一层：绿色发展是高质量发展的底色，新质生产力本身就是绿色生产力。这是对新质生产力的定性。

第二层：必须加快发展方式绿色转型，助力碳达峰碳中和。与经济发展联系，提出宏观要求。

第三层：牢固树立和践行“绿水青山就是金山银山”的理念，坚定不移走生态优先、绿色发展之路。从理念开始，说的是发展道路。

第四层：加快绿色科技创新和先进绿色技术推广应用，做强绿色制造业，发展绿色服务业，壮大绿色能源产业，发展绿色低碳产业和供应链，构建绿色低碳循环经济体系。这一段讲了具体做法，是对新质生产力的要求。

第五层：持续优化支持绿色低碳发展的经济政策工具箱，发挥绿色金融的牵引作用，打造高效生态绿色产业集群。从政策层面，特别是金融方面提出要求。

第六层：在全社会大力倡导绿色健康生活方式。由生产到生活，从社会治理方面指出方向。

新质生产力具有绿色低碳特性。过去生产力的范式是指改造自然的能力，将大自然作为人类无节制索取的对象，带来的是人与自然的对立，导致人类赖以生产生活的地球资源环境承载力趋于极限，这种生产力不可持续。新质生产力基于生态就是资源、生态就是生产力的新生产力观，遵循保护生态环境就是保护生产力、改善生态环境就是发展生产力的发展理念，展现的是人与自然和谐共生的发展能力，是促进“绿水青山就是金山银山”的能力，是一种保护性的生产力。这是对传统生产力的突破性超越，也是生产力理论的新拓展。新质生产力将绿色低碳理念、技术、标准、管理等贯穿现代化产业体系发展始终，以产业、产业链、产业集群的绿色化水平提升推动经济社会全面绿色低碳转型。

新质生产力体现绿色发展理念、追求更可持续的发展。绿色发展理念蕴含着重大的理论价值，是对马克思主义绿色发展观的传承和创新，将生态环境纳入生产力范畴，开辟了马克思主义生态思想和马克思主义政治经济学的新境界。新质生产力强调自然生产力的作用，并在实践中践行“保护生态环境就是保护生产力，改善生态环境就是发展生产力”，倡导“绿水青山就是金山银山”的理念，拓展“绿水青山与金山银山”的双向转化路径，推动形成的是人与自然和谐共生的生态文明新范式。体现绿色发展理念的新质生产力，将生态环境等要素纳入生产函数，将生态经济系统作为经济社会发展系统的重要组成部分，显著变革优化了人与自然的关系与结合方式，内在要求技术的革命性突破、理念的系统性转变、生产生活方式的绿色化转型，重在推动产业生态化和生态产业化，加快打造绿色低碳供应链，推进经济社会全面绿色低碳转型，进而为永续发展提供新的动力导航。

习近平绿色发展是高质量发展的底色，思想的理论体系可以从政治方向、重要地位、工作布局、重点任务、重要保障等方面来把握。

高质量发展要求摆脱传统经济增长方式和生产力发展路径。传统经济增长模式虽然在一定时期内推动了经济的快速增长，但也在发展过程中暴露出一系列问题。

其一，在资源利用方面，传统经济增长模式呈现出明显的资源过度浪费和廉价要素依赖问题，必须发展新质生产力以构建资源节约型、环境友好型的经济系统。

其二，传统产业结构使我国全要素生产率的进一步提高遇到“瓶颈”，优化产业结构、提升全要素生产率成为实现我国经济健康稳定可持续发展的当务之急。

其三，传统经济增长模式越来越成为中国提高创新能力的制约，构建更加具有活力和开放性的创新体系将成为中国经济实现跨越式发展的根本动力和必由之路。

党的二十大报告指出，推动经济社会发展绿色化、低碳化是实现高质量发展的关键环节。2023年7月，习近平总书记在全国生态环境保护大会上强调，要加快推动发展方式绿色低碳转型，坚持把绿色低碳发展作为解决生态环境问题的治本之策，加快形成绿色生产方式和生活方式，厚植高质量发展的绿色底色。中央企业全力践行绿色发展，助力美丽中国建设。中国石化协同推进降碳、减污、扩绿、增长，113家企业全部完成绿色企业创建，把绿色洁净打造成中国石化的亮丽名片。他们纵深推进长江、黄河流域企业生态保护，湖北石油主动搬迁王家河码头为中华鲟和江豚畅快洄游“让路”，不断加大生态环境保护和绿化建设工作力度，建成一批生产与环境和谐发展的花园式工厂，为推进人与自然和谐共生的现代化和美丽中国建设作出贡献。

在土耳其胡努特鲁电厂项目建设中，国电投所属上海电力控股投资，为保护项目周边的海龟，项目将输煤栈桥和引接道路优化为大跨距桁架桥方案，同时，对栈桥和连接道路的灯光方案进行优化，避免项目建成后灯光对孵化后的幼龟造成影响。优化后的方案占地面积较小，虽然增加了成本，但是有效保护了海龟栖息地，为海龟的繁衍留下生命通道。在“走出去”的过程中，国有企业尊重当地法律、习俗，维护美丽环境，得到了当地民众的高度认可。

第二节 走生态优先、绿色发展之路

习近平总书记在作出新质生产力重要论述时，提出坚定不移走生态优先、绿色发展之路。

在党的二十大报告中，习近平总书记在科学部署推进中国式现代化建设的重大战略任务时明确提出，尊重自然、顺应自然、保护自然是全面建设社会主义现代化国家的内在要求，必须牢固树立和践行绿水青山就是金山银山的理念，站在人与自然和谐共生的高度谋划发展，大力推进美丽中国建设。这为我们在新的起点上推动经济社会发展绿色化、低碳化指明了前进方向，提供了重要遵循。迈上新征程，我们必须全面深刻领会贯彻新发展理念、构建新发展格局、推动高质量发展对生态文明建设提出的新要求，坚定不移走生态优先、绿色发展之路，不断开创我国生态文明建设新局面。

确定新发展阶段坚持绿色发展，走生态优先、绿色发展之路是由中国式现代化的性质决定的。

走生态优先、绿色发展之路，是实现高质量发展的必然要求。我国经济已由高速增长阶段转向高质量发展阶段。所谓高质量发展，是体现新发展理念的发展，其本身要求在发展过程中加强生态环境保护、减少资源能源消耗，满足人民日益增长的优美生态环境需要。这就要求我们在发展过程中统筹好经济发展和环境保护的关系，以生态优先为导向实现更绿色、可持续的经济发展。高质量发展是经济规律与生态规律的有机统一。高质量发展既要

“发展”，又要“高质量”。高质量发展要求摒弃高投入、高能耗、高污染、高排放的传统经济增长方式，转为低投入高产出、资源能源消耗少、生态效益高的资源节约型和环境友好型发展方式，实现经济发展和生态保护的和谐统一。高质量发展是经济财富与自然财富的有机统一。绿水青山既是自然财富、生态财富，又是社会财富、经济财富。生态环境保护和经济发展是辩证统一的关系。良好生态本身蕴含着无穷的经济价值，能够源源不断地创造综合效益，促进经济社会可持续发展。高质量发展既要创造更加丰富的经济财富，又要维护好人类赖以生存的自然财富，实现二者的有机统一。

走生态优先、绿色发展之路，是实现经济发展方式转变的必然要求。2021年4月22日，习近平总书记在领导人气候峰会上强调，保护生态环境就是保护生产力，改善生态环境就是发展生产力，这是朴素的真理。我们要摒弃损害甚至破坏生态环境的发展模式，摒弃以牺牲环境换取一时发展的短视做法。要顺应当代科技革命和产业变革大方向，抓住绿色转型带来的巨大发展机遇，以创新为驱动，大力推进经济、能源、产业结构转型升级，让良好生态环境成为全球经济社会可持续发展的支撑。坚持绿色发展，是破解我国资源环境压力越来越大的现实需要。改革开放以来，我国经济发展取得了历史性成就，全面建成了小康社会，但同时也积累了大量生态环境问题，资源环境约束趋紧、生态系统退化等问题越来越突出。只有彻底转变过去粗放型的生产方式，坚决摒弃以牺牲环境换取经济增长的老路，坚持走兼顾经济与生态的绿色发展新路，才能实现我国经济发展方式的转变。

走生态优先、绿色发展之路，是顺应国际社会绿色低碳发展大势的必然要求。当今世界，由工业文明向生态文明转型这一新的文明变革已成为时代潮流，得益于科学技术的迅猛发展和智力资源的不断丰富，生态化生产方式蓬勃兴起，绿色经济已成为全球产业竞争制高点。我国虽然部分绿色低碳技术达到国际先进水平，在可再生能源、新能源汽车等领域也取得了一定的先发优势，但在前沿技术示范、先进适用技术推广应用、产业化水平提升等方面仍有很大发展空间。通过实施绿色低碳先进技术示范工程，加快占领全球绿色低碳技术和产业高地，对支撑我国高质量实现碳达峰碳中和、构筑面向未来的国家竞争新优势具有重要战略意义。只有坚持绿色发展，才能在西方国家对我国大打“环境牌”这一生态环境大国博弈中占据主动，并从根本上转变经济发展方式，构建起高质量的现代化经济体系，全面提升我国经济的整体竞争力和发展后劲。

走生态优先、绿色发展之路，是实现人们对美好生活的向往、满足人民日益增长的绿色需求的必然要求。坚持保护生态环境和绿色发展，不仅是解决环境资源困境的经济发展问题，更是关系党的使命宗旨的重大政治问题和关系民生的重大社会问题。随着我国社会主要矛盾的转变，人民群众对美好生活的需求特别是对优美生态环境的需求日益增长，对提高生态环境质量的期盼值越来越高。绿水青山就是幸福生活，良好的生态环境就是最普惠的民生福祉。面对人民群众由“求生存”向“求生态”、由“求温饱”向“求环保”需要的转变，要坚持以绿色发展等新发展理念为引领，推动经济社会发展全面绿色转型，提供更多优质生态产品，使良好的生态环境成为人民群众幸福生活的增长点。

走生态优先、绿色发展之路，是实现人与自然和谐共生、构建人类命运共同体的必然要求。生态自然环境是人类的生命源泉，如果将人类与自然对立起来，以凌驾于自然之上的态度去主宰和征服自然，最终必将危害人类自身生存的根基。自人类进入工业文明时代以来，在推进工业化进程中对自然资源的攫取极大地破坏了地球生态系统的平衡，严重打破了人与自然的和谐状态。人类历史充分证明，违背自然规律和人类社会发展规律的工业文明发展老路，注定是行不通、走不远的。建设绿色家园是人类的共同梦想，生态环境的恶化呼唤绿色发展。我们应当秉持人类命运共同体的理念，齐心协力共同参与全球环境治理，加快构建尊崇自然、绿色发展的生态体系，共建清洁美丽的世界。

当前和今后一段时期，应如何走好生态优先、绿色发展之路，更好推动高质量发展？关键要找准四个着力点：

第一，产业绿色化和绿色产业化是必由之路。一方面，要加快形成绿色发展方式，淘汰落后产业和产能，推动产业绿色化。要按照“减量化、再利用、再循环”原则，依据产业链的顺承关系，培育壮大节能环保产业、清洁生产产业、清洁能源产业，推动生产系统和生活系统循环链接；以价格机制引导企业生产生态化，促使企业更加注重节能减排和生态环境保护，实现产业布局的生态优化。另一方面，要遵循生态规律，在自然资源和环境的承载能力与范围内，挖掘生态资源的经济潜力，将生态要素转变为生产要素，实现经济产业、生态环境、社会发展之间的耦合优化。

第二，加快推动科技创新是关键所在。科技是推动人类文明进步的重要动力，生态文明离不开科技创新。要按照绿色、循环、低碳的要求，加快科技创新，减少资源的使用和浪费，提高经济发展质量和效益，推动绿色、可持续发展。积极推行“源头减量、过程控制、纵向延伸、横向耦合、末端再生”的绿色生产方式，加强节能、节水、节材、减排的技术改造与升级，促进生产方式绿色化；积极利用人工智能、大数据、云计算等新技术对传统产业进行工艺提升、流程再造、管理优化，降低生产与营销的经济成本和生态成本，积极打造绿色经济产业链。山西焦煤霍州煤电以科技创新助力实现煤炭生产“绿色升级”。纯水介质液压支架试运转成功，真正实现绿色环保智能开采；紫晟煤业煤矸石井下绿色充填项目，在大宗固体废物处置和综合利用方面开辟新路；辛置矿改变矸石山灭火思路，变“堵”为“疏”，推进矸石山超导重力热管深部积温治理技术，绿色发展成果已真正转化为实实在在的生产力。

第三，坚持正确政绩观，准确把握保护和发展的关系是重要标准。2021年10月22日，习近平总书记在山东省济南市主持召开深入推动黄河流域生态保护和高质量发展座谈会并发表重要讲话，强调坚定不移走生态优先、绿色发展的现代化道路。习近平总书记指出，要坚持正确政绩观，准确把握保护和发展关系。把大保护作为关键任务，通过打好环境问题整治、深度节水控水、生态保护修复攻坚战，明显改善流域生态面貌。沿黄河开发建设必须守住生态保护这条红线，必须严守资源特别是水资源开发利用上限，用强有力的约束提高发展质量效益。

第四，严格落实考核机制是重要保障。保护生态环境必须依靠制度、依靠法治。要明确政府、企业的生态保护责任，建立严格的考核体系，实现发展与保护的内在统一、相互促进。首先，改变过去单纯以GDP为核心的考核体系，强调“生态优先”，构建充分反映资源消耗、环境损害和生态效益的生态文明绩效评价考核和责任追究制度，着力解决发展绩效评价不全面、责任落实不到位、损害责任追究缺失等问题。其次，制定严格的企业污染物排放规范，加强总量控制，遏制企业无度开发与使用自然资源。最后，还要落实领导干部生态文明建设责任制，对不顾生态环境盲目决策、造成严重后果的人，必须追究其责任，而且应该终身追责。总之，要严格落实各项考核和责任追究制度，切实为探索以生态优先、绿色发展为导向的高质量发展新路子提供重要保障。

怎样坚定不移走生态优先、绿色发展之路，能源化工企业中国石化很有代表性。中国石化深入落实节能优先方针，加大能源消费结构清洁化调整力度，加快打造绿色竞争新优势，连续13年获“中国低碳榜样”称号，成为获得该奖项次数最多的能源央企。

中国石化董事长、党组书记马永生发表的文章《为维护国家能源安全提供坚强保障、贡献石化力量》，认为能源安全是国家安全的重要组成部分。中国石化坚决贯彻落实总体国家安全观和能源安全新战略，牢记习近平总书记视察胜利油田时“能源的饭碗必须端在自己手里”的殷切嘱托，能源供给能力持续提升，为维护国家能源安全提供了坚强保障、贡献了石化力量。特别提到深入推进节能降碳，争当践行能源消费革命的排头兵。坚持资源输入最小化、生产过程清洁化、产品服务绿色化，全面实施清洁生产，持续提升终端电气化水平，稳步提高“绿电”应用比例，促进清洁能源消纳。大力推广节能技术，10年来累计实施能效提升项目5000余个，节能836万吨标煤，能耗强度下降10%，“能效提升计划”获中国企业十大绿色行动奖，多家企业能效在石油炼制、乙烯生产领域领跑行业标杆水平。发布“2030年前碳达峰行动方案”，协同推进降碳、减污、扩绿、增长，建成投产我国首个百万吨级CCUS项目，将齐鲁石化生产过程中产生的二氧化碳输送至胜利油田并注入地层，既降碳减排又驱油增产，得到了习近平总书记的肯定。

第三节　加快绿色科技创新和技术推广应用

怎样走生态优先、绿色发展之路，特别是国有企业怎么做？重要的是，加快绿色科技创新和先进绿色技术推广应用，构建绿色低碳循环经济体系。

2024年1月31日，习近平总书记在中共中央政治局会议上指出，加快绿色科技创新和先进绿色技术推广应用，做强绿色制造业，发展绿色服务业，壮大绿色能源产业，发展绿色低碳产业和供应链，构建绿色低碳循环经济体系。

国家发展改革委、科技部联合印发《关于进一步完善市场导向的绿色技术创新体系实施方案（2023—2025年）》（发改环资〔2022〕1885号，以下简称《实施方案》），为加快节能降碳先进技术研发和推广应用，充分发挥绿色技术对绿色低碳发展的关键支撑作用，进一步完善市场导向的绿色技术创新体系，明确了重点任务和具体举措，推动形成绿色技术创新新格局。

《实施方案》从创新引领、创新主体、创新协同、技术转化、技术评价、财税支持、人才队伍、产权服务、国际交流九个方面提出了明确举措，以构建市场导向全链条的绿色技术创新体系。这些重要措施从绿色创新需求、绿色技术创新、绿色技术交易、绿色技术应用等环节，为绿色技术的全链条创新提供了坚实支撑。

在绿色创新需求环节，“强化绿色技术创新引领”举措，并明确两个技术创新方向。一是自下而上从各地区、行业协会、重点企业等征集的共性技术难点和技术需求；二是自上而下统筹布局前瞻性的重点专项技术攻关方向，从而确保技术创新既能满足当前市场需求，又能前瞻布局未来场景。

在绿色技术创新环节，提出“壮大绿色技术创新主体”和“促进绿色技术创新协同”两项举措。一是强调不断壮大绿色技术创新主体，明确提出培育3类创新企业，即绿色技术创新领军企业、绿色低碳科技企业、绿色技术创新领域“专精特新”中小企业和“专精特新”“小巨人”企业。二是强调促进包括企业、高校、职业院校、科研院所等多个主体的绿色技术创新协同，从而为促进更多绿色技术创新成果的产生提供了源头保障。

在绿色技术交易环节，提出“加快绿色技术转化应用”“完善绿色技术评价体系”和“强化绿色技术产权服务保护”3项举措。从推进国家绿色技术交易市场建设、健全绿色技术推广机制、完善绿色采购制度、健全绿色技术标准、加强知识产权服务等方面整体布局，为绿色技术的有效甄别、科学评价，以及供需两侧高效匹配和交易转化提供了一系列保障措施，有助于提升绿色技术转移转化和应用推广的成功率。

在绿色技术应用环节，提出“加大绿色技术财税金融支持”的举措，实施“科技产业金融一体化”专项，充分发挥国家科技成果转化引导基金作用，加强各级财政对绿色技术项目提供财税保障。例如，“鼓励绿色技术产品应用”，“鼓励国有企业采购、使用绿色技术首台（套）装备，推动绿色技术首台（套）装备应用和产业化”，“加大政府绿色产品采购力度，进一步扩大绿色产品采购范围，推动各类机关、事业单位及社会团体按规定优先采购绿色产品”等，打开了绿色技术创新成果的应用场景。

显然，推进绿色低碳发展，科技创新是关键支撑。进一步完善市场导向的绿色技术创新体系，加快节能降碳先进技术研发攻关和推广应用，明方向、划重点、强举措、压责任，具有很强的指导性和操作性，对推动绿色低碳发展具有重要意义。

第一，科技创新是推动绿色低碳转型的核心动力。实现碳达峰碳中和是一场广泛而深刻的经济社会系统性变革。支撑这一变革的最根本动力来自科技创新支撑经济社会全面绿色化和低碳化，包括各类低碳技术、零碳技术和负碳技术的广泛使用，能源技术与数字技术的深度融合。碳中和时代的生产生活方式，与以化石能源为基础的生产生活方式最本质的区别在于全面绿色化和低碳化，需要经济技术体系的系统性、整体性跃迁。

当前，我国仍处于工业化、城镇化中期，经济发展与能源消耗、碳排放存在强耦合关系，兼顾经济社会可持续发展与碳中和目标实现，必须依靠科技创新。例如，在能源供应方面，必须提高零碳能源供给能力，既要大力发展可再生能源发电技术水平，也要发展氢能等零碳能源技术；在能源使用方面，需要大力发展节能技术，开发终端用能电气化和零碳燃料替代，逐步降低化石燃料消耗量；针对水泥、钢铁等高耗能、高排放行业，近期要继续推进节能改造，大力推行绿色生产，中远期要应用燃料、原料与过程替代技术，碳捕集、利用和封存（CCUS）等负排放技术；在系统减排方面，需要大力发展信息化智能化能源管理、能量系统优化、资源循环型耦合技术等。此外，还有超高效光伏、可控核聚变等新型核能、电力多元转化、人工光合作用等颠覆性技术。这些技术相辅相成、互为补充，共同支撑绿色低碳转型目标的实现。

必须坚定不移走绿色低碳技术自主创新之路。实践反复告诉我们，关键核心技术是要不来、买不来、讨不来的，特别是在绿色低碳发展这一前沿领域，绝不可能通过技术跟跑、设备组装等实现绿色低碳转型，只有把关键核心技术掌握在自己手中，以关键共性技术、前沿引领技术、现代工程技术、颠覆性技术创新为突破口，敢于走前人没走过的路，努力实现关键核心技术自主可控，把创新主动权、发展主动权牢牢掌握在自己手中，才能在这一场绿色技术创新革命中走在世界前列。

第二，抓住绿色低碳技术的范畴，确定绿色低碳技术内容。抓住绿色低碳技术的范畴。绿色低碳技术覆盖面广，不但包括低碳、零碳、负碳（碳吸收）技术，还包括节约资源、提高资源利用效率的技术。绿色低碳技术的重要特征是具备高度集成性，涉及从材料到数字化等多个领域。《联合国气候变化框架公约》（UNFCCC）下的技术相关机制提出气候减缓和气候适应的技术清单框架，包括能源效率、林业、工业、可再生能源、交通、废物管理等领域。

在我国绿色低碳政策体系中，既包括从新材料、新技术、新装备到技术集成和产业化规模化应用的技术范畴，也包括节能和能效、零碳能源、碳汇和碳吸收、储能、氢能等各个技术领域的重点技术。国家发展改革委2014年至2022年发布的《国家重点推广的低碳技术目录》将低碳技术划分为5类，分别是非化石能源，燃料及原料替代，工艺工程等非二氧化碳减排，碳捕集、利用与封存，碳汇。

从减碳领域的维度来看，绿色低碳技术可划分为4类。一是低碳能源与材料的生产和供应技术，包括可再生能源发电、绿氢和绿氨的生产、生物燃料制备，以及相关燃料与材料的存储和运输、配套基础设施的建造等技术。二是低碳能源和材料的应用技术，包括交通领域的新能源汽车、高速电气化铁路、电动船舶和航空器等技术，工业领域的氢冶炼、高效电热转换和热传导、再生材料和高效碳纤维复合材料等技术，建筑和建造领域的装配式建筑、被动式建筑设计和建造、热泵、LED高效照明、高效热控制等技术，以及农业领域的再生农业、人造肉等技术。三是工业过程二氧化碳和非二气体排放的管控技术，包括工艺流程的更新、材料的替代和循环利用、化学和生物工程等技术。四是碳吸收技术，包括CCS和CCUS、空气直接碳捕集、人工光合作用、高效林业管理等自然解决方案、高效农业和可持续养殖等增强的自然过程、基因和生物技术等。

从技术集成的维度来看，绿色低碳技术可划分为3类。一是涉及减碳或减少含碳资源利用的直接相关技术，包括以低碳取代高碳的技术（如天然气替代煤炭、电动汽车替代燃油车、短流程炼钢替代长流程炼钢、高效节能技术等)、零碳技术(如可再生能源、核能、氢能利用的技术)、负碳技术(如CCS、CCUS、直接空气捕集、NBS等)3类。二是通过高效集成直接相关技术或技术整合实现减碳或减少含碳资源利用的技术,包括智能电网、源网荷储一体化应用、综合能源网等基础设施适应性改造技术,高效电解制氢、氢能储运加注、高效燃料电池等以氢为主的基础设施建设和运行技术,支撑多种能源网络协调互动的高效集成技术,以及水泥、钢铁等工艺流程的协同处置和资源综合利用技术等。三是其他支撑性和基础性技术,包括气候变化科学基础理论和方法、数字化和互联网技术、人工智能等高效控制策略、生物和材料科技、高度专业化的工业软件等。

第三,持续提升绿色技术创新效能和成果转移转化水平。发达国家40多年的技术创新发展经验表明,科技创新成果的转移转化有其内在的客观规律,必须遵循流程循序渐进,每个工作流程都需要有相应的标准、规范,并且由专业化团队高质量完成。《实施方案》中针对上述问题提出了相应的举措。一是加强绿色技术经纪人队伍建设,提高人才质量。二是强化绿色技术产权服务保护,提升创新水平。三是加强绿色技术评估与认证,提高筛选能力。市场导向的绿色技术创新体系建设,需要地方政府、高校、科研院所、企业、金融机构、中介机构等多方面力量协同推动,形成各类创新主体活力竞相迸发、产学研用衔接高效、创新效能持续提升的绿色技术创新新格局,为加快发展方式绿色转型、推动高质量发展提供有力的科技支撑。

第四,以市场为导向,加快绿色技术创新体系建设。构建市场导向的绿色技术创新体系是我国绿色低碳发展的一项重要工作,要充分利用市场化手段,增强市场在配置资源和连接创新各环节中的功能,吸引创新要素向绿色领域集聚。

注重面向需求,增强绿色技术供给能力。聚焦能源节约与绿色低碳转型、污染治理、资源节约集约循环利用、低碳与零碳工业流程再造、生态系统固碳增汇、负碳及温室气体减排等关键领域，定期征集共性技术难点和技术需求。组织实施“碳达峰碳中和关键技术研究与示范”“大气与土壤、地下水污染综合治理”“循环经济关键技术与装备”“长江黄河等重点流域水资源与水环境综合治理”等重点专项技术攻关。相关举措将加快推动形成一批基础性、原创性、颠覆性绿色技术创新成果，有效解决绿色低碳发展科技支撑不足的问题。

注重创新协同，壮大绿色技术创新主体。着力培育一批绿色技术领军企业、绿色低碳科技企业、绿色技术创新领域国家级“专精特新”“小巨人”企业，进一步壮大企业绿色技术创新主体。同时，通过强化创新平台基地建设，优化绿色技术领域全国重点实验室、国家工程技术研究中心、国家技术创新中心、国家能源研发创新平台等布局，持续优化整合国家科技资源共享服务平台。此外，还提出强化创新主体协作融合，形成优势互补、利益共享、风险共担的“产学研金介”合作机制，更好地发挥绿色技术融资合作中心、绿色技术创新联盟等机构的协同作用，以充分激发各类创新主体活力，增强市场在配置资源和连接创新各环节中的功能，形成各环节相互衔接、融合的创新体系。

注重效能提升，加快绿色技术转化应用。布局建设若干国家绿色技术交易平台，健全绿色技术交易平台管理制度，健全绿色技术推广机制，发布绿色技术推广目录，通过向国家绿色技术交易平台和产业知识产权运营中心推送、组织开展绿色技术交流等方式，加快绿色技术推广应用。《实施方案》还提出推进首台（套）重大技术装备保险补偿机制试点建设，加大政府绿色产品采购力度，完善绿色产品认证与标识体系等措施，加快推进创新成果转移转化和产业化发展，大幅解决绿色技术落地难的问题。

第五，以机制为保障，提升绿色技术创新体系服务能力。推动绿色技术创新体系建设在发挥市场主导作用的同时需要进一步加强政府引导，建立完善的约束激励机制。全面优化绿色技术评价、金融支持、人才培养、产权保护等服务保障，吸引创新要素向绿色领域集聚，为绿色技术创新营造良好的市场环境。绿色技术评价方面，明确加强绿色技术创新与标准化工作联动，指导推动企事业单位、行业协会加快制定发布本领域绿色技术评价方法，提升绿色技术评估水平。金融支持方面，要求落实财税优惠政策，加大绿色技术创新的股权支持力度，发挥国家科技成果转化引导基金作用，综合应用绿色信贷、绿色债券、绿色基金、绿色保险等方式支持绿色技术创新。人才培养方面，强调围绕绿色技术研发人才、绿色技术经纪人队伍等，实施绿色技术领域产学合作协同育人项目，培养高素质、专业、高效的绿色技术人才队伍。产权保护方面，要求加强知识产权保护中心建设，建设知识产权专题数据库，组织开展打击侵犯知识产权专项行动，强化绿色技术产权服务保护。

第六，绿色低碳先进技术示范推广，提升绿色技术创新体系服务能力。实现碳达峰碳中和是一场广泛而深刻的经济社会系统性变革，不能一蹴而就。在绿色低碳技术示范推广工作中，也需要结合不同阶段的发展形势和要求，综合考量各项技术特点，尊重科技创新和产业发展规律，坚持久久为功。同时，与发达国家相比，我国改善生态环境质量、实现碳达峰碳中和的任务更重、时间更紧、问题更复杂，在当前外部环境动荡不安、不确定和难预料因素增多的情况下，支持绿色低碳先进技术示范应用有助于统筹发展和安全，为提升我国科技自立自强水平提供助力。

中国石化自主研发生物航煤技术研制成功，是绿色低碳技术的成功案例。2024年6月加注中国石化自主研发生物航煤的国产大飞机C919试飞成功，证明了我国自主研发的生物航煤具有良好的飞行性能。用“地沟油”作为原料生产生物航煤，难点在于含有脂肪酸类化合物含氧量高，影响炼化装置催化剂的活性和稳定性。为此，中国石化自主开发了专用催化剂和工艺，并在镇海炼化建成我国首套生物航煤工业装置，实现规模化生产。该套生产装置年加工能力为10万吨，若满负荷运行，一年能消化一座千万人口城市回收来的“地沟油”，不仅实现废弃物资源化利用，每年还能减排二氧化碳约8万吨。以目前我国每年3000多万吨的航煤消费量计算，如全部以生物航煤替代，一年可减排二氧化碳约5500万吨，相当于植树近5亿棵。生物航煤的全生命周期可降低50%以上的碳排放量，已成为全球航空碳减排的主要方向。

第四节 打造高效生态绿色产业集群

国家发展改革委、科技部联合印发了《实施方案》确定了2025年的主要目标：到2025年，市场导向的绿色技术创新体系进一步完善，绿色技术创新对绿色低碳发展的支撑能力持续强化。企业绿色技术创新主体进一步壮大，培育一批绿色技术领军企业、绿色低碳科技企业、绿色技术创新领域国家级“专精特新”“小巨人”企业。各类绿色技术创新主体创新活力不断释放，协同创新更加高效。绿色技术供给能力显著提升，形成一批基础性、原创性、颠覆性绿色技术创新成果。绿色技术交易市场更加规范有序，先进适用的绿色技术创新成果得以充分转化应用。绿色技术评价、金融支持、人才培养、产权保护等服务保障全面优化。绿色技术领域国际交流和对外开放持续深化。

我们这里重点就国有企业绿色发展问题展开论述。

第一，绿色目标引领，创新发展方式。绿色工业革命的目标首先是实现碳排放脱钩，这包括三方面的内容：一是促使已有的“黑色”或“褐色”能源“绿化”，即采用能耗更低、更清洁的方式使用化石能源，使单位能耗的污染强度下降；二是促使化石能源的使用与经济产出脱钩，尽量降低化石能源在经济生产和消费中所占的比重；三是促进非化石能源、可再生能源、绿色能源大幅上升，并促进这类能源的利用最终占据主导地位。在碳排放脱钩的基础上，绿色工业革命要求加快转变经济发展方式，促使生态资本相关要素的全面脱钩，包括土地资源、水资源、生态环境资源等。

①明确目标、制定政策和政府法规，并利用各种资金扶持计划实现脱碳目标。②通过立法鼓励产业聚集并形成产业集群，从而提升能源效率和循环利用能力，以及推动技术创新和技术成熟。私营企业应开展合作以促进技术、工艺的开发与推广。③针对氢能和CCUS示范项目进行立法，并提供扶持资金。这不仅有助于消除新技术的不确定性，也保障了私人投资者的投资安全。④构建脱碳的价值体系，实现环境效益与社会和经济效益的综合平衡，能更加有效地吸引外国直接投资。

第二，经济效益、社会效益和生态效益统一，实现国企功能价值。传统生产力追求经济规模的扩大，而新质生产力服务于经济效益、社会效益和生态效益相统一的高质量发展，二者在可持续发展方面区别明显。新质生产力可以通过劳动资料绿色化、劳动对象绿色化和能源结构绿色化三个层面推动产业发展低碳化。

一方面，新质生产力为劳动资料绿色化创造了有利条件，以具有绿色化、自动化等特质的“新工具”，推动生产方式绿色低碳转型。新质生产力主要涉及的科技领域新、数字技术含量高，对劳动资料的成分、结构和运行方式等方面进行优化与重塑，进而促进传统制造工艺优化和设备改造升级，使之突破传统增长路径中高耗能、高污染的困局。

另一方面，新质生产力为延伸和拓展劳动对象的实践空间提供了新的可能，以类目增加、虚实共存的“新材料”，推动生产资源利用绿色化。人类研究探索领域逐渐向更多物质性的新劳动对象转移，促进自然资源的有效利用和有度利用；同时，新质生产力的发展催生了数字化研究领域，例如，海量数据已经成为一种重要且常见的非物质性的新劳动对象，能够减少对自然生态环境的过度干扰。

第三，培育绿色技术创新企业，打造单项冠军型企业。培育绿色技术创新领军企业，支持领军企业及其联合体承担国家科技计划支持的绿色技术研发项目。培育行业领军企业。集聚性是战略性新兴产业集群创新发展的空间表现。以中央企业为主，精准引进绿色产业各生产环节中的领军企业，发挥其强辐射带动作用，吸引相关配套企业与产业高度集聚。

以领军企业为核心，通过构建与清洁能源生产、加工、营销环节联系紧密的产业联合体为目标，强化产业链间企业的深度专业化分工合作意识，政府对有条件的中小企业实施梯次培育，进行供应链管理，延长产业链，提升全产业链专业化协作和配套水平，将其培育成为具有专精细产业优势的“单项冠军企业”，实现大中小企业协同创新、融合发展。

第四，壮大绿色技术创新主体，强化绿色技术创新引领。明确绿色技术创新方向，引导各类主体参与绿色技术创新。组织实施重点专项技术攻关，研发一批具有自主知识产权、达到国际先进水平的关键核心绿色技术。加强创新平台基地建设。以满足市场需求为导向，优化绿色技术领域全国重点实验室、国家工程技术研究中心、国家技术创新中心、国家能源研发创新平台等布局，加大对绿色技术创新平台基地建设的培育力度和支持力度。持续优化整合国家科技资源共享服务平台，进一步完善绿色技术资源共享服务体系，加强与绿色技术创新平台基地的衔接。

第五，提升绿色产业链黏性，构建绿色产业集群。绿色产业可以通过叠加发挥集群这一产业组织的规模效应和竞争优势，来完善上下游配套，加强环形配套，丰富绿色产业链环节，提升绿色产业链黏性，树立绿色产业形象和品牌，围绕大企业快速形成绿色产业生态，最终实现绿色产业供应链的完整构建。当然，产业集群向净零转型，除了构建新的产业集群，原有集群的净零转型升级同样重要。产业集群是脱碳行动和清洁能源技术应用的重点领域，需要采取系统性的方式推动工业脱碳。为降低投资风险、形成清洁能源市场，应针对产业集群特点，审慎制定战略。主要考虑因素包括：设法建立供需双方互信的伙伴关系；制定加速工业集群向净零排放转型的扶持性政策；充分利用政府和私人投资的资金支持；确定适用于所有集群的技术路径。

打造高效生态绿色产业集群，着力点主要包括：①提升系统效率和循环利用水平；②加快推进电气化和可再生热能利用。③突破CCUS；④发展氢能。

第六，打造绿色低碳发展高地。加快发展方式绿色转型。推动社会经济发展绿色化、低碳化是实现高质量发展的关键环节。加快推动产业结构、能源结构、交通运输结构等调整优化。推进资源节约集约利用，加快构建废弃物循环利用体系。发展绿色低碳产业，加快节能降碳技术研发和推广应用，倡导绿色消费。提升生态系统多样性、稳定性、持续性，提升生态系统碳汇能力。实施重要生态系统保护和修复工程，开展大规模国土绿化行动。新质生产力以节能低碳为目标，致力更高质量地做好资源节约集约利用工作，协助推进能源结构绿色化。

第七，坚持先立后破，积极稳妥推进碳达峰碳中和。有计划分步骤实施碳达峰行动。完善能源消耗总量和强度调控，重点控制化石能源消耗，逐步转向碳排放总量和强度“双控”制度。推动能源清洁低碳高效利用，推进工业、建筑、交通等领域清洁低碳转型。发展绿色产业、绿色物流、绿色贸易等，构建绿色低碳循环发展的生产体系、流通体系、消费体系。加快打造绿色低碳供应链，推行产品绿色设计、清洁生产、绿色包装等。加快建设新型能源体系，加强资源节约集约循环高效利用，提高能源资源安全保障能力。深入推进能源革命，加强煤炭清洁高效利用，加快规划建设新型能源体系。健全碳排放权市场交易制度，提高减排效率。完善统计监测体系，强化管制和监管。山东省属企业将“双碳”目标纳入重点履责领域，争当绿色低碳转型标杆。华鲁集团利用园区、厂房房顶等空闲空间大力开展太阳能清洁能源建设，年度节能约5860吨标准煤；山钢集团在山东省率先实现钢铁全流程全工序超低排放改造，成为山东省钢铁企业绿色转型的示范者、引领者。据不完全统计，重点用能省属企业通过节能降碳技术改造年均节约能源约203万吨标准煤，减少二氧化碳排放量约540万吨；省属企业新能源装机容量约

1385万千瓦，年均发电约317亿千瓦·时。目前，34家境内省属控股上市公司全部按照相关规定，通过年报、社会责任报告或ESG报告等依法披露环境信息，部分省属控股上市公司主动披露温室气体相关指标、为减少碳排放所采取的措施及效果等碳排放信息。

第八，健全支撑创新的现代服务组织，构建完备的创新服务支撑体系。聚集发展与绿色有关的生产性服务业，政府对从事产品检验检测、产业信息与咨询、技术标准、知识产权、人才培训、创新孵化、众创空间的企业给予一定的用地、水、电等财政补贴与奖励。推动科技中介服务机构参与产业发展，了解企业技术困境，借助科技信息服务平台定期发布企业创新需求和高校科研成果信息，举办创新成果交流对接会，加速先进适用技术的产业化与商业化。支持在国内一线城市和创新资源富集地区建设科创中心，打造“科研飞地”。鼓励高校与科研院所开放实验平台，实现产业共建共享。积极争取国家大型示范性项目在区域落地，以绿色产业项目为载体，发挥领军企业的吸引力，政府运用财税补贴与奖励政策引导科技部门、高校、科研机构等创新要素向绿色产业集聚区流动，鼓励国内外大学、科研院所在集聚区设立跨区域科研基地，并给予财政与税收优惠政策。

第九，加快数字技术转化应用。数字技术在可持续发展过程中扮演着重要角色。一方面，数字化产业能够通过实时数据采集、处理和分析，全面检测生产环节并随时调整运营方式，这种精准的管理方式大幅提高了资源利用效率，减少了资源消耗和浪费。另一方面，数字技术的运用还能够促进生产方式和能源利用方式的革命性转变，这种转变不仅推动了经济增长，还有效减少了碳排放量，降低了对环境的负面影响。建筑、运输等高能耗行业的能源消耗和碳排放问题尤为突出，为应对这些挑战，必须在现有技术基础上培养新型技术，具备数字化和绿色化双重属性，以实现能源消耗和碳排放的降低，解决数字化和绿色化相融合的关键技术难题。健全绿色技术推广机制。以节能降碳、清洁能源、资源节约集约循环利用、环境保护、生态保护修复等领域为重点，适时遴选先进适用绿色技术，发布绿色技术推广目录，明确技术使用范围、核心技术工艺、主要技术参数和综合效益。交通运输行业是全国碳排放大户。在济南的沥青路面就地热再生机组研发基地，能看到山东高速集团的降碳减排实践：破损路面不用必须铲掉再铺新的，沥青就地“换新”就可继续使用。山东高速集团自主研发就地热再生机组实现废旧沥青路面100%循环利用，累计完成再生路面2000余万平方米，减少碳排放11万吨，产生巨大的生态效益。同时，这一绿色养护品牌已走出山东，在浙江等十几个省份推广，为企业带来了不错的经济收益。

第十，完善绿色发展的体制机制，形成绿色发展的制度保障。构建与绿色发展相适应的投融资体系，严控高碳项目投资，加大对节能环保、新能源、低碳交通运输装备、CCUS等项目的支持力度。推进市场化机制建设，建立健全碳排放权、碳汇交易、用能权、电力等交易市场。深化生态保护补偿制度改革，形成以受益者付费原则为基础的市场化、多元化补偿格局。

第十一，抓实绿色技术研发人才培养，加强绿色技术人才队伍建设。持续加大对高校、职业院校、科研院所设置绿色技术相关专业的指导支持力度，引导有条件的职业院校开设绿色技术相关专业，进一步优化专业布局，提升专业建设水平。鼓励地方政府联合高校、职业院校、科研院所、骨干企业共同实施绿色技术领域产学合作协同育人项目，联合培养绿色技术创新专业人才、高素质技术技能人才。

第十二，发挥双（多）边国际合作机制作用，深化绿色技术国际交流合作。推动绿色技术“引进来”。充分发挥双（多）边国际合作机制作用，积极引进境外先进技术、管理理念和商业模式，鼓励外资投向绿色技术高端装备制造领域。鼓励绿色技术“走出去”。以推进绿色投资、绿色产业、绿色能源、绿色基建、绿色交通、绿色贸易等领域国际合作为契机，积极开拓先进绿色技术和装备的国际市场，延伸绿色技术创新成果的领域和应用场景，携手其他国家和地区解决资源环境约束突出问题，共同推进绿色低碳发展。

作为云南国有重点骨干企业，云天化集团聚焦肥料及现代农业、玻纤及复合材料、精细化工及新材料三大主业，秉承“打造具有全球影响力的绿色产业集团”的企业愿景，把新发展理念融入生产经营、产业升级、发展转型全过程。目前，依托在磷、氟等领域的资源禀赋及生产制造优势，正持续做强新材料产业。

第九章

深化提升国企改革，造就新型生产关系

习近平总书记在中共中央政治局第十一次集体学习时强调，加快发展新质生产力，扎实推进高质量发展。生产关系必须与生产力发展要求相适应。党的二十届三中全会提出，健全相关规则和政策，加快形成同新质生产力更相适应的生产关系，促进各类先进生产要素向发展新质生产力集聚，大幅提升全要素生产率。

新质生产力带来的是发展命题，也是改革命题。围绕创新驱动的体制机制变革至关重要。国有企业改革，正进入以核心功能提升核心竞争力的阶段，这是对生产关系的完善。要结合国有企业新质生产力的发展，通过深化改革着力打通束缚新质生产力发展的堵点、卡点，推进持续改革完善体制机制，让各类先进优质生产要素向发展新质生产力顺畅流动和高效配置。国有企业勇挑重担、勇于担当，坚定不移地把国有资本做强做优做大。积极开展创新活动，推动新质生产力发展，是国有企业肩负的重要使命和责任。

第一节　新质生产力与新型生产关系

新质生产力的出现，不仅意味着生产力、社会经济层面的变迁，还意味着生产关系、社会制度层面的深刻变革，需要建立新型的生产关系，包括建立新型的国有经济。

深化改革形成与新质生产力相适应的新型生产关系的必要性，首先体现在马克思主义经典理论的现代应用上。在《德意志意识形态》中，马克思、恩格斯认为，物质生活的生产是一切历史的第一个前提，生产力和生产关系的矛盾运动是人类历史发展的现实动力，人类社会发展的基本规律从根本上体现为生产力与生产关系、经济基础与上层建筑矛盾运动的规律。

在马克思看来，生产力决定生产关系，经济基础决定上层建筑，而生产关系和上层建筑又具有反作用。生产力之所以是最革命、最活跃的因素，是因为生产力的发展和升级换代是由技术革命的重点突破不断推动的。技术革命推动了生产工具的变革。马克思很早就注意到了机器在社会大生产中的重要作用，其曾通过对蒸汽机、珍妮走锭精纺机、手推磨、蒸汽磨进行描述来分析技术进步对生产力发展的推动作用，并阐释了生产力革新引发社会关系变革的内在机理。也就是说，一方面，技术之所以能够引发生产力变革，在于它对生产要素与劳动过程的改造，并构建起新的生产方式。另一方面，社会生产关系和社会制度也会反作用于生产力的发展，与生产力发展水平相适应的生产关系和社会制度，可以成为技术创新应用和社会生产力水平快速提升的“加速器”；反之，则可能成为新技术应用和生产力发展的桎梏。技术创新与社会制度变革之间也会相互影响、相互作用，推动社会不断向前发展。

马克思的《资本论》通过深刻分析生产关系的变化揭示了现代社会的经济运动规律，是研究资本主义生产关系的典范。而生产力的运动方式就是我们现在讲的发展生产力、解放生产力和形成新质生产力。这个生产力的运动方式构成生产方式的内核，以及和生产力发展方式相关的生产关系和交换关系。

虽然产生于第四次工业革命浪潮中的生产工具——人工智能，与作为前三次工业革命生产工具代表的蒸汽机、发电机和计算机存在较大差异，但在它的广泛应用从而推动新质生产力得以实现的过程中，在劳动者、劳动资料、劳动对象的优化组合和新制造、新服务、新业态、新动能的产生等方面，仍然需要生产关系的调整。因此，我们必须响亮地喊出形成和发展新质生产力必须完善新型生产关系。强调发展新质生产力，必须进一步全面深化改革，形成与之相适应的新型生产关系，这正是习近平经济思想对马克思主义经典理论的现代应用。

早在2013年12月3日，习近平总书记在十八届中央政治局第十一次集体学习时强调，坚持和发展中国特色社会主义，必须不断适应社会生产力发展调整生产关系，不断适应经济基础发展完善上层建筑。改革开放40多年来，我国经济社会发展取得了重大成就，根本原因就是我们通过不断调整生产关系激发了社会生产力、发展活力，通过不断完善上层建筑适应了经济基础发展要求。

习近平总书记在2024年1月31日强调，生产关系必须与生产力发展要求相适应时提出，发展新质生产力，必须进一步全面深化改革，形成与之相适应的新型生产关系。在这里，习近平总书记提出了新型生产关系的概念。

2024年3月5日，习近平总书记参加十四届全国人大二次会议江苏代表团审议时强调，要深化科技体制、教育体制、人才体制等改革，打通新质生产力发展的堵点、卡点。讲话进一步明确了形成新型生产关系的具体内容和总体方向，与发展新质生产力的系列重要论述一起构成了新质生产力与新型生产关系的系统集成理论，为中国式现代化的伟大实践提供科学指引。

生产关系三要素即生产关系的3项内容。生产关系三要素分别为：一是生产资料的所有制形式，即劳动对象与劳动资料归谁所有。二是人们在生产过程中形成的地位及其相互关系。三是由以上两个关系形成的产品分配方式，如分配、交换、消费等。

生产力也有三要素，分别是劳动资料、劳动对象和劳动者。劳动资料、劳动对象和劳动者的结合是生产活动得以进行的必要条件。随着新生产力的获得，人们改变自己的生产方式，随着生产方式即谋生方式的改变，人们也会改变自己的社会关系。

生产力发展以相应的生产关系作为保障因素或驱动力量，新质生产力要求与生产结果、过程变动相契合的生产关系。这意味着新质生产力需要与之相耦合的新质生产关系（即新型生产关系）。根据“新质生产力是创新起主导作用”“技术革命性突破”“先进生产力质态”等特征，我们认为新型生产关系是一种创新型、突破型、先进型的生产关系。

第一，从新质生产力技术特点决定的内生要求，认识新型生产关系是一种创新型、突破型、先进型的生产关系。如果说过去的改革主要是由当时生产力的发展要求所推动，那么现在的改革就应由新质生产力技术特点决定的内生要求所推动。什么样的生产力是考虑新型生产关系的决定性因素。辩证法的核心要义可以用一句话来概括：它是关于事物发展变化规律的哲学方法，主张对立统一和矛盾运动是事物存在和发展的根本动力。新质生产力的提出体现了一种辩证的发展观，它不是静态地增加生产力的量，而是强调生产力性质的根本转变。这种根本性转变带来生产关系的根本性转变。

1.技术革命性突破可以视为生产力内在矛盾激化到一定程度后催生的新

形态，即原有生产力结构与科学技术进步之间矛盾冲突的结果，新技术的应用带来了生产力水平的跃升。

2.生产要素创新性配置是生产力各部分间的矛盾运动过程，通过调整和优化要素组合，使生产力系统达到更高的和谐状态，提高了整体效率。

3.产业深度转型升级是生产力在特定历史阶段内，旧产业结构与社会发展需求相矛盾的表现，通过打破旧有平衡，建立新的产业结构，实现了生产力的进一步释放与发展。

4.全要素生产率提升反映了生产力在矛盾运动中寻求新的平衡点，通过技术创新、管理优化等手段，实现在一定投入下产出的大幅增长，标志着经济发展方式从粗放型向集约型、质量型转变。

5.颠覆性创新驱动揭示了生产力发展的非线性特征，当基础科学的重大突破引发的技术革新足以瓦解和重构原有的生产方式时，新质生产力便孕育而生，驱动经济社会发生根本性的结构性变革。“人工智能+”时代的到来，开始改写机器动力时代。

新质生产力作为一种动态的、革新的生产力形态，它的产生和发展遵循辩证法的普遍原理。它其实是科技创新和社会变革相互作用下的必然趋势，政府工作报告中重点提出这一概念，是因为它已然成为当今时代经济社会高质量发展的核心动力和显著标志，把它作为“重要着力点”其实是历史发展的必然要求，它将影响社会生活的方方面面，从而影响我们每一个人。

第二，从人类工业革命与百年未有之大变局背景下的中国国情，认识新型生产关系是一种创新型、突破型、先进型的生产关系。自摆脱殖民统治、赢得政治独立以来，发展中国家一直面临双重的经济发展任务：一方面，因为处于落后状态，发展中国家必须以比发达国家更快的速度实现经济增长和发展，以缩小与发达国家的差距；另一方面，尽管处于落后状态，发展中国家必须与实力强大且占据优势地位的发达国家同台竞争，在开放经济中发展自己。前者是低于时代发展水平的后发追赶，后者是与时代同行的前沿发展。对于中国而言，这两类性质不同的发展任务是交织在一起的。双重发展任务及其结构变化，以及由此产生的复杂的发展问题，是发展中国经济区别于发达国家的一个重要特征。

长期以来，中国一直聚焦于后发追赶问题，忽略了与发达国家同时代的前沿发展竞争。以资源换资本、以市场换技术，是中国从低收入阶段实现经济起飞的一项重要战略。进入中等收入阶段，比较优势发生变化，资本不像发展初期那样稀缺，劳动力也不再丰裕，技术进步的方式不再主要依靠模仿，转而越来越需要依靠自主创新。习近平总书记明确提出“新质生产力”的概念，指出“新质生产力是创新起主导作用，摆脱传统经济增长方式、生产力发展路径，具有高科技、高效能、高质量特征，符合新发展理念的先进生产力质态”“特点是创新，关键在质优，本质是先进生产力”。这一重要论述不仅为新发展阶段的高质量发展实践提供了科学指引，也为发展经济学的理论创新开辟了道路。新质生产力具有一般性的发展经济学意义，发展经济学必须重视发展中国家在前沿竞争中的发展问题，深入研究新质生产力。因为新质生产力所需要的自主创新并非一般的技术创新，更多的是前沿性、原创性、颠覆性且对经济增长具有重大推动作用的科技创新。传统发展经济学虽然重视技术进步，但更强调通过技术转移、技术模仿、技术外溢，从先发国家那里获取技术进步的力量，极少涉及发展中国家在前沿发展竞争中的自主创新问题。在这种情况下，新型生产关系便是创新型、突破型、先进型的生产关系，改革也是创新型的改革。

第三，从传统生产力与新质生产力的对比中，认识新型生产关系是一种创新型、突破型、先进型的生产关系。认定中国式的新型生产关系是一种创新型、突破型、先进型的生产关系，在与传统生产力的对比中认识科技进步和产业升级方向。

从技术形态来看，传统生产力所对应的科技进步主要是模仿创新和消化吸收再创新，而新质生产力对应的技术进步主要是原始创新。1978年开始的改革开放，中国主要走的是模仿创新和消化吸收再创新的科技发展道路。从新时代开始，习近平总书记强调并且具体抓新兴产业与未来产业，明确了新质生产力的发展方向与任务。新质生产力与传统生产力的区别不是科技创新驱动。在传统发展方式下，科学技术也是第一生产力，但传统生产力的科技进步的主要方式是技术吸收和二次创新，驱动新质生产力发展的科技进步则是以我国为主的突破性创新。

从产业形态来看，传统生产力是劳动密集型、资源密集型产业，新质生产力是资本密集型和高技术密集型产业。传统生产力是在中国技术水平相对落后、产业体系相对不完善条件下驱动中国经济发展的生产力，其核心作用是驱动中国经济规模和经济体系快速扩张。

从技术创新范式来看，传统生产力的企业竞争范式是大规模跟进正确的东西，新质生产力是大规模探索甚至试错。在中国传统生产力发展过程中，这些生产力对应的产业是发达国家已经完成了大规模试错的成熟产业，其主导技术路线和商业模式已经确立。在此背景下，传统生产力的生成方式是大规模跟进，除移动通信等极少数产业外，对绝大多数产业而言，中国企业是在领先国家已经探索出的成熟技术路线上参与生产性竞争。到后期，中国企业通过内化领先企业的技术能力和管理能力实现更高阶的大规模跟进。

从市场竞争机制来看，传统生产力表现出服从性、稳定性，新质生产力市场表现出高度的动态性、大规模技术探索和多样化竞争。不同于传统生产力技术路线和竞争范式的确定性，无论是生物制造、商业航天、低空经济等战略性新兴产业，还是量子通信、生命科学等未来产业新赛道，其主导技术无论是对中国企业还是对国外企业都是不确定的，即主导技术和商业模式尚处于涌现阶段。对于这类技术和产业，大量与新技术相关或不相关的企业出于对高额预期利润的追求而开展大规模试错是产业技术进步和商业成熟的主导范式，市场竞争表现出高度的动态性。

第二节　新型生产关系的基本特质

2023年12月召开的中央经济工作会议再次强调，“要以科技创新推动产业创新，特别是以颠覆性技术和前沿技术催生新产业、新模式、新动能，发展新质生产力”。总体上看，近期对新质生产力的讨论主要集中于新质生产力本身的内涵和外延，如强调新质生产力包括以科技创新为基础的战略性新兴产业和未来产业，强调新质生产力的特征是技术新、产品新、业态新，或者强调新质生产力的核心特征是数字化、绿色化。然而，仔细分析可以发现，这些内涵和外延是新质生产力的外化特征，新质生产力的生成机制才是其内在规定性，新质生产力的外化特征是其生成机制的结果。在这种情况下，新型生产关系特征便是创新型、突破型、先进型的生产关系，是新质生产力的生成机制，并且以这种特质推动新质生产力的形成与发展。

第一，创新型、突破型、先进型的生产关系，适应新质生产力的先进性形态的内生要求。新质生产力以劳动者、劳动资料、劳动对象及其优化组合的跃升为基本内涵，以全要素生产率大幅提升为核心标志，包括新制造、新服务、新业态、新动能等表现形式。先进科技是新质生产力生成的内在动力。全面提升包括基础零部件（元器件）、基础材料、基础软件、高端芯片、工业软件等在内的产业能力，大力提升底层技术、关键核心技术自主供给能力和原始创新能力。这些创新型生产方式在劳动者、劳动资料、劳动对象的优化组合方面，要求有新的用工形式、人才激励机制和企业管理方式。在数据的生产、运用和保护方面，需要有特殊的产权制度设计。在科技创新与产业融合方面，要求有高度开放的市场环境和充分发达的供应链相配合。通过深化改革来进一步完善新型生产关系，要建立高标准市场体系，创新生产要素配置方式，让各类先进优质生产要素向发展新质生产力顺畅流动。从这个角度看，通过深化改革形成与新质生产力相适应的新型生产关系就有了更宏大的时代要求，并将在解决发展中的问题、应对前进道路上的风险挑战中发挥更加重要的作用。

第二，创新型、突破型、先进型的生产关系，是形成中国式新质生产力后发优势的关键。生产关系形成于这个国家与地区。中国式新质生产力必然由中国式现代化的性质决定，由中国的生产力发生背景决定。人类近现代史上曾出现过几次工业革命，中国都与之失之交臂，错失了利用工业革命发展生产力的机会。落后者学习先行者而形成的优势，就是后发优势。一旦进入前沿竞争状态，就没有先行者可以学习或模仿，没有先行足迹可资借鉴，试错成为一种常态，走弯路是必不可少的探索过程。因此，与发达国家在发展前沿展开竞争，唯有依靠自主创新形成新质生产力。“没有条件，创造条件也要上”，要与实力强大的发达国家在某些领域展开前沿竞争，应建立新型的政府与市场关系，支撑和配合新质生产力。

科学技术创新是影响要素组合方式的关键因素，但科学技术创新是一连串的事件，它是一个从基础研发到产品应用的系统过程，在这一过程中，政府和市场这两者之间的组合关系至关重要。在“0~1”的原始创新环节，由于创新的探索特征极为显著，研发投入风险高，成果溢出效应强，因此政府的组织策动和资源投入就举足轻重，市场力量处在相对次要位置；在“1~10”的转化创新环节，创新已有部分基础条件，且创新带来的成果溢出效应变小，这就需要政府产业政策引导和企业风险投资引入两者的配合；在“10~10亿”的应用或扩展创新环节，创新的前提条件较为成熟，产品开发带来的市场收益预期较为明晰，在这一阶段企业的作用就应占据主导地位，政府作用主要表现为维护健康、稳定、有效的要素和产品市场环境。由此可见，政府和市场力量在创新中都不可或缺，“有效市场、有为政府”对科技创新以及由此引发的新质生产力形成至关重要。对于中国这样的发展中人口大国而言，其在世界百年未有之大变局背景下推进现代化强国建设，更需要依靠政府和市场的组合形成持续发展动能。

第三，创新型、突破型、先进型的生产关系，是举全国之力形成新质生产力的社会制度优势。我国的经济制度组合为形成新质生产力提供了有利条件和坚实基础，社会主义基本经济制度——公有制为主体、多种所有制经济共同发展，按劳分配为主体、多种分配方式并存，社会主义市场经济体制等。区别于政府—市场两者的“替代”思维，我国是在相互促进、相互增强的视角中来理解政府—市场关系的，经济制度的独特性使得我国在生产关系调整方面能够兼顾稳定性和灵活性，兼顾政府作用和市场力量，为新质生产力的形成和发展提供基础性条件。

新质生产力意味着更高水平的社会化大生产，需要更加健全的宏观经济治理体系。这就要求尊重客观经济规律，处理好政府与市场的关系、国内大循环与国内国际双循环的关系、改革发展与稳定的关系、人与自然的关系等。特别是要加快要素市场化改革，着力推进全国统一大市场建设，充分发挥超大规模的市场优势，为不同类型所有制经济提供更加公平的营商环境，这样才能使市场在资源配置中发挥决定性作用。

当前，我国经济发展仍然在一定程度上存在依赖传统要素、创新驱动不足的问题。特别是在推动原始创新方面，需要围绕国家重大战略需求和面向未来建设完善科研体系。在这一过程中，政府和市场这两者之间的组合关系至关重要。目前的中国，最为迫切的任务是在“0~1”的原始创新环节，研发投入风险高，政府的组织策动和资源投入就显得举足轻重，市场力量处在相对次要位置。在重大科技创新领域完善新型举国体制，发挥政府在解决“卡脖子”问题上的资源动员优势。

新产业发展与国家重大战略的实施进行有机结合，从而确保新产业能够在国家重大战略的布局和推进中获得稳步推进。国家为了推进重大战略稳步实施，投入了大量的人力、物力和财力，并出台了一系列支持性政策，新质生产力如果能够与这些重大战略进行对接，必将助力新质生产力更快、更稳发展，如可以借助国家构建西部大开发新格局、中部崛起战略、区域协调发展战略、乡村振兴战略、长三角一体化发展战略、京津冀协同发展战略、新基建等国家重大战略部署带来的政策、资金、人才等方面的优势，促进新质生产力发展。

第四，创新型、突破型、先进型的生产关系，是支持中国特色的先进生产力的根本优势。新质生产力本质上是先进生产力，不仅具有生产力的一般性特点，更为重要的是，作为推动我国经济高质量发展的重要着力点，新质生产力的形成植根于中国大地，服务于中国特色社会主义伟大实践，具有鲜明的中国国有企业特色，反映了先进生产力的社会属性。因此，对新质生产力特殊性的理解是把握国有企业新质生产力的重要维度。

中国特色的“特”，不仅在于发展目的，还在于是为人民、充分尊重劳动者的主体地位，注重激发广大劳动者的创造力。生产力的基本要素包括劳动者、劳动资料和劳动对象，劳动者是生产要素中最活跃、最能动的因素。随着新一轮科技革命和产业变革的到来，人工智能、大数据等技术的应用使得劳动者与劳动资料之间不再需要进行特定时空下的直接物理结合，劳动者能够远程精准掌握生产的各个环节，使劳动者“站在生产过程的旁边”成为现实。与此同时，新型要素流动性的显著增强促进了“总体工人”的扩大，劳动过程变得富有柔性，弹性生产方式逐步成为趋势。可见，生产力的大幅跃升要求劳动者进一步发挥主动性、创造性。长期以来的控制式劳动过程，已越来越不适应生产发展要求，需要转变为和谐、互助的企业内部新型生产关系。构建社会主义制度下尊重劳动、尊重知识、尊重人才、尊重创造的和谐劳动关系，能够适应新型劳动者与生产资料的有机结合，为新质生产力的发展注入源源不断的动力。新质生产力意味着生产要素之间更高水平的协同匹配，需要更加完善的按要素分配政策制度。这就要求激发劳动、资本、土地、技术、管理、知识、数据等生产要素活力，健全生产要素由市场评价贡献、按贡献决定报酬的机制，推动各类要素高效便捷流动，更好地体现知识、技术、人力资本导向。

第五，创新型、突破型、先进型的生产关系，是支持新质生产力国有经济核心功能的动力。新质生产力在结果、要素、要素组合、产业形态等方面的变化都受经济制度的影响，因此大力形成新质生产力需要进一步推进经济制度完善，在制度创新中形成发展活力。新征程上我国需要深化经济体制改革与国企改革。国企改革三年行动后，国企改革进入以更好发挥国有经济整体功能为重点的全新历史阶段，要将改革重点从提高微观主体治理效率转向更好发挥国有企业功能使命。中国式现代化建设为国有企业发展指明方向。中国式现代化既有各国现代化的共同特征，更有基于中国国情的中国特色，国有企业作为我国国民经济的主导力量，必将成为推进中国式现代化建设的关键力量，在新质生产力中发挥国有企业的科技创新引领力、新兴产业控制力与国家安全的保障力。

国有企业的新质生产力要抓好科技创新这个核心。科技创新决定着产业控制和安全支撑作用发挥，没有高水平的科技自立自强，产业控制和安全支撑就无从谈起。以科技创新促进制造业高端化、数字化、绿色化发展。聚力新能源、新材料、高端装备制造等领域关键核心技术攻关，以颠覆式技术和前沿技术催生新产业、新模式、新动能。国有企业的所有制特征使其与国家战略同频共振，能够承担重要的、非常规的战略任务。在原创性技术研究、关键核心技术攻关方面，国有企业发挥着“压舱石”的作用。其组织优势、资源优势和能力优势使得国有企业成为科研投入、创新产出、研发平台建设的重要载体。这些优势使国有企业能够整合和协同各创新主体，带动、引领和支持全社会创新创业，特别是在关键核心技术突破和行业共性技术攻关等方面发挥主导作用。

国有企业的新质生产力要把握新兴产业控制这个关键。新兴产业竞争力关乎国家竞争力，只有持续推动产业升级，才能不断塑造新的竞争优势。战略性新兴产业要以重大前沿技术突破和重大发展需求为基础，着力“建链、补链、强链、延链”，形成全新产业生态链；未来产业要以科技含量高、绿色发展足、产业关联强、市场空间大为方向，抢占新赛道，塑成新优势，尽快实现产业化。

国有企业的新质生产力要筑牢国家安全支撑这个底线。党的二十大报告首次把国家安全作为独立部分，围绕“推进国家安全体系和能力现代化，坚决维护国家安全和社会稳定”这一主题作了系统阐述，体现了我国对统筹发展和安全的高度重视。国有经济作为公有制的重要实现形式、社会主义制度属性的重要保证，以及党执政兴国的重要支柱和依靠力量，必须在维护重要产业链供应链安全方面发挥关键作用，尤其是面对部分发达国家对我国的常态化遏制和打压，应确保重要产业链供应链能够在极端情形下正常运转并对经济、社会和国防安全形成有效支撑。同时，国有企业还要保障能源资源、粮食供应的安全有序，持续做好我国能源资源、粮食安全的托底工作。

第三节　新质生产力发展与新质生产力的制度供应

生产力决定生产关系，生产关系要适应生产力的发展，生产关系是生产力发展的形式，生产关系会反作用于生产力。根据马克思的阐述，政治经济学的对象是生产关系，政治经济学的研究对象是“一定历史发展形态的生产方式以及与之相适应的社会生产关系和人们之间的交往关系”。因此，生产力的形成和发展需要驱动力量，这种驱动力量的形成逻辑是，生产关系或经济制度的调整完善改变了经济主体的行为选择。生产关系三要素，也就是生产关系的3项内容：一是生产资料的所有制形式，即劳动对象与劳动资料归谁所有。二是人们在生产过程中形成的地位及其相互关系。三是由以上两个关系形成的产品分配方式，如分配、交换、消费等。

显然，在经济制度的形成或变迁中，国家起到了关键作用。道格拉斯·诺斯认为：“国家的存在对于经济增长来说是必不可少的；但国家又是人为的经济衰退的根源。”实际上是指政府和市场的关系。国家是经济制度的“主要供给者”以及制度变迁的“主要推动者”，国家通过变革生产关系或经济制度来引导微观主体行为，这是特定国家生产力动态变化的动力源泉，在推动形成新质生产力的过程中，尤其要处理好政府和市场的关系。

政府在组织协调上拥有不可比拟的优势。在新领域新赛道新产业上重大技术创新面临着很大的风险和不确定性，在基础研究、应用基础研究和人才培养上，政府要加大力度、集中稳定地投入，以产生积累性效果。与此同时，通过规划引领、政策引导、财税支持等方式，将产业链上下游的企业协同起来，从而释放全社会的创新效率。政府有为、市场有效，将更好地助力新质生产力的形成。在发展新质生产力过程中，政府的重要任务是提供制度支持。按照生产关系三要素，根据发展与形成新质生产力的需要我们从以下几个方面论述：

第一，完善中国特色社会主义制度，建设超大规模的国内统一大市场。没有劳动对象，不能形成生产力。除自然界物质与原料会随着科学技术的发展而不断呈现新质外，最为重要的劳动对象就是市场。我国拥有包括4亿多中等收入群体在内的14亿人口所形成的庞大内需市场，这无疑为培育新质生产力提供了广阔市场空间。建设超大规模的国内统一大市场，发挥我国的市场资源优势，需要以内需为根基，循环畅通，不断提高市场运行效率。建设超大规模的国内统一大市场，需要完善促进国内大循环的各项制度。一方面，要进一步规范不当的市场竞争、市场干预等行为，打破各种阻碍全国统一大市场建设的各种显性壁垒与隐性壁垒。另一方面，要做好“五个统一”：一是在市场基础制度规则、产权保护制度、市场准入制度、公平竞争制度、社会信用制度等方面分别实现各自的统一；二是升级流通网络、畅通信息交互、丰富平台功能，推进市场设施高标准统一；三是积极建立健全统一的要素市场，打造要素和资源市场的统一；四是以市场需求为出发点，推进商品和服务市场的高水平统一；五是积极提升市场监管效能，推进市场监管的公平统一。建设超大规模的国内统一大市场，要处理好政府和市场的关系。充分发挥市场在资源配置中起决定性作用的功能，加快建设高标准的统一市场体系，让“看不见的手”大显神通，把“蛋糕”做大做好，实现效率与效益。

第二，生产过程中形成的地位及其相互关系，决定政府与市场的相互作用。处理政府和市场的关系，不仅要科学界定政府和市场的边界，各司其职、各尽其能，而且要推动有效市场和有为政府的更好结合。中国特色社会主义市场经济体制与西方国家市场经济体制有本质的区别，中国特色社会主义市场经济体制就是把市场的优势与社会主义的本质特征完美地结合起来，让“看不见的手”与“看得见的手”“握手”。

实践表明，新质生产力发展成功的国家和地区均为是有为政府和有效市场同时发挥作用。一般而言，那些已经能够盈利的，或者在短期内能够盈利的科技研发，交给企业和市场为宜，而对于那些意义重大且很明确，但暂时看不到市场前景的科技研发项目，则需要政府适当予以扶持。中国的新能源汽车作为一种新兴产业，起初政府支持和引导政策无疑起到了很关键的作用，但后来主要是企业自主研发和参与市场竞争的结果。只有从政府让做变为企业自己想做，新质生产力发展才具有可持续性。在发展新质生产力上，要从制度和法律上把对国企、民企一视同仁平等对待的要求进一步落实下来，使其平等地获得要素和资源，在公平竞争中加强合作与协同创新。

第三，新质生产力推动创新发展的制度和体制保障。社会主义基本经济制度为新质生产力的发展提供微观载体。坚持社会主义基本经济制度，就要坚持毫不动摇地巩固和发展公有制经济，毫不动摇地鼓励、支持和引导非公有制经济发展。任何一种生产力的革新都要通过微观载体完成，因此，社会主义基本经济制度为新质生产力的发展提供了载体保障。

改革开放以来，公有制经济和国有企业发挥自身资金实力强大、技术人才集聚、研发基础雄厚等优势，投入大量资金开展基础理论、共性技术和前沿技术研究，特别是集中优质资源开展原始创新。近年来，国有企业特别是大型央企在航空航天、深海探测、高速铁路、特高压输变电、集成电路、5G网络、突发公共卫生事件等领域取得了一系列重大创新成果，在新质生产力发展过程中发挥了关键作用。而民营企业在促进新质生产力发展的过程中具有独特定位。在原始创新过程中，由于新质生产力在萌发过程中会遭遇一定的技术不确定性和市场不确定性，出现多条技术路线，这些技术路线的前景并不明朗，必须通过试错明晰其技术可行性和市场可行性。因此，以利润为根本经营目标的民营企业通常难以承受不确定性带来的高风险。但是，在集成创新和跟随创新过程中，民营企业能够发挥其机制灵活、市场敏感度高、反应速度快、决策链条短等优势，在较短时间内集成成熟的生产力要素，通过学习模仿等方式生产创新产品和服务，迅速实现新质生产力的商品化。因此，鼓励民营企业在新质生产力发展的中后期进入行业，是推动新质生产力迅速扩张的重要载体保障。

第四，国家以新的体制和政策体系供给引领新质生产力。全球新质生产力的竞争，表面上是科技和商业模式创新的竞争，背后则是与新质生产力相匹配的体制和政策体系供给的竞争。这种制度性竞争主要体现在两个方面：一是能否更有力地改革不能与新质生产力相匹配的体制和政策供给；二是能否更有效地供给与新质生产力相匹配的增量体制和政策。

对于中国来说，加快推动新质生产力的形成和发展，首先要切实调整那些已经不利于新质生产力发展的传统体制和政策。自2010年10月《国务院关于加快培育和发展战略性新兴产业的决定》（国发〔2010〕32号）发布以来，我国战略性新兴产业发展已有10余年，新能源、新材料、生物工程、新一代信息技术、绿色环保、新能源汽车、人工智能、高端装备等战略性新兴产业实现了长足发展，特别是新能源汽车和新一代信息技术获得了阶段性领先地位。然而，多数战略性新兴产业仍然面临关键技术和底层技术受制于人的困难。多数战略性新兴产业的产业安全仍然是以国产替代为主的被动安全，而非基于非对称竞争优势的主动安全。这表明我们的体制和政策中仍然存在制约新质生产力充分发展的因素。其中最突出的问题，就是一些政府管理部门仍然沿用发展传统生产力的方式推动新质生产力发展，例如，仍然通过“选择赢家”激励企业创新，或通过大规模补贴试图加速战略性新兴产业发展。然而，新质生产力的主导发展范式是技术和市场高度不确定环境下企业的前沿技术创新和大规模试错。

消除不利于新质生产力发展的体制障碍仅仅是新质生产力领先发展的必

要条件，中国如果要引领全球新质生产力的发展，还要能够提供相对于其他国家而言更加有效的增量制度。从制度供给的角度来看，这些新质生产力的发源国在特定时期为催生新质生产力提供了独特的制度创新。例如，英国在保护企业家产权和知识产权方面提供了相对其他国家更有效的制度，德国在研究型大学和企业研发中心建设方面走在了世界前列，美国在发展现代资本市场、提供成本更低的知识产权保护和更完善的现代公司制度以及反垄断方面都形成了重要突破，日本的“发展型政府”为促进产业赶超进行了积极有效的协调，等等。无论是理论还是历史经验都预示着，如果中国能够成为新一轮科技浪潮和产业变革的引领者，那么中国同样需要完成与新质生产力相匹配的新制度供给的使命。

第五，深化高水平对外开放，扩大要素型开放，将国内市场与国际市场深度融合。要坚持以开放促发展的理念，继续扩大要素型开放，依托我国庞大的市场优势，将国内市场与国际市场深度融合，吸引全球资源要素进入国内市场，实现国内外两个市场、两种资源的联动，提升贸易投资合作的质量和水平。这意味着需要在国内市场上持续优化资源配置，为国际合作提供更加优越的环境，从而吸引更多外部资源进入中国市场，推动产业升级和经济高质量发展，更快地融入全球创新体系，吸引全球资源要素进入国内市场，加强国际合作与交流，更好地应对全球经济变化，加速实现经济高质量发展和中国式现代化。

要通过深化改革进一步促进高水平对外开放，加强对外交流合作。企业家和科学家有国籍，科学和产业却很难有国界。高水平科技自立自强不等于封闭自守、闭门造车。恰恰相反，高水平科技自立自强只有建立在高水平对外交流合作和开阔的国际视野基础上才能更好地实现。当前一些国家在人工智能、5G、芯片等领域对我国部分企业和产业进行单边制裁和打压，试图搞“小院高墙”“脱钩断链”，实践证明，这并不能阻挡像华为一样优秀的企业前进的步伐，只会阻碍全球科技进步。越是这样，我们越要以开放的姿态、开放的胸襟团结一切可以团结的力量，充分共享资源、共享市场、共享技术创新成果，让以绿色创新、数字创新、人工智能为代表的新质生产力造福全人类。

第六，深化企业改革，在产品分配方式，如分配、交换、消费等方面发挥劳动者的积极性。发展新质生产力，关键在于通过体制机制创新构建新型生产关系。这就要求加快形成与新质生产力相适应的新型生产关系，包括新型分配关系、新型消费关系、新型流通与交换关系、新型所有制结构等。要通过深化改革进一步激发各类经营主体特别是企业的活力，打造国际化、市场化、法治化的营商环境，降低交易成本和制度成本，促进各种所有制经济和经营主体公平竞争。发展新质生产力，主体是企业，特别是创新创业型企业，即“专精特新”企业、高新技术企业、具有全球竞争力的世界一流企业。

习近平总书记强调：“把企业作为科技成果转化核心载体，提高科技成果落地转化率。”市场在发现和处理信息上比政府要快，在市场的激励下，大量的企业在新兴技术路线上试错、竞争与合作，进而开发出新技术、新产品、新业态。要优化民营企业发展环境，破除制约民营企业公平参与市场竞争的制度障碍，大力支持有条件的企业加大研发投入力度，支持建设政企联合研究平台载体，鼓励民营领军企业组建创新联合体，强化企业创新主体地位。

第四节　新型国有经济与深化国企改革

国企改革改的是生产力与生产关系的相互作用。2023年的中央经济工作会议对于国企问题专门强调，“深入实施国有企业改革深化提升行动，增强核心功能、提高核心竞争力”。其实，国有企业改革的核心有两个，一个是生产关系，另一个是生产力，生产关系侧重于核心功能，生产力侧重于核心竞争力。换言之，国企改革是一场生产关系与生产力的矛盾运动。

生产关系的内容，包括人们在一定的生产资料所有制基础上形成的社会关系，它集中体现出人们之间的物质利益关系。国有经济本身就是社会主义公有制的载体。生产关系中首先是生产资料所有制的形式，生产资料所有制的形式是最基本的，起决定性作用。国有企业功能体现在战略安全、行业引领、国计民生和社会服务等方面，是国企有什么用、让你干什么的问题，实际上这也回答了国企不只是赚钱的，它不仅是经济组织，还是政治组织。目前，国企核心功能主要体现在三个方面：一是充分发挥高水平科技自立自强的主导引领作用。二是充分发挥构建现代化产业体系的控制作用。中央企业坚持战略性新兴产业与传统产业两端发力。三是充分发挥关键领域支撑托底作用。在关系国家安全的领域和节点，努力构建自主可控、安全可靠的国内生产供应体系。实际上，是主导作用、控制作用与支撑作用，也就是三大支柱。

我们再谈国有企业生产力问题。国有企业改革中的核心竞争力，要特别重视新质生产力。新质生产力的核心要义是“以新促质”，相较于传统生产力，新质生产力呈现出颠覆性技术新、产业链条新、资源配置新、人才队伍新、改革动力新等一般性特征，这与我们强调的新国企是相通的。

新一轮国企改革的口径是“提升”与“深化”。因此新质生产力的形成不仅是生产力的增量变革与存量调整，更是借助生产关系的持续改造来为生产力更优更快发展开辟空间，即通过深化体制机制改革着力打通束缚新质生产力形成的堵点卡点，让各类先进优质要素向着形成新质生产力的方向顺畅流动和高效配置。

习近平总书记不止一次讲到“打通束缚新质生产力形成的堵点卡点”。按照“堵点卡点”的思维，为国有企业新质生产力的提升与深化提供了一把钥匙，我们找到了一个新支点。

第一，建立新质生产力对国企改革的引领机制。要以新质生产力为目标，使国企改革作为一种生产关系的变革，促进新质生产力发展。新质生产力可能要分为国家的、国资部门的与国企的三个层次的功能性改革，表现为国有经济、国有资本、国有企业三个层次的改革。下一步国家准备制定“十五五规划”，建立新质生产力的目标体系。运用新质生产力的思想渗透到国资国企改革的指导思想、方向、目标、原则、要求与措施的、全方位、全过程，把国有企业的功能优势转化为能力优势。中国石化集团公司董事长马永生建议，加强战略性新兴产业的顶层设计。从国家层面系统开展战略性新兴产业相关部署、落实、统计与评价工作，从而以“一业一策”“一企一策”推动国企改革与产业布局。

第二，建立分类发展新质生产力的运行机制。一是对新质生产力的内容进行分类，对支柱产业、战略性新兴产业、未来产业与转型产业要分类。二是对核心技术、前沿技术、绿色技术、环保技术、颠覆性的技术、属于“卡脖子”工程的技术进行分类。三是对新质生产力的产业发展途径哪些是新投入的、哪些是配置的、哪些是转化的都要明确。四是对新质生产力层次要进行分类、分解和分管，中央企业、地方国企、基层国企的目标使命任务形成有差异的监管方式。五是对国企和民企发展新质生产力的优势原因要分析清楚，并且把它们改革的使命、任务明确起来。为加快出台发展新质生产力的支持和引导政策，首先要强化政策设计，明确新质生产力主体的认定和奖励性政策；其次要加强政策引导，通过倾斜性支持政策，促进新质生产力发展；最后要出台专项政策，加快建立世界一流的大数据、人工智能、云计算、高端芯片等新技术国际科技创新中心，为支撑新产业和传统产业转型升级发展提供可持续的科技基础支撑。

第三，推进以聚焦主责主业为抓手的现代化产业体系资源配置机制。新质生产力的核心是生产要素创新性配置、产业深度转型升级，最终形成现代化产业体系。以聚焦主责主业为抓手，全面提升专业运营能力。重点围绕提升主业聚集度、提升核心竞争力、激发成长潜能等目标，加快内部同业同质资源专业化整合，推动专业化做精、产业链做强，在业务构架、资源匹配等方面聚焦聚力，不断提高企业专业化经营水平和核心竞争力。以产业链这个主要抓手，通过结构调整和资源优化，以战略性重组为手段，加强国有经济对创新能力体系建设、基础研究和前沿技术研究的支持，加强国有企业攻克“卡脖子”关键核心技术和制造业强基补链的能力，加强加大前瞻性战略性产业、先进制造业和未来产业投入，引领带动新兴产业发展和自主创新，提升产业链现代化水平，维护产业链安全。

第四，建设适应新质生产力的公司治理的制度运行机制。在股权结构上，适合数据要素的发展与新质生产力的形成，必须实现所有权与使用权两权分离，增加经营权中新质生产力的力量，甚至在经营权中建立新的所有权实现形式。尤其在经营权中要让国企更有活力，增强内生的动力，这是国企改革的本来目标，在新质生产力中可以使这个目标加快改进。民营企业在新质生产力方面的机制优势、活力优势与效率优势，怎么与国家的举国动员体制、国企的公有制组织机制协同发展，找出一条新的合作共赢道路。

第五，对新质生产力的资本投入机制。新质生产力属于引领型的、主导型的生产要素。生产工具、生产设备与基础建设要大幅投入，这是一个影响国家前途命运的问题。国家层面，要考虑举国体制的投入运行机制。银行层面，要考虑资本的投入是长期的，建立“长期资本”“耐心资本”，建立大的金融投资公司。企业层面，要让人才、资金等各类创新要素向企业聚集，通过鼓励发展创业投资、股权投资，支持资本更多地投向科技创新。近年来，中央企业持续加大战略性新兴产业投入。生产制造行业产品具有定制化特点，因此企业必须经历较长的设备建设周期、产品预研周期和市场培育周期，从取得资质、参与预研到批产交付、业绩起量，一般需要经过4—6年的周期。这就需要企业敢于投资“耐心资本”“长期资本”。中国二十二冶集团成立唐山现代装备产业研究院，通过建立前端智库，整合创新资源，探索“多链融合”新模式，在重型装备自主化领域共同推广应用清华大学的核心技术——“预应力钢丝缠绕”。他们从专精特新细分领域入手，瞄准围绕重型装备及非标设备制造、多向模锻产品、高压管汇阀门及撬装生产、新兴产业一体化项目，打造四个“单项冠军”，实现了国家重点装备制造数项重大突破。由于对科技创新与产业创新长期重视，运营效率持续向优，主要控制性指标持续向好。2023年完成营业收入同比增长16%，利润总额同比增长26%，完成年度预算目标攀12年之巅。

第六，以新质生产力推动新型经营责任制的建立。经营责任制尤其要解决在新质生产力中人力资本的作用，重视科学家这个创新主体和企业家管理主体的潜力挖掘，对这种力量的扶持，尤其是中长期激励机制，让它成为现实，而不是口号，这是新质生产力发展一个极其重要的方面。新质生产力是一个智造的生产力，既不是资源生产力，也不是动力生产力，怎么发挥人的作用，推动创新力量勇攀科技高峰，不断实现高水平科技自立自强，是改革的关键问题。在分配上，使新质生产力资本的活劳动获得要素收入和财产性收入与工资一起以市场方式获得分配。使得发展新质生产力的劳动者更具创造性、主动性，更有效率，更富活力。

落实国有科技型企业股权和分红激励，推动科技成果转化，强化科技人才激励，打造科技创新服务支撑体系。例如，中国铁建系统推进科技人才队伍建设，提高核心关键人才待遇，实行科技重大专项“揭榜挂帅”制度和专利转化收益分配激励制度，有效激发了企业员工的科技创新活力，在掘进机、特种装备和轨道设备等领域掌握了多项核心技术，研发的系列产品实现多项零的突破，打造了8项国内第一、2项世界第一。东方电气建立了重大项目攻关“揭榜挂帅”机制，与科研院所开展“双向”揭榜，对科研人才队伍精准充分激励，构建从研发设计、试验验证到加工制造、售后服务的完备研制体系，成功研制F级50兆瓦重型燃气轮机、13兆瓦海上风电机组等一大批“大国重器”。

第七，构建国资、民资、外资在内的大、中、小企业融通创新机制。生态创新方面，要构建国资、民资、外资在内的大、中、小企业融通创新的生态体系，推动大、中、小企业协同创新、融通发展。实现资源共享和优势互补，提高整个产业创新能力与竞争力。国家电投现在牵头的国家科技重大专项重型燃气轮机的研发，有合作关系的有198家企业，其中民营企业签有关合约的就有92家，超过了46%。

地处菏泽的牡丹国际商品交易中心，就是国企与民企依托互联网共同打造的产业生态链。2018年从大蒜开始进而扩展到多个农产品领域，探索形成“农户（种植）+公司（仓储）+平台（交易）+监管（保金）+技术（保障）”的供应链，为助力乡村振兴、促进农民增收贡献“国企改革力量”。

第八，推动国有企业融入全球创新网络的鼓励机制。一是鼓励国有企业参与全球创新。支持国有企业以“一带一路”沿线经济体为重点，探索基于重大科技基础设施、一体化技术转移网络、跨国孵化联合领投、国际科技合作园区共建的科创孵化新模式。二是优化国民合作创新出海机制。在部分领域放宽海外投资审核审批，允许国有企业以低于15%的比例参股设立海外实体机构，不保留特殊管理股，实施差异化监管，开展“国民合作创新出海”专项行动。

第九，变革推进新质生产力的监管考核机制。在高标准国资监管体制改革中激发新质生产力形成的内生动力，激励企业新质生产力的增长，要解决单纯重视经济增长而忽视科技增长的难题，把科技投入与经济投入挂钩，做好顶层设计，形成实实在在的动力机制。企业位于生产前沿并掌握第一手生产需求信息，能够因时因地因企进行权变性决策、针对性投资，因此新质生产力的形成需要以企业为创新主体和投资主体。应当更好地发挥国有资本投资运营公司的功能和作用，按照“一企一策”实施授权放权，围绕新质生产力设置针对性、个性化考核指标。健全国资监管体制，认真履行国有企业出资人职责，加强规划投资、产权管理、考核分配等各环节监管，切实防止国有资产流失、促进国有资产保值增值，保证国有企业在有效投资中形成富有竞争力的新质生产力。

第十，以新质生产力为标准，形成国有企业家造就机制。新质生产力是一种创新生产力，也是一种带有冒险特征的生产力。这种生产力要求弘扬科学家精神和企业家精神，营造鼓励大胆创新的良好氛围。新质生产力为企业与社会的高质量连接和国有企业形象重塑提供了“新思路”。国有企业形象重塑的目标方向是彻底改变利益相关方和社会公众对国有企业的刻板印象，转变为焕然一新的新国企形象。在我国，宋志平、宁高宁、刘明忠、刘汉元等企业管理大师一致认为，企业家精神的内核是创新进取精神。风险投资号称“刀尖上的舞蹈”，企业家的决断极其重要。盐城东方集团作为地方国企中运用资本和基金优势布局产业投资的先行者和领头羊，在2016年购置了位于上海北外滩的中信广场等6.7万平方米优质房产后，又转入新兴产业，打造“上海研发基地+盐城产业基地”的“双基地”招商模式。深耕半导体、新能源等市场化投资赛道，有中微半导体、澜起科技、海尔生物医疗、拓荆科技、富创精密、星环科技、云天励飞、康希通信等8个项目科创板上市，历年累计实现投资收益回报约41亿元，产业招投模式被江苏省委改革办作为制造强省建设改革创新案例通报表扬。与高手同行、与强者过招，盐城东方集团从投资界的“小学生”“跟班生”逐渐成长为“好学生”“优等生”，重要原因是以董事长王旭东为代表的企业家大胆改革、勇于冒险、敢于创新、谨慎操作，造就一支从实战中摔打成长起来的产投入队伍，从而跟上新质生产力的时代潮流，为中国式现代化写下国有企业投资运营公司的新篇章。

第十一，以新质生产力的范式革命，形成新质生产力的文化管理机制。新质生产力将会引起观念的变化，可能会形成新的范式、新的业态、新的技术、新的产品、新的队伍、新的品牌、新的文化。整个管理体系都可能会发生变化。管理的作用在现代社会越来越重要，越来越受到人们重视，成为生产力的构成要素之一。管理是生产力中最为抽象的要素，是一种无形的“黏合剂”，将各种生产力构成要素联系起来。“人”是生产力的本质，这个“人”是通过生产关系联结起来构成的人的“集体组织”。只要有集体组织存在，就需要管理活动。西方现代国家在发展市场经济、发展新质生产力过程中，管理范式有值得我们学习之处，但更重要的是要把我们自己新质生产力的经验、规律总结出来。

第十二，以高质量党建引领保障国有企业增强核心功能，承担核心功能。服务国家战略既是国有企业的天然使命，也是有别于民营企业的突出特征。强化国有企业核心功能，需要坚持党建引领，突出补短板强弱项、突出规范化制度化、突出职能作用发挥，聚焦“两个维护”加强党的政治建设、聚焦“选育管用”建强干部人才队伍、聚焦压实责任夯实党建基层基础、聚焦凝心聚力抓实宣传思想文化工作、聚焦严的氛围强化正风肃纪反腐，在产学研、上下游党建联建共建中全面系统提升党建质效，为国有企业形成新质生产力提供根本保证。中广核环保产业公司探索党建与发展新质生产力更好融合的路径，有效解决“两张皮”现象，创建“新质环保先锋”党建品牌活动。他们研究提出打造“两型、两强、两优新质环保先锋”党建品牌，“两型”即“学习型”和“创新型”，是品牌创建的导向，“两强”即“能力建设强”和“奋斗精神强”，是品牌创建的基础；“两优”即“经营业绩优”和“品牌形象优”，作为品牌创建的最终目标。直面公司长期积累及新出现的突出矛盾和难点问题，围绕新模式、新技术、新主体全面提升环保新质生产力，推进战新产业布局突破。按照方案宣贯、示范培育、选树推广、整体打造四个阶段推进，发挥党建品牌在绿色发展、新质生产力的实效。

第五节　深化国企科技人才体制改革

习近平总书记在2024年1月31日强调，发展新质生产力，必须进一步全面深化改革，形成与之相适应的新型生产关系。要深化经济体制、科技体制等改革，着力打通束缚新质生产力发展的堵点卡点，建立高标准市场体系，创新生产要素配置方式，让各类先进优质生产要素向发展新质生产力顺畅流动。同时强调，要按照发展新质生产力的要求，畅通教育、科技、人才的良性循环，完善人才培养、引进、使用、合理流动的工作机制。科技体制改革与人才培养、引进、使用、合理流动的工作机制，作为新型生产关系的重要内容。

新质生产力，归根结底是由科技进步所驱动的生产力形态。要培育新质生产力，加快形成新质生产力，就需要构建一整套适合于新质生产力发展的科技创新与人才体制。

从国家层面上讲，要从五个方面努力。一是要不断完善知识产权保护制度和知识产权交易体系。二是要为企业和个人实现技术创新提供创新性的金融制度和金融手段。三是要为国家科技创新制定完备的国家战略，对国家支持科技创新进行顶层设计，并采取高效、灵活的财政手段支持科学研究和企业科技创新。四是要高度重视人力资本培育。五是要高度重视基础研究。

这里突出讲第五个问题。世界创新大国无一不重视基础研究，用各种方式鼓励自然科学和社会科学的基础研究，而不仅仅是重视那些可以带来短期利益的应用型研究。在投资方面，当前起决定性作用的基础研究的投资。现代科学的发展，是一个立体架构，包含三方面内容：基础研究、应用研究、面向市场的开发研究。一个国家的综合科技实力，也是由这三个方面所决定的。但凡有一项存在短板，那么它的科技实力就是偏颇的。20世纪三个伟大的发现，无线电、计算机和互联网为什么都出现在美国，一个重要原因就是美国的基础研究、应用研究以及开发研究都非常强大。尤其值得一提的是，在基础研究方面，美国一直保持着高度关注并不惜重金投入。第二次世界大战后，美国创办了国家科学基金会（NFS），为其基础研究提供了源源不断的资金支持。为什么美国这么重视基础研究？因为基础研究决定了它在原创科学研究领域的发展水平，决定了它能诞生多少原始创新，当“原始创新”不断滚雪球壮大，后面的应用研究和开发研究也会随之壮大。如此一来，美国的科技实力自然会日益增长。而中国的短板恰恰就在于对基础研究和基础学科缺乏正确的认识。近几年科技领域的创新尤其如此：像国家看准的，以国家财力为支撑的，集中力量办起来的工程，它们的发展都是比较明显的，比如我国的高铁、航空航天。但如果缺少了基础研究的部分，我们更多地偏向于一些追赶型的科技创新，也就是在别人已有的技术基础上做一些局部突破，反正目标在那，不惜代价，举国之力，怎么都能取得一些成绩。可真正的原始创新是需要想象力的，基础研究薄弱，我们的原创能力就始终上不来，就好比别人是从头做起，而你只能拿过来做一些局部上的改进，但这是暂时的、是不可持续的。当然，在国家一开始的阶段，我们需要这种模仿、这种迭代，需要这种“从1到100”的创新。但是今天，中国已经成为世界第二大国，我们更需要的是“从0到1”的原始创新。这才是决定一个国家竞争力的根本。目前，我国的基础研究重视的是最尖端的智能制造和信息科学技术，其基础正是所谓的“算法”，也就是数学等基础学科，如果不重视数学、物理学这样的基础学科，一个国家就难以跻身最尖端的智能制造大国之列。要处理好基础层面的创新和应用层面的创新关系，当前，我国还要在基础创新层面上加大支持力度，而不是仅仅着重于应用层面。我们要支持长期创新，在国家支持体系上有长期眼光。基础层面的创新往往是长期的、耗资巨大的、回报周期很长的，是一场持久战，在支持长期创新中，要发挥国家的力量，发挥中国特有的体制优势——集中力量办大事。

从国有企业层面讲，则需要从“打通束缚新质生产力形成的堵点卡点”入手。国有企业虽然在原创技术策源地建设方面取得了一些成果，但是绝大多数领域中央企业在创新产出和创新生态上均与一流企业存在差距。我们分析认为国有企业打造原创技术策源地主要面临三个方面的问题。

体制机制制约，部分企业“不敢投”。与其他所有制企业相比，国有企业存在更多的管理和决策层级，这既形成了决策科学、规避风险的优势，也造成了国有企业在重大研发和项目投资环节需要层层上报、逐级审批，决策过程漫长的现实问题，使不少企业研发、转化错过“进入”和“退出”的最佳时机，还使各个管理层级的风险规避情绪向下传导、放大，最终削弱基层决策的“创新冲动”。国家发展改革委经济研究所课题组2022年8月对782家国有企业的调研分析表明，面对复杂的国内外环境，六成国有企业市场预期转好，但在创新方面有一半“不敢干”，其中绩效考核过严、遗留问题过多和审计巡视追责是主要原因。

创新动力不足，部分企业“不想干”。一方面，虽然大量国有企业均不同程度地采取了员工持股、股权和分红激励等中长期激励方式或者工资总额单列、一次性研发激励等激励措施，并优化了绩效考核方式，但由于制度环境仍然存在重眼前、轻长远，重显绩、轻潜绩，重表内、轻表外的问题，科技研发人员付出与回报不对等，未与企业形成“陪伴型”“奋斗型”事业共同体，弱化了国有企业研发人员的创新动力。另一方面，国有企业在生产要素、市场资源等的配置方面往往获得“政策性青睐”，这固然有利于提升国有企业的短期绩效，但从长期来看也会因为这种“躺赢”现状而削弱其创新的内在动力。例如，一些国有企业在某些领域存在技术劣势，但凭借自身可垫资、低利率、有队伍的优势依然可以赢得业务、占领市场，导致了部分国有企业出现“不用创新也能赢”的创新惰性。

创新生态不优，部分企业“不能投”。尽管国有企业具有规模优势，但在基础研究方面，国有企业承担定向基础研究和应用基础研究的比例偏低。以2020年为例，我国高等学校、研究与开发机构获得基础研究经费占批复基础研究经费总额的比例分别为49.4%和39.1%，企业仅为6.5%，而美国、日本、韩国、意大利基础研究经费由企业执行的比例分别为32%、47%、58%和23%。产业链生态方面，国有企业国际化创新合作有待进一步加强。多数国有企业经受国际市场的考验不足，面临比较严重的技术、标准等壁垒。例如，我国电力企业在与西门子、GE等国际先进企业竞争时，竞争对手利用我们没有业绩的非标准产品来设置门槛限制我国企业，导致我国企业无法应用国产设备，在竞争中处于劣势。

问题找到了，就要针对问题回答与解决问题。解决国有企业科技创新与人才机制问题需要从多方面努力。

第一，立足“国之大者”，系统谋划国有企业科技导向的体系化基础研究。当前，国际科技竞争的焦点正逐渐转向创新链上游，学科相互交叉、融合渗透的趋势日益显著。战略导向型基础研究应面向国家重大需求，坚持问题导向和目标导向，集中优势资源开展跨领域、跨学科协同攻关。首先，要以科学规划、明确可行的中长期规划为引领，解决子项目分散孤立、各自为战的问题，这是建立有效管理机制的基础。其次，要以阶段性战略目标为抓手，布局实施一批国家重大科技专项，推动做好专项顶层设计和重大标志性成果的实现，这是保障战略目标实现的关键。最后，还应依托国家战略科技力量，发挥新型举国体制的优势作用，以“大兵团”体系化协同作战方式联合攻关，构建“专项牵头单位—成员单位—项目承担单位”的管理架构，确保科技资源投入的有效性，提升产业链供应链的韧性和安全水平。一些企业正推动创新链、产业链、资金链、人才链四链融合，充分发挥科技创新在发展新质生产力中的主导作用。东方电气集团组建“科研统筹机构”，在责权明晰的基础上，实现科研项目、资源和人才统筹；中国中车集团通过组建联合研发团队、建立协同研发机制并单列专项奖励等措施，强化内外部跨企跨域联合研发；中国五矿按照“不变体制变机制”的思路，成立“虚拟中央研究院”，有效整合成员单位创新资源。

第二，立足“科技前沿”，建立健全国有企业推行基础研究的新机制。当前，我国某些领域已经由科技创新的“跟随者”逐渐转变为“领跑者”，前沿导向型基础研究应明确科技资源投入导向，关注长远发展潜力。一是发挥企业出题人作用。鼓励更多企业立足产业发展需要，当好原创技术出题人，推动创新链更紧密地围绕产业链布局，解决产业发展前沿性问题。二是当好基础研究答题人，加大专利转化应用率考核，推动原创技术走出实验室，走向工业生产，提升应用研究和共性技术研究能力。

第三，打通科技成果转化堵点，推动潜在生产力转化为新质生产力。提高科技成果转化率，推动科技成果从“科研”融入“产业”，需要解决“没人转”“没钱转”“没平台转”等问题。首先，要优化人才供给结构。科技成果转化需要懂政策、懂技术、懂市场、懂经营的高素质复合型人才。因此，建设一批职业技术经理人队伍，有效配置科技资源，是带动科技成果转化和产业化水平提升的重要支撑。同时，围绕集成电路、智能装备、信息技术、新材料等概念验证项目需求较大的硬科技高精尖产业领域，引导行业领军企业、国家级孵化器等专业机构在高校院所附近或科技园区，建设行业共性科技成果中试服务基地，是形成创新产业集群效应的有效载体。

第四，深化国有科研院所转制企业体制机制改革。一是对科研院所转制企业开展大评估、大清理、大走访，对不完全适宜企业化运营的，分步分批允许部分单位构建新型研发机构。二是在国有科研院所转制企业开展“事业合伙人”建设试点，进一步提升管理层及核心骨干持股比例，打造事业共同体。在打造过程中，国有企业完善产学研合作方式，开展长期研发项目合作。例如，中国华能创新研发合作模式，设立首只10亿元规模科创基金，组建650℃高温材料、超临界CO_2循环发电等4个创新联合体，多项自主创新成果引入市场化机制。

第五，增强创新动力，深化国有企业职务科技成果权属权益改革。一是构建“定向转化+自主转化+强制转化”体系。出台支持国有企业加速科技成果转化的专门政策，在创建世界一流示范企业中开展科技成果转化加速试点行动，探索健全重大战略成果定向转化、先进研发成果市场转化、长期未转化成果强制许可转让的转移转化新体系。二是优化推进国有企业职务科技成果所有权改革。允许国有企业探索多种“权益让渡”方式，在资产单列管理实践的基础上制定适用科技成果等无形资产的国资管理规定。

第六，立足“深化科技评价改革”，制定完善的科技成果分类评价指标体系。对基础前沿类、市场导向型等不同类型机构和科技成果，以是否实现核心技术突破、是否产生经济社会效益等为核心，加快研制科学可行的分类评价指标体系。推动成果评价与经费分配使用紧密挂钩。构建基于认同的长期研究支持机制，建立健全科研成果追溯认可机制，解决颠覆新技术认可滞后的问题，支持科技人员在基础性、公益性研究方向和“冷门”领域持续研究。

第七，优化创新生态，强化国有企业协同创新能力。一是建立健全国有企业牵头攻关协同创新机制。开放国有企业内部需求和场景，通过“揭榜挂帅+订单匹配+失败补偿”的方式支持各类市场主体参与协同创新。二是依托“链长制”推动“联合体”改革升级。以产学研用、大中小微、国有民营、军工民口、国内国外的协同创新为重点，推动协同创新效能提升。强化对国有企业带动民营企业创新的评估考核。

第八，通过加强标准化，加快形成新质生产力。必须加快实施国家标准化战略，用标准化支撑数字化转型，走好标准化推动形成新质生产力之路。一是加快组建标准研制“先锋队”。二是加快形成标准化建设“示范点”。三是加快成为标准研制“领跑者”。四是加快打造标准化“共同体”。五是促进我国标准化体系与国际标准相兼容，尤其要瞄准“数据+算法+算力”，从通信技术到“新基建”等方面开展关键标准的研制，加快制定基础软件、集成电路、通信与网络、核心元器件、量子通信、应用电子、虚拟现实等数字化产业的关键技术标准。

第九，加快完善知识产权保护政策法规体系。适度扩展知识产权保护客体范畴，部署数据、算法、商业模式等保护机制研究，进一步界定和明确权属；在未来商业秘密等的立法中，完善新业态智力成果保护顶层设计；针对数据权属、数据隐私和数据安全等核心问题，及时发布司法解释、制度规定和实施细则，防止侵权和技术外流。持续提升重大知识产权风险协同应对能力。引导行业建立知识产权管理体系，引导企业开展知识产权布局。

包容鼓励创新的环境，是当前重要一环。国务院国资委正在进一步完善国有企业科技创新体制机制，打通发展新质生产力的堵点卡点。各家央企所处行业、发展水平不同，创新生态有无通用“解题思路”？从实践经验看，从内外体系、考核激励、宽容失败、应用场景等四个方面攻坚发力，是当前完善科技创新体制机制、构建良好创新生态的重要内容。

考核激励方面，国务院国资委正率先创新示范。比如在新能源汽车领域，国有汽车企业发展还不够快。但企业布局新能源汽车，一开始投入大，如果考核当期利润，就不利于企业全速推进。为此，国务院国资委调整政策，对3家中央汽车企业进行新能源汽车业务的单独考核，考核技术、市场占有率以及未来发展，破除限制企业发展的机制障碍。

应用场景方面，国资央企正积极推进“三首”推广应用。国有企业要带头优先使用首台（套）装备、首批次材料、首版次软件等自主创新成果，积极提供应用场景、试用环境。目前，至少有66家中央企业建立了“三首”采购绿色通道，还未建立的企业在加快建立，做到畅通管用。

第十章

因地制宜发展新质生产力的科学方法

党的二十届三中全会提出，“健全因地制宜发展新质生产力体制机制”。并且提出“深化国资国企改革，完善管理监督体制机制，增强各有关管理部门战略协同，推进国有经济布局优化和结构调整，推动国有资本和国有企业做强做优做大，增强核心功能，提升核心竞争力”。

从新质生产力的提出到实施，我们可以清晰地看出，习近平总书记在提出“为什么”“是什么”问题的同时，指出新质生产力发展中应当注意的问题，回答“怎么干”的问题。国有企业作为新质生产力的中坚力量，要振奋精神，在发展新质生产力的伟大变革中实现国企的变革，造就中国特色的新国企。

第一节　因地制宜发展新质生产力的基本要求

发展新质生产力写入2024年《政府工作报告》，并被列为2024年十大工作任务的首位。两会开始时，习近平总书记在江苏代表团“因地制宜发展新质生产力”的讲话，在新质生产力发展全面启航时刻，为加快形成新质生产力、推进高质量发展提出科学的方法论与行动指南。从整体上深刻理解习近平总书记关于新质生产力的重要论述，对我们自觉推进新质生产力有重要意义。

两会开始时，习近平总书记首次出席座谈会的讲话常常起着“一槌定音”的作用，为两会指方向、定基调。在2024年全国两会连续三天陈述对新质生产力的看法，显示出习近平总书记推进新质生产力的坚强决心，也是习近平总书记指导国家经济发展的重要方法，对两会有方向引领作用。

2023年，习近平总书记参加江苏代表团讨论时的标题是《习近平在参加江苏代表团审议时强调牢牢把握高质量发展这个首要任务》，重点讲述新理念与高质量的关系。

2024年，习近平总书记参加江苏代表团讨论时的标题是《习近平在参加江苏代表团审议时强调因地制宜发展新质生产力》。此前，习近平总书记指出，“发展新质生产力是推动高质量发展的内在要求和重要着力点”，表达了对加快发展新质生产力的重视。

值得关注的是，2023年两会第一次讲话是3月5日下午在江苏代表团，2024年3月5日下午也在江苏代表团。

2023年7月，习近平总书记到江苏考察时说“江苏一直是我的关注点、调研点和研究点”。“我对这里的关注，始终是进行时”。连续两年在江苏代表团发表讲话，自然表明对江苏的重视，也寄希望江苏在新质生产力与高质量发展方面走在全国前面。

习近平总书记参加江苏代表团讨论时着重指出新质生产力发展中应当注意的问题，回答怎么发展的问题，主要是讲的科学方法。习近平总书记讲了四层意思：

第一层意思，为什么要发展？“要牢牢把握高质量发展这个首要任务，因地制宜发展新质生产力。”发展新质生产力，是在高质量发展背景下提出来的，这是必须强调的。

第二层意思，发展什么？“面对新一轮科技革命和产业变革，我们必须抢抓机遇，加大创新力度，培育壮大新兴产业，超前布局建设未来产业，完善现代化产业体系。”落脚点在现代化产业体系。

第三层意思，怎样发展？“要防止一哄而上、泡沫化，也不要搞一种模式。各地要坚持从实际出发，先立后破、因地制宜、分类指导，根据本地的资源禀赋、产业基础、科研条件等，有选择地推动新产业、新模式、新动能发展，用新技术改造提升传统产业，积极促进产业高端化、智能化、绿色化。”

第四层意思，发展结果，“要谋划进一步全面深化改革重大举措，为推动高质量发展、推进中国式现代化持续注入强劲动力。”

总体上来看，习近平总书记在江苏代表团讲话的四层意思具有完整性特征。重点是回答怎样发展的问题，提出发展的方法论。反映了习近平同志历史辩证法和唯物辩证法的思维方法，为发展新质生产力提供了科学的方法论。

习近平总书记在两会上重点在三个代表团讲新质生产力：

3月5日，习近平总书记在参加江苏代表团审议时强调，要牢牢把握高质量发展这个首要任务，因地制宜发展新质生产力。

3月6日，习近平总书记看望参加全国政协十四届二次会议的民革、科技界、环境资源界委员，并参加联组会，听取意见和建议。重点讲科技界委员和广大科技工作者培育发展新质生产力的新动能。

3月7日下午，习近平总书记出席人大解放军和武警部队代表团时指出，从实际出发，大力推进自主创新、原始创新，打造新质生产力和新质战斗力增长极。

三天参加三个代表团讨论，主题是新质生产力的落实问题，一个是先进地区，一个是重要人群，一个是关键领域。习近平总书记参加两会如此集中地讲一个问题，使得2024年两会的主旋律显得集中而突出。这次两会讲新质生产力的重要性与意义，侧重点包括三个问题：

因地制宜的方法论。“要防止一哄而上、泡沫化，也不要搞一种模式。各地要坚持从实际出发，先立后破、因地制宜、分类指导，根据本地的资源禀赋、产业基础、科研条件等，有选择地推动新产业、新模式、新动能发展，用新技术改造提升传统产业，积极促进产业高端化、智能化、绿色化。”

创新活力和潜力的人才论。“要进一步增强科教兴国强国的抱负，担当起科技创新的重任，加强基础研究和应用基础研究，打好关键核心技术攻坚战，培育发展新质生产力的新动能。”“要务实建言献策，助力深化科技体制改革和人才发展体制机制改革，健全科技评价体系和激励机制，进一步激发各类人才创新活力和潜力。”

交叉融合的发展论。“把新兴领域改革作为进一步全面深化改革的一个重点突出出来。”“新兴领域发展从根本上说源于科技的创新和应用。要增强创新自信，坚持以我为主，从实际出发，大力推进自主创新、原始创新，打造新质生产力和新质战斗力增长极。”“要把握新兴领域交叉融合发展特征，加强集成创新和综合应用，推动形成多点突破、群体迸发的生动局面。”

这三个问题本质上都是讲的方法论，属于新质生产力的落实问题。在新质生产力发展全面启航时刻，为加快形成新质生产力、推进高质量发展提出科学的方法论与行动指南。2023年9月后的半年，习近平总书记重点讲发展新质生产力的“为什么”“是什么”问题，这次在两会上的讲话，着重指出新质生产力发展中应当注意的问题，回答“怎么干”的问题。从提出到实施过程，我们可以清晰地看出一条脉络。

第一阶段，思想孕育阶段。自党的十八大以来，习近平总书记对新兴产业、未来产业与科技创新问题发表一系列讲话。为新质生产力的提出奠定了坚实的基础。

2013年9月30日，习近平总书记在十八届中央政治局第九次集体学习时讲道：“即将出现的新一轮科技革命和产业变革与我国加快转变经济发展方式形成历史性交汇，为我们实施创新驱动发展战略提供了难得的重大机遇。”在3月7日军队代表团讲话时习近平总书记说：“党的二十大后，党中央从推动高质量发展全局出发，明确提出加快发展新质生产力。”其实，在2023年4月13日习近平总书记视察南海部队时就提出，要大力发展新型作战力量和手段，把握新质战斗力建设特点规律，推动新装备新力量加快形成实战能力。要坚持体系建设、体系运用，深入破解短板弱项，推动作战体系整体升级。“新质战斗力”的提出，实际是新质生产力的“前奏”。

第二阶段，概念提出阶段。2023年9月，在黑龙江考察时提出了新质生产力的重要概念。

第三阶段，进入决策阶段。2023年12月，在中央经济工作会议上，新质生产力作为一个重要的思路，第一次出现在中央文件上。

第四阶段，理论形成阶段。2024年1月31日，习近平总书记在中央政治局会议上对新质生产力理论进行了充分阐述，提出新质生产力的概念、内涵、本质、特征、作用、意义与实施路径。新质生产力理论与发展思路形成完整的体系。

第五阶段，部署阶段。在《政府工作报告》中，新质生产力理念被贯彻到各项工作中。在这次会议上，习近平总书记提出了新质生产力贯彻落实的方法和要求。这一阶段的开展，标志着新质生产力从萌芽、提出、确立、部署到实施的过程。

2024年3月20日，习近平总书记在湖南主持召开新时代推动中部地区崛起座谈会时强调，在更高起点上扎实推动中部地区崛起。以一个很长段落讲述新质生产力内容，把这场战役引向“产业创新”战场。习近平总书记指出:“要以科技创新引领产业创新，积极培育和发展新质生产力。立足实体经济这个根基，做大做强先进制造业，积极推进新型工业化，改造提升传统产业，培育壮大新兴产业，超前布局建设未来产业，加快构建以先进制造业为支撑的现代化产业体系。更加重视科技创新和产业创新的深度融合，加强重大科技攻关，增强产业创新发展的技术支撑能力。强化企业创新主体地位，构建上下游紧密合作的创新联合体，促进产学研融通创新，加快科技成果向现实生产力转化。深入实施制造业重大技术改造升级和大规模设备更新工程，推动制造业高端化、智能化、绿色化发展，让传统产业焕发新的生机活力。”

这次关于新质生产力的讲话，表明新质生产力的重点是科技创新引领产业创新。重视改造提升传统产业，当前的重点是加快构建以先进制造业为支撑的现代化产业体系。以企业为创新主体，以科技创新和产业创新的深度融合为路径，这一段讲话的结束语落在传统产业焕发新的生机活力上。

从整体上看，这次湖南讲话重点讲的是新质生产力的工作逻辑“高质量　新质生产力　现代化产业体系　科技创新　产业创新　传统产业　制造业转型升级　企业创新主体　现实生产力转化　技术改造升级、大规模设备更新—高端化、智能化、绿色化发展”。这个链条从高处走下来，层级是非常清晰的。

从宏观上看，这次湖南讲话是习近平总书记关于新质生产力重要论述的第六阶段——实施阶段。

贯彻落实阶段的开展，标志着新质生产力从孕育、提出、确立、成熟、部署到实施全过程。两会以后，中国经济迈入发展新质生产力新的阶段，进入全面贯彻、全面推行、全面落实的阶段。

一切事物发展都有它的生成与发展规律，受规律所支配，并且体现规律的完整性。习近平总书记在江苏代表团的讲话，是对前一阶段新质生产力重要论述的补充，可以看出完整的方法论思路正在形成。就是：要从实际出发，不要从愿望出发；要先立后破，不要先破后立；要重视新旧并进，不要放弃传统产业；要扎实推进，不要泡沫化；要因地制宜，不要一哄而起；要分类指导，不要搞一种模式；要根据条件实施，不要违背条件。

强调因地制宜，从实际出发谋划事业和工作，是习近平总书记始终强调的重要方法论。因为各地资源禀赋不一，产业基础迥异，发展新质生产力注定不能套用同一个模式，必须立足实际，因地制宜。因地制宜是指根据具体的地理环境、社会经济和文化传统等条件，在实际工作中采取创新、灵活、多变的措施。因地制宜地发展新质生产力，是一种务实、灵活、创新的工作方法，是根据实际情况和具体问题，因地制宜地采取相应的措施和方法，以达到最佳的效果和效益。因地制宜的工作方法和思想，具有创新引领、灵活多变、切实可行、讲究效果、有利于可持续发展的特点。

一件事情就像玉米种子从发芽生长到结出玉米苞的过程一样，逻辑也是这样生成的。要从高质量发展大局中深刻领悟习近平总书记在江苏代表团的讲话，要朝高处看，朝深处看，从思想体系上、发展过程中弄清楚其中的历史逻辑、理论逻辑、实践逻辑。在学习领悟总书记关于新质生产力重要论述中做到明理明智，明理明智是增信、崇德、力行、求效、获得实功的前提。

生产力是推动社会进步最活跃、最革命的要素。新质生产力是创新起主导作用，同时要深刻认识到，它并非由一般性的科技创新所推动，更多的是由具备原创性、颠覆性、融合性且对经济社会发展影响广泛而深远的前沿科技创新所驱动的。在新一轮科技革命和产业变革加速演进、主要国家竞争空前激烈的大背景下，加大创新力度、培育壮大新兴产业、超前布局建设未来产业、完善现代化产业体系等，更需要以时不我待的紧迫感加快推进。这是赢得发展主动权的必然选择。

事关重大，形势紧迫，就不能犯方向性的错误，贻误发展时机。脱离实事求是、因地制宜原则，“什么热门就投什么”，或毫无重点地“撒胡椒面儿”，强行推动战略性新兴产业和未来产业发展，可能会导致项目投资过多、产能过剩严重等现象出现，进而迫使市场陷入内卷，结果不仅发展不了新质生产力，还会对地方经济社会发展产生严重的消极作用。在巩固和增强经济回升向好态势的重要阶段，习近平总书记提出的“要防止一哄而上、泡沫化，也不要搞一种模式”的警醒，极其必要且关键。

第二节　正确处理新质生产力发展中的重大关系

如何发展新质生产力？习近平总书记指出，各地要坚持从实际出发，先立后破、因地制宜、分类指导。为发展新质生产力提供了方法论。

“思想永远走在行动之前，就像闪电走在雷鸣之前一样。”对于新质生产力，走出思维误区，统一认知、协同用力，有助于真正踏上向“新”而行之路，为高质量发展加油添劲。我们对它的认识要避免陷入一些误区。重要的是正确处理新质生产力发展中的一系列重大关系。

一是处理好发展新质生产力因地制宜与全面铺开的关系。发展新质生产力涉及科技创新、产业升级、组织管理、人才引育等多个层面，不同地域有不同打法。假如一味讲求大而全，忽视了各地的个体差异、发展实际，容易埋没了一个地方的发展潜能和优势，贻误发展时机。一方面，各地现有的产业基础、科研条件和人力储备不同，要优化的内容和要攻克的难关自然也应该各有侧重；另一方面，各地都有各自的资源禀赋和长处长项，有针对性地选择与投入，避免跟风行事，是确保新质生产力健康、有序发展的关键。

在2024年的“新春第一会”上，许多省市在提到新质生产力发展战略时，也都结合自身实际情况，突出了因地制宜。例如，浙江聚焦促进创新链、产业链、资金链、人才链深度融合，提出要全力打造高素质干部队伍、高水平创新型人才和企业家队伍、高素养劳动者队伍“三支队伍”；上海作为我国经济和科技发展最具活力的地方之一，提出要坚持以科技创新推动产业创新，聚焦智能化、绿色化、融合化，加快建设现代化产业体系等。

二是处理好发展新质生产力科技创新与诸要素之间的关系。生产力变革是一项系统性、集成性的工程。谋求一场战役的胜利，拥有先进的武器装备固然重要，但战略战术、人员配备和后勤补给也不可或缺。生产力变革上的攻城拔寨亦是如此，需要多要素相互配合、一体推进。正如中央财办有关负责人所说，新质生产力是由技术革命性突破、生产要素创新性配置、产业深度转型升级而催生的当代先进生产力，它以劳动者、劳动资料、劳动对象及其优化组合的跃升为基本内涵，以全要素生产率提升为核心标志。

发挥科技创新的支撑引领作用，多管齐下培育新型劳动者、创造新型生产工具、拓展新的劳动对象，促进新质生产力诸要素实现高效协同匹配。作为生产力的最新形态，新质生产力超越了传统地理空间范畴的场域维度，依托互联网、大数据、人工智能、深地深海深空等现代技术以及各类新型基础设施，在天、地、空、网等立体连接的开放场域快速拓展延伸、融合跃迁，特别是数据作为重要生产要素，本身就孕育于生产过程和人类社会活动之中，具有快速传播、极速反馈、有机融合的天然属性。

三是处理好发展新质生产力快速进展与循序渐进的关系。生产力是人类社会发展的根本动力。这一社会发展的根本规律，独立于人们的主观愿望而存在，我们必须尊重规律。新质生产力发展要适时，要注意避免犯方向性的错误，不能不按规律办事，一哄而上，造成泡沫化、内卷化。比如，倘若忽视产业规律和自身条件跟风追热，什么热门就干什么，盲目上马"高大上"的新兴项目，不顾实际地推动战略性新兴产业和未来产业发展，就可能会导致重复建设、产能过剩等问题，反而不利于地方经济社会长远发展。发展新质生产力既不能好高骛远、急于求成，也不能饮鸩止渴、杀鸡取卵，说到底还是要实事求是，准确把握规律、科学运用规律，结合本地实际情况有条不紊地去推进，这样才是完整、准确、全面领会和贯彻中央的决策部署和战略意图。

四是处理好发展新质生产力和传统生产力之间的关系。要树立“先立后破”的思维方法。统筹推进新质生产力和传统生产力二者发展，及时将科技创新成果应用于具体产业和产业链，一手抓培育壮大新兴产业和布局建设未来产业，一手抓改造提升传统产业，建设具有完整性、先进性、安全性的现代化产业体系。新质生产力之所以能向“新”而行，是因为它代表新兴技术，能够创造新价值并形成新兴产业。但这并不意味着片面追新求新，只看到摆脱传统的经济增长方式与生产力发展路径，而忽视甚至放弃了传统产业。比如，把钢铁、石化、有色、建材等传统产业等同于夕阳产业、落后产业。再如，发展新质生产力要靠战略性新兴产业和未来产业，于是支持传统产业转型升级的资金投入越来越少，甚至弃之不顾。

实际上，新质生产力代表了一种方向，往这个方向跑肯定是对的，但并不是要将创新与守正对立起来，也不是把传统产业与新质生产力对立起来。这两者的关系，其实也是中央经济工作会议确立的“立”与“破”的关系，“先立后破”绝不能成为“只立不破”。在“育新枝栽新苗”的同时，也离不开“老树发新芽”，更何况，“老树”还是我们的老本，是根系所在。我国传统制造业是工业经济的主体，占比超过80%。因此，一方面，新兴产业要培育壮大，在量子技术、生命科学等新赛道上奋力奔跑；另一方面，传统产业也需升级，在稳住基本盘的基础上，聚焦产业高端化、智能化、绿色化。

五是处理好发展新质生产力自主创新和开放创新之间的关系。坚持自主创新与开放创新协同共进，在开放环境下大力推进自主创新，用好全球创新资源，加快建设具有全球竞争力的开放创新生态。生产力发展历程与全球开放水平提升是高度吻合、高度同步的，并且随着世界交流交融深度、广度、强度等的不断深化拓展，生产力传导延伸的场域得以拓宽，生产力演变迭代的周期得以缩短。

近几年，中国一些高新技术企业在海外发展时的遭遇让许多人意识到，当前国际上还存在相当程度的保护主义和技术壁垒，若要在关键技术上不被

“卡脖子”，唯有自立自强。

不过，追求科技创新的自立自强，绝非自己做自己，关起门来搞科技，“闭门造车”只会导致故步自封、止步不前。它是冀望也是目标，有益于促进这个目标实现的方式方法都值得去尝试，各种“门路”都努力去闯一闯，该交流交流、该合作合作，他山之石也可为我所用，从而将发展的主动权牢牢掌握在自己手中。

现在国际上的许多前沿技术值得我们学习借鉴，科学研究也只有走出去，与更多新思想交流、碰撞，才更有利于自身取长补短、加速进步。如今全球正历经新一轮技术变革和产业变革，这是我国实现技术追赶的一个机会。习近平总书记指出，越是面临封锁打压，越不能搞自我封闭、自我隔绝，而是要实施更加开放包容、互惠共享的国际科技合作战略。从全国来看，无论是中央经济工作会议确定的2024年经济工作重点，还是《政府工作报告》明确的2024年政府施政重点，“扩大高水平对外开放”都摆在重要位置。通过在全球范围内优化资源配置发展新质生产力。在全球化时代，生产要素跨境流动和科学技术的国际交流是新质生产力形成的重要路径。要通过高质量的“引进来”和高水平的“走出去”促进新质生产力的发展。要积极鼓励并创造条件支持科技、教育领域的国际交流，广泛吸收人类文明和创新成果，为我国新质生产力的发展提供新动能。

六是处理好生产力和生产关系之间的关系。形成适应新质生产力发展要求的新型生产关系，充分发挥市场在资源配置中的决定性作用，更好发挥政府作用，加快构建有利于新质生产力发展的体制机制。因而，不能简单地把新质生产力等同于新发明和新技术，而是要在抓住科技创新这个核心动力的基础上，再给它配备其他“装置”和“支架”，多种要素相辅相成、共同发力。比如，进一步全面深化改革，不断破除体制机制性束缚，打通发展新质生产力的堵点、卡点。又如，根据发展新趋势动态调整策略，激发劳动、知识、技术、管理、资本和数据等生产要素活力。再如，发展新能源汽车，国务院国资委调整政策，对3家中央汽车企业进行新能源汽车业务的单独考核，即考核技术、考核市场占有率、考核未来的发展。通过国资监管机制的改革，破除一些影响高质量发展的体制机制障碍。激励企业大胆创新，打开新的局面。

因地制宜发展新质生产力，落子在“实”，特点在“新”，关键在“优”。各地要察实情、出实招、求实效，挖掘区位优势，培育各具特色的先进产业集群，加快发展新质生产力。

第三节　党领导下的新型举国体制提供政治保障

党的二十大报告指出，中国式现代化，是中国共产党领导的社会主义现代化，既有各国现代化的共同特征，更有基于自己国情的中国特色。从唯物史观来看，上层建筑最核心的功能是保护其经济基础，中国共产党是先进生产力的代表，必然要保护由先进生产力和先进生产关系共同组成的经济基础。中国式现代化首先是生产力高度发达的现代化，是高质量发展的现代化。走中国式现代化道路，加快新质生产力发展的步伐。坚持中国共产党的领导，完善中国共产党领导下的新型举国体制是发展新质生产力的应有之义。

第一，党对科技创新体系和现代产业体系的顶层设计是新质生产力发展的根本遵循。新质生产力的萌发依靠科技创新体系和现代产业体系的成熟完善，构建科技创新体系和现代产业体系涉及多方面的生产力要素和资源，需借助超大规模的资金投入和团队协作。因此，亟须高效的组织能力和合作机制，加大顶层布局力度，为发展新质生产力提供宏观指导。在这一复杂的过程中，市场主体单凭经济手段通常无法形成统筹各种创新力量的能力，因此，必须由党和政府承担。党和政府发挥顶层设计、资源调动、统筹协同功能的过程，就是建立和完善新型举国体制并发挥其作用的过程。从中央层面布局好战略性新兴产业和未来产业，防止一哄而上，造成资源浪费、项目重复建设等问题。当前，中央层面应做好相关顶层设计规划，发挥好有为政府的作用，对一些项目的审批等应进行科学合理的评估，对于各地方应做好相关指导，同时发挥市场和政府的双重资源配置和经济调节作用，减少资源浪费和项目重复建设等问题。通过以上顶层设计，推动形成新产业为主体、传统产业转型升级为方向的现代化产业体系，为加速推动中国式现代化建设提供宏观指导。

第二，党领导下的新型举国体制为新质生产力提供体制保障。党的二十届二中全会审议通过的《党和国家机构改革方案》提出，组建中央科技委员会作为党中央决策议事协调机构，加强党中央对科技工作的集中统一领导。中央科技委员会着眼从最高层组织和调动“举国之力”，提升关键核心技术领域的决策效率与政策执行力，为新质生产力的发展提供最高政治保障与体制。从技术支撑来看，发挥新型举国体制优势在于集中力量建设大科学装置，组建适应未来产业发展需要的新型研发机构，组织重大科研计划，强化国家战略科技力量，大幅提升科技攻关体系化能力，在若干重要领域形成竞争优势、赢得战略主动。从产业支撑来看，发挥新型举国体制优势在于通过国家发展规划、专项规划以及重大工程、重大项目、重大改革等，围绕国家战略需求，超前部署一批事关国家长远发展的未来产业，全国“一盘棋”引导地方政府、各类企业加大对未来产业的支持。

培育新质生产力需要发挥国有经济的中坚作用和新型举国体制的优势。与增强国有企业核心功能的改革相结合，探索新的资源创新和配置机制，加大对重要新科技、新产业、新业态的国家投入，设立相应的国有资本支持基金和经营实体；要完善新的收入分配机制，促进信息、数据、数字处理技术等新要素按其贡献参与分配。此外，加强国际合作与交流，吸收借鉴国际先进经验和技术成果，是中国推动新一轮科技革命的重要途径，这也离不开发挥体制机制和市场优势。

第三，各级党委、政府创新相关体制机制，充分发挥政府产业政策作用。从目前实践来看，我国新质生产力数据、算力等要素的发展适应于工业经济运行的体制机制及政策，已经总体领先于数字经济的生产关系。科学合理的政府产业政策是保障新质生产力形成的重要体制内容。面对日趋激烈的国际竞争，我国必须发挥制度优势，充分发挥好政府产业政策的作用。一是有效发挥政府产业政策的引导、推动作用，通过制定实施科学合理的产业政策，引导生产要素进入智能技术和智能产业领域，加快数智技术的商业化应用和产业生态形成。二是充分发挥政府产业政策对信息通信技术基础设施建设的支持、保障作用，加大对工业互联网、大数据中心、5G、人工智能、云计算、物联网等新型基础设施建设的财政支持力度，夯实新质生产力形成的基础支撑。三是完善产业政策实施配套体系，通过改善知识产权环境、提升政府服务效率、降低税费、优化治理等，为新质生产力的形成营造良好环境。投资科研和创新领域不仅有助研发新的科技成果，更有助于建立完善的创新生态系统，营造有利于创新的政策环境。

第四，各级党委在事关生产力跃升的重大决策中发挥重要的政治把关作用。从地方各级党委和各类企业党委的工作机制来看，在事关生产力跃升的重大决策中，党委具有重要的政治把关作用。新质生产力的产生和发展，一方面，能够促成技术提升和产业升级，促进经济社会健康成长；另一方面，当新质生产力被不合理地运用时，也可能带来不良后果，影响国家安全、社会稳定和人民利益。例如，人工智能、大数据、云计算等先进信息技术的发展，“机器换人”等新一代工业生产理念，可能对就业造成一定冲击。因此，在围绕新质生产力进行决策时，党委更多从政治方向、社会利益、人民福祉、国家安全等方面进行全面权衡和统筹考虑，体现上层建筑校准经济基础发展方向的重要作用。

第五，党的选人用人机制为新质生产力的发展提供人才保障。选择什么样的人、怎样使用人，是推动新质生产力发展的首要问题。中国共产党的人才培养机制为新质生产力的发展提供重要的人才保障。坚持党管人才，关键是把最好的资源配置起来。加强党对人才流动管理工作的领导，加快形成在中央人才工作协调小组领导下，组织部门指导、人社部门负责、相关部门各司其职，协调推进人才流动配置的工作格局。

加强顶层设计与科学研判。深入分析国内国际人才流动新形势、新变化，科学编制与高质量发展相适应、与重大战略相融合、与科技产业布局相衔接的人才发展规划，加强急需紧缺人才预研预判，优化人才结构和布局。聚焦重点领域，聚焦重大战略、重大工程、关键核心技术攻关和重点产业振兴等，加强精准调配、集中调配、团队式选调工作，提供高水准的人才支撑。

第六，党建创新为新质生产力的发展提供新的组织动能。严密的组织体系是党的优势所在、力量所在。各级党组织要履行党章赋予的各项职责，把党的路线方针政策和党中央决策部署贯彻落实好，把各领域广大群众组织凝聚好。要以党建引领新质生产力发展，把党的基层组织建设成新质生产力发展的坚强堡垒。新质生产力的发展对创新组织模式提出更高要求，近年来，不断涌现出新型创新组织架构，从创新初期的研发小组、攻关团队到创业集体，再到创新中后期的创新联盟、产业链、价值链、产业集群以及创新生态圈等各种形式。上述创新组织的资源调动模式和协调机制是多元化的，党组织在其中发挥了重要的政治协调功能。例如，在战略性新兴产业、未来产业和领域加强党的领导、强化组织保障，围绕产业链上下游之间的技术合作、利益分配、人才流动等进行密切对接，着眼“经济问题的政治解决”，提高生产力跃升效率，为新质生产力的发展提供组织动能。例如，把党组织共建活动建在产业链、价值链与创新链产业集群上，同心协力、同频共振，党建创新活动随着新质生产力的纵深发展而获得新的活力。

第四节　新质生产力核心要素的考核评价体系

新质生产力与一般生产力相比存在着独特性。从新质生产力的内涵出发，现阶段我国推进经济建设时需要重视高质量这一基本要求。例如，新质生产力的测度问题，人们通常用GDP或人均GDP来衡量生产力发展水平，但新质生产力关联着高质量发展与现代化产业体系的出现，在考虑这些新元素的基础上准确测度生产力就成为新课题。新质生产力与此前生产力（一般生产力）的关系问题。新质生产力不是凭空而来的，它以一般生产力为基础，同时又超越了一般生产力，由此准确理解这两者之间的关系——它们的联系与区别以及替代或促进作用就具有必要性。

习近平总书记在中共中央政治局就扎实推进高质量发展进行第十一次集体学习中全面阐述了新质生产力的定义，他指出：新质生产力是创新起主导作用，摆脱传统经济增长方式、生产力发展路径，具有高科技、高效能、高质量特征，符合新发展理念的先进生产力质态。它由技术革命性突破、生产要素创新性配置、产业深度转型升级而催生，以劳动者、劳动资料、劳动对象及其优化组合的跃升为基本内涵，以全要素生产率大幅提升为核心标志，特点是创新，关键在质优，本质是先进生产力。这一重要论述深刻指明了新质生产力的特征、基本内涵、核心标志、特点、关键、本质等基本理论问题，为准确把握新质生产力的标准提供了根本遵循。在一般情况下，要考虑的问题有：

新质生产力发展中的产业变迁规律问题，决定现代化产业体系的标准。新质生产力随着产业出现新形态，产业之间的交叉融合特征增强，与这种产业变迁相关联，人们需要思考此前的三次产业变动规律会发生哪些变化，工业化和服务业化的依次变动是否会出现逆转等新趋势。

新质生产力发展中生产、分配、交换、消费的关系问题，决定要素组合的标准。在现有研究中，人们通常将生产、分配、交换、消费等环节分开进行考察，但新质生产力关联着要素组合方式变革，其促使四个环节的同步性、交叉性显著增强，这为重新理解经济不同环节的关系提出了客观需要。

新质生产力发展中的就业和分配效应问题，决定企业的社会责任标准。新质生产力发展意味着要素供给、要素组合以及产业形态发生变动，这种变动对于微观主体而言意味着利益格局调整，其必然会对就业和分配格局产生影响，这意味着需要研究新质生产力对就业产生的是挤出效应还是挤入效应，对收入分配差距产生缩减功能还是扩大功能。

新质生产力发展中的生产力和生产关系作用，决定国资国企改革标准。生产力和生产关系之间存在互动关系，这在新质生产力发展中同样存在，由此出发，人们需要探究新质生产力如何导致生产关系变化，与新质生产力发展相契合的生产关系应有哪些具体特征，微观主体之间的所有制和分配制度会发生哪些变化等。

新质生产力发展中的政府、企业与市场关系，决定国企监管标准。新质生产力发展与政府作用紧密相关，与一般生产力发展相比，在新质生产力发展中，政府的作用领域、方式需要作出调整，据此就需要探究新质生产力需要政府、企业市场形成怎样的组合，新质生产力发展为重新思考政府—市场关系提供了哪些启示，我国社会主义市场经济体制在新质生产力发展中具有哪些独特性，等等。

总而言之，“新质生产力”这个概念的提出具有重要理论意义，它为国企变革提供了一系列值得探究的课题，研究这些课题为探索现代新国企提供了重要契机。

在历史性变革的关键时期，以新的生产力理论指导高质量发展，全面深化体制机制改革，加快形成和发展新质生产力，主要从两个方面展开：一是从横向上不断围绕形成新质生产力的核心要素指标进行优化。全方位提高劳动者素质，打造新型劳动者队伍；创造和应用更高技术含量的劳动资料，打造新质劳动工具；拓展更广范围的劳动对象；推动更高水平的生产要素组织；科学处理新质生产关系，建立与新质生产力发展要求相适应的生产关系；提高全要素生产率，客观、全面反映新质生产力。二是在纵向上不断围绕发展新质生产力的主要要素指标进行深化，完整、准确、全面贯彻新发展理念，以创新驱动带动整体发展，以创新力量勇攀科技高峰，不断实现高水平科技自立自强，以科技创新驱动产业创新，建立高质量的现代化产业体系，不断深化“四链”“四化”深度融合，不断提升企业的综合竞争力，优化完善新质生产力发展的机制体制及环境。我们要坚持系统观念，坚持以实体经济为根基，以科技创新为核心，以产业升级为方向，着力推动劳动者、劳动资料、劳动对象及其优化组合的跃升和质变，以中国式现代化全面推进高质量发展、强国建设和民族复兴。

探索新质生产力核心要素指标，要考虑生产力即具有劳动能力的人和劳动资料相结合而形成的改造自然的能力。新时代背景下，劳动者、劳动资料及其相对应的生产关系都在发生深刻变化。培育壮大新质生产力是一项长期任务和系统工程。新质生产力的本质是先进生产力。现在我们围绕国有企业形成新质生产力的核心要素指标进行分析。

第一，从新质劳动者队伍因素确定考核标准。社会生产力的发展，归根结底依赖于人的发展，因为人是社会的主体，是生产活动的承担者。人才是第一资源，创新驱动的实质是人才驱动。劳动者既是生产力的能动要素，也是最重要的要素，不同时代对劳动者的要求各不相同。在数字经济时代，数据是新的生产要素，是基础性资源和战略性资源，也是重要生产力。当数据成为劳动对象、算法成为劳动工具时，劳动者必然需要具备一定的数字素养，掌握一定的数字技能。能够操作、控制、维护数字技术和设备，成为新时代新质生产力劳动者的标配。打造新型劳动者队伍，主要包括两个方面：一是能够驱动科技创新、创造新质生产力的科技型人才。根据科技发展新趋势，优化高等学校学科设置、人才培养模式，坚持教育优先发展，着力造就拔尖创新人才，培养造就更多战略科学家、一流科技领军人才以及具有国际竞争力的青年科技人才后备军。二是能够与时俱进，熟练掌握新质劳动资料的应用型人才。针对新质生产力对应的新产业、新业态，培养一批能够熟练应用新质劳动资料的应用型人才。

第二，从新质生产工具因素确定考核标准。深入实施创新驱动发展战略，牢牢牵住自主创新这个“牛鼻子”，推动劳动资料迭代升级。充分发挥企业作为研发应用新型生产工具主力军的作用，加强创新要素集成和科技成果转化，构建龙头企业牵头、高校院所支撑、各创新主体相互协同的创新联合体，加快科技成果向现实生产力转化。促进数字经济和实体经济深度融合，纵深推进产业数字化转型，加强人工智能、大数据、物联网、工业互联网等数字技术融合应用，大力推广应用数字化、网络化、智能化生产工具，加快建设数字化车间和智能制造示范工厂。新时代背景下，劳动对象和劳动资料正在发生深刻变化，掌握和用好新型生产工具是发展新质生产力的重要环节，其中掌握关键核心技术是重中之重。制度层面，通过“揭榜挂帅”“赛马”等制度鼓励科技创新；持续实施“专精特新”计划，让企业真正成为创新主体；鼓励发展创业投资、股权投资，强化科技创新的资金支持。技术层面，要补短板、锻长板，重视通用技术。

第三，从新质劳动对象因素确定考核标准。随着高新科学技术的发展，人类劳动对象发生了极大的变化。网络化、智能化、数字化的劳动工具使劳动者的获取能力、计算能力、处理能力大大增强，同时也扩大了劳动对象的范围，使其不再局限于有形物质对象，信息、数据、知识等都成为新的劳动对象。随着科技创新的推进，人工智能、生物技术等领域的发展，劳动对象的范围和领域不断扩大。数据等新型劳动对象在各行各业中广泛渗透，“浩瀚的数据海洋就如同工业社会的石油资源”，当数据被有效收集、整理、分析、挖掘和处理后，可释放出巨大的生产力效能。拓展劳动对象种类形态，夯实发展新质生产力的物质基础。以培育壮大战略性新兴产业和未来产业为重点，拓展劳动对象的种类和形态，能够不断开辟生产活动的新领域、新赛道，夯实发展新质生产力的物质基础。

第四，从新质生产关系因素确定考核标准。新质生产力需要新的生产关系与之相匹配，这是国企改革的任务。一是形成适应新质生产力发展要求的新型生产关系，充分发挥市场在资源配置中的决定性作用，保障优质生产要素顺畅流通，健全要素参与收入分配机制，给予知识、技术、人才等要素更多回报。二是处理好新质生产力诸要素之间的关系。发挥科技创新的支撑引领作用，多管齐下，培育新型劳动者、创造新型生产工具、拓展新的劳动对象，促进新质生产力诸要素实现高效协同匹配。三是处理好自主创新和开放创新之间的关系。坚持自主创新与开放创新协同共进，在开放环境下大力推进自主创新，用好全球创新资源，扩大高水平对外开放。四是健全要素参与收入分配机制，营造鼓励创新、宽容失败的良好氛围，激发劳动、知识、技术、管理、资本和数据等生产要素活力，更好体现知识、技术、人才的市场价值。

第五，从全要素生产率提升的因素确定考核标准。全要素生产率增长率是指全部生产要素。全要素生产率增长率只能用来衡量除去所有有形生产要素以外的纯技术进步的生产率的增长。全要素生产率是用来衡量生产效率的指标。新质生产力以全要素生产率提升为核心标志。全要素生产率反映了资源配置状况、生产手段的技术水平、生产对象的变化、生产的组织管理水平、劳动者对生产经营活动的积极性，以及经济制度与各种社会因素对生产活动的影响程度，其主要依托技术进步和生产要素重新组合两种途径实现，这与新质生产力的内涵要义基本一致。即新质生产力强调由技术革命性突破、生产要素创新性配置和产业深度转型升级驱动，其结果直接表现为全要素生产率的提升。加快形成和发展新质生产力，即能助推全要素生产率的提升。

在这方面，国务院国资委对中央企业发展新能源汽车考核标准的改变从而推动新能源汽车加快步伐是一个成功的案例。在3家中央企业新能源汽车发展还不够快，产品竞争力、市场占有率、前瞻性、引领性、技术创新等方面急需加力加速时，聚焦不敢投、不愿投等后顾之忧，把新能源汽车作为中央企业增强核心功能的重要内容，对3家整车央企新能源汽车业务单独进行考核，充分考虑新能源汽车战略投入期的经营性亏损。聚焦激励不足、活力不够等问题，强化市场化改革、正向激励，支持企业用好职业经理人、经理层任期制和契约化等市场化方式，使得3家中央汽车企业2023年完成新能源汽车直接投资近360亿元，投资比重超过60%，开发了HME平台、CHN平台、量子架构等电动化整车平台框架，2023年发布了18款自主新能源汽车车型，在市场拓展方面构建差别定位、特色鲜明的品牌矩阵，打造了红旗新能源、岚图、猛士、阿维塔、深蓝等一批自主新能源汽车品牌。新能源汽车市场占有率较2023年底提升5.4个百分点。2024年前两个月，中央企业实现新能源汽车销量22.1万辆，同比增长114.5%。

各省国资委也根据高质量发展的标准，对考核标准进行调整。2023年，结合建设世界一流企业目标，山东在“一利五率”指标体系基础上将省属企业的目标进一步调整为“两高一稳五提升”，即营业收入、利润总额增速要高于全省国民经济增速；资产负债率稳中有降；持续提升营业收入利润率、净资产收益率、研发经费投入强度、全员劳动生产率、营业现金比率。“两高一稳五提升”，既强调国有企业在规模实力和质量效益上要始终保持主导地位，又强化了对国有资产保值增值、提升核心竞争力方面的要求，相比原有指标更加科学合理，可有力牵引省属企业行稳致远、进而有为。山东能源集团对照新的指标体系，进一步细化实化年度经营目标，统筹效益效率、治理效能、可持续发展等多个维度进行顶层规划、开展经营管理，企业质量效益明显提升，带动实现降本增收创效313亿元，完成营业收入8520亿元，同比增长2.94%。

第五节　人才培养、引进、使用、合理流动的机制

习近平总书记在中共中央政治局第十一次集体学习时强调，要按照发展新质生产力要求，畅通教育、科技、人才的良性循环，完善人才培养、引进、使用、合理流动的工作机制。要根据科技发展新趋势，优化高等学校学科设置、人才培养模式，为发展新质生产力、推动高质量发展培养急需人才。要健全要素参与收入分配机制，激发劳动、知识、技术、管理、资本和数据等生产要素活力，更好体现知识、技术、人才的市场价值，营造鼓励创新、宽容失败的良好氛围。

这是习近平总书记对发展新质生产力的要求。从这段话中，可以发现对人才的要求是分两个层面实施的。第一个层面是人才的产生，第二个层面是人才的使用。

新质生产力的核心在于创新，而人才是这一核心的基石。人才不仅是创新的源泉，也是技术实施和制度创新的关键推动力。在新质生产力的发展中，人才扮演着发起者、实践者和变革者的角色，是推动生产力进步的核心要素。为了发展新质生产力，必须明确人才的重要性，认识到人才的价值。在2024年两会部长通道会议上，张玉卓提出“培育发展新质生产力”，要加速人才集聚，为培育发展新质生产力提供基础性、战略性支撑。

这里，我们要理解什么是新质生产力的人才。新质生产力创新的三个阶段产生三种人才。

第一阶段是“0~1阶段”，从无到有的阶段。由于创新的探索特征极为显著，研发投入风险高，成果溢出效应强，这是独创式的阶段。这个阶段是世界上本来没有的，是你一个人提出来的，是别人提不出来的。0~1的阶段明显地具有颠覆式的、破坏性的、冒险式的特征。这个阶段需要的人才，是发现式的人才、颠覆式的人才、突破式的人才，敢于走前人没有走过的路。

第二阶段是“1~10阶段”，是转化创新环节。创新已有部分基础条件，且创新带来的成果溢出效应变小，这时候需要的是仿制、跟踪、追赶，以及在这个基础上的创造。第一阶段是“大规模试错”的阶段，是“九死一生”的阶段，第二阶段是十有九难，但是没有致命性的风险，没有大规模试错的可能。

第三阶段是“10~10亿的阶段”，是应用或扩展创新环节。创新的前提条件较为成熟，大家照着这条路走，不需要更多的创新。如果创新在工作方式上，包括上班的时间上，投料的前后上，稍微有点小创新、小发明，属于枝枝叶叶的东西。但是这一阶段基本上是稳定的、保守的、趋同的阶段。

从这里可以发现一个问题，中国研究新质生产力的人才，一流的人才，从0~1突破的人才太少了。

以上讲的是核心人才。新质生产需要三种人，一种是科学技术的领导的科研者，一种是“0~1”的管理者，一种是“0~1”的理论家。只有敢于突破那些前人规定的旧的条条框框，从那里走出来，才可能有所发现，有所创造，有所突破。

教育的产出是人才，人才的产出是科技创新成果。我国国有企业采取多种措施来培养、吸引、保留和有效利用人才，为发展提供坚实的人才支持。这里面最典型的案例有四个。

第一个是以工程机械为代表的市场，我们开始从引进技术，合资摸索，到自己研发，再到收购工程机械企业，我们慢慢发现自己已经成为世界工程机械的研发制造中心，这里面最典型的企业代表是三一重工、中联重科、中国铁建……而产品涉及工程领域的各个方面，其中的代表就是混凝土泵、塔吊和隧道钻探设备。

第二个是以动车和高铁为代表的交通运输装备，这方面当年我们受了不少白眼和刁难。我们坚持兼容并蓄，自主开发，建立了强大的高铁产业，现在不仅满足了自己的需要，还积极出口国外，得到了国外客户的认可。

第三个是以核电为代表的高科学技术，过去我们是求着跟别人合作，忍辱负重多年，现在我们的核电技术世界领先，打进了欧洲市场，还出口到了世界各国。

第四个是以华为为代表的电子产品技术，这里面包括系统操作、算力技术、5G/6G技术和芯片技术，当然还有存储技术和大数据技术。而目前我们迎头赶上的还有AI技术、机器人技术等。

最有意思的还有我们的航天事业，看看我们的队伍，是一排排年轻的科技人才聚在一起，这样的事业不兴旺都不行。

而这一切除了机制平台的建设外，很大原因就是我们聚集了一大批优秀的科技人才，培养了一大批高精尖科技人才。不断涌现高科技领路人才是我们重大领域大发展的根本原因。

新质生产力的持续发展将促进人力资源提质。我国科技人才总量规模宏大，但结构性人才方面存在短板，急需一批创新能力强，具有前瞻性、引领性的科技人才队伍。要系统分析我国各方面人才发展趋势及缺口状况，根据科学技术发展态势，聚焦国家重大战略需求，动态调整优化高等教育学科设置，聚焦国家战略需求培养急需紧缺人才，提升教育对高质量发展的支撑力、贡献力。应充分发挥人才创新创造活力，加大高新技术领域专业人才培养。教育引导广大科技工作者坚定自信，潜心研究，建立人力资源多维创新的激励机制，努力产出更多有价值的原创性成果。

未来产业由前沿技术驱动，当前处于孕育萌发阶段或产业化初期，是可能发展成战略性新兴产业的产业。未来产业对人才的需求具有一定的特殊性，急需三类关键人才。

首先，由于未来产业具有战略性和引领性，是科技和产业前沿探索的“无人区”，需在资源要素有限的条件下对发展方向作出选择，必须有一批具有远见卓识、前瞻视野、冒险精神的战略科学家对未来产业发展方向进行前瞻引领。

其次，由于未来产业具有颠覆性，从颠覆性创新的思想萌发到技术实现，往往需要独辟蹊径，必须有一批有过硬理论基础和严谨科学精神、有能力改变科学和技术范式、能够引领科学和技术革命的顶尖技术人才对未来产业前沿技术进行创新突破。

最后，由于未来产业具有不确定性，产业发展受技术研发、资本投入、市场需求、政策环境等多方影响，有显著的长周期、高风险特征，必须有一批敢闯敢试、开拓进取、勇于承担风险的领军企业家对未来产业典型场景进行培育创造。

按照习近平总书记要求的完善人才培养、引进、使用、合理流动的工作机制，我们需要加倍努力。

完善人才工作机制，形成发展新质生产力的倍增效应。要加快发展新质生产力，就要把教育、科技、人才有机结合起来，一体统筹推进，畅通教育、科技、人才的良性循环，完善人才培养、引进、使用、合理流动的工作机制，倍增放大人才支撑作用。要将人才配置到合适的岗位，支持其在重大科研攻关项目中担重任，拓展成长空间和职业发展通道，让人才各得其所、各展其长，助力开辟新领域、新赛道，催生新产品、新服务、新模式、新业态。

完善机制加强人才培养引进，形成发展新质生产力的捷径。要坚定走好人才自主培养之路，根据科技发展新趋势，优化高等学校学科设置、人才培养模式，努力营造有利于创新人才成长的育人环境，不断提高人才供给自主可控能力。强调人才自主培养，绝不意味着自我隔绝。要扩大人才对外开放，围绕未来一段时期科技攻关任务和解决关键核心技术“卡脖子”问题，大力引进国际一流科技领军人才和创新团队，让有志于来华发展的外国人才引得进、待得住、用得好、流得动，使更多全球智慧资源、创新要素为我国所用。注重人才深度融合，特别是国际交流与合作，推动人才培养与产业需求无缝对接，促进科技成果的转化和应用。实施包容性的人才引进政策，吸引全球优秀人才来华发展，并确保他们能够在中国安居乐业、充分发挥才能。

优化人才培养模式，为发展新质生产力、推动高质量发展培养急需人才。高校人才培养体系建设应与发展新质生产力需求紧密联系，对接新能源、新材料、先进制造、电子信息等战略性新兴产业和未来产业发展的需要，优化学科设置，强化前瞻性学科发展，布局数字经济、绿色科技、人工智能等新领域、新赛道，提高人才培养与新质生产力发展需求的匹配度。这就要求做好相关学科调整优化顶层设计，将数字经济、人工智能研究与人才培养更好地结合起来，以良好的机制锻造新型劳动者队伍，以新型人才链激活创新链、产业链、资金链。

国有企业自身的教育培训机制是人才培训的重要方面。要发挥职业教育在培养新质劳动力中的枝干作用。职业教育担负着培养新质劳动力的重任。要大力提升职业教育质量，面向产业核心技术发展，加强面向现代产业体系的工程教育和面向基础研究的科学教育，加强科教融汇、产教融合，打造问题导向、能力导向的实践创新教育体系，培养具有工匠精神的专业技术人才。主动适应数字经济发展需求，大力发展数字教育，造就新时代的数字工匠。山西焦煤集团霍州煤电公司聚焦“培训转型”这一工作主线，以数字技术驱动教学模式转变，充分运用互联网+、云计算，探索云讲解方式，推动形成了校内校外互补、线上线下相融合的培训模式。将新质生产力相关的技术和实操训练纳入培训课程，将110工法、五环操作法、绿色低碳、智慧矿井建设等相关知识融入课堂，导入训战，通过技能大师示范讲、学员一对一现场实操、组织小组讨论等方式，打通了成果转换“最后一公里”，收到很好的培训效果。

国家电网2023年实施人才培养“三大工程”取得了丰硕的成果，新增国家级人才33名、省部级人才400名，联合培养工程硕博士232人，遴选首席和特级技师143人，储备培养特高压直流运检人才1904人。尤其针对高层次人才缺口问题，各省网公司均提出针对性解决方案，如甘肃电力的“大培训”体系、湖北的“三级两类”创新人才体系、辽宁的“1616”金字塔形人才梯队等。

南方电网则在计划科技领军人才、青年科技人才研修班、高层次技能专家上下足功夫，提前进行了专题培训项目的策划。明确将围绕科技创新、数字化转型、战新产业等领域进行专门的干部储备作为年轻干部选拔培养质量的重点方向。人力资源部门建立“项目+潜力+胜任力”的个性化科学评价体系，采用“一人一策”精准赋能，倾斜资源重点突破，缩短成长周期。

国家能源集团强调“优秀专家、大国工匠和青年人才”三支队伍的重要性和紧迫性，坚持“大学习、大培训、大发展”理念，创新构建政治坚定、理念先进、体系完备、逻辑清晰、特色鲜明、成效突出的“赋能大培训体系”。

强化人才使用，蓄积新质生产力发展动力。用好各类人才，是蓄积新质生产力发展势能的关键举措。有相当大比重的优秀人才分布在各级各类事业单位和国有企业中，其人事人才管理制度虽经历多次改革，仍存在激励不足等情况。对待高层次和急需紧缺的特殊人才，要坚决落实习近平总书记提出的“不要求全责备，不要论资排辈，不要都用一把尺子衡量”的原则，以实绩、能力论才干，让有真才实学的人才有用武之地；不拘一格用人才，建立以信任为基础的人才使用机制，推动科研院所等科研人员创新创业，完善科研任务“揭榜挂帅”“赛马”制度，实行目标导向的“军令状”制度，让科技领军人才勇探科学无尽的前沿。

健全要素参与收入分配机制，激发发展新质生产力的动力、活力。健全要素参与收入分配机制，突出业绩和贡献导向，坚持多劳多得、少劳少得，加强知识产权保护和运用，推动企业薪酬制度改革，统筹应用股权激励、分红激励、骨干员工持股等政策，明确劳动、知识、技术、管理、资本和数据等生产要素的产权归属，建立公平、公正和可持续的收入分配制度，充分体现人才价值，让人才“名利双收”。进一步优化科技成果转化生态，鼓励人才多出成果、出好成果，推动科技成果以最快速度转化应用于企业，让更多研究成果走出实验室，转化为新质生产力。营造鼓励创新、宽容失败的良好氛围，让人才大胆试、大胆闯、自主改，在试错中发展和掌握前沿技术、颠覆性技术，对一些研发周期长的技术创新保持战略耐心，推动持续创新，实现更多“从0到1”的突破。

强化人才合理流动，提升新质生产力发展效能。国企人才流动目前仍然存在“难流动”和“乱流动”现象。应打破人才流动的体制界限，健全市场化的人才流动机制，畅通人才流动渠道，促进人才在不同地区、不同行业、体制内外单位顺畅流动，推动人力资源在更大范围的优化配置；建立完善国有企业人才流动宏观调控机制，适时调整相关政策法规，引导鼓励人才向艰苦边远地区和基层一线流动；创新人才流动服务体系，发展高端人才猎头等专业化服务机构，为人才流动配置提供精准化、专业化服务，提高人才引进效率；提升人才服务水平，深入了解人才实际需要，帮助解决住房落户、医疗保健、子女教育、配偶安置等急难愁盼问题，让各类人才舒心生活、安心工作、专心发展。

中国石油东方地球物理勘探有限公司研究院是以地震数据处理解释、地质综合研究、油藏评价、信息技术开发为主营业务的石油地球物理研究院所，在国内外建有29个研究机构。建立校企合作人才培养引进模式，搭建校企合作“连心桥”，开展“订单”式合作，先后与浙江大学、中国石油大学（北京）等9所高校建立研究生联合培养基地、协同创新平台、国际留学生联合培养基地，3年来，共进站联合培养博士、硕士50人，外籍博士4人，其中联合培养的外籍博士Gunay以优秀项目研究成果又成功开拓了5个开发评价项目，被推荐参评科技部“外国青年人才计划”。构建青年科技人才使用机制。刚性选拔配备35岁以下优秀青年科技人才作为科研生产部门负责人，实行岗位竞聘制和3年任期制，实现人才能上能下动态管理。3年来，35岁以下新聘的科研生产部门负责人占比42%，22人成长为二级干部或一级、二级工程师。

山东黄金集团充分发挥在站博士后的“内智”作用，加强博士后与集团科研技术人员的交流，开展“博士后大讲堂”进行知识分享。期间，举行“蠕变—爆破振动影响下竖井围岩长期稳定性研究”知识讲座，“海底金矿围岩稳定性在线监测系统建设及预警技术”专题讲座，“西南翼破碎岩体安全开采综合技术研究”专题讲座，每一项讲座都涉及井下开采的前沿技术，内容丰富。

第六节 在新质生产力发展中实现国企的深层变革

发展新质生产力，推进高质量发展，实现中华民族伟大复兴是一场伟大的历史变革。这场变革必将使得这场改革的生力军——国有企业发生深刻的变革。

国有企业的性质、功能与地位决定了国有企业提升新质生产力、实现高质量发展的应然性。党中央高度重视国有企业，寄予国有企业深切厚望。国有企业不仅是科技创新的重要力量，更是连接国家发展战略与科技发展进步的桥梁。新时代国有企业管理者、科研者与操作者是新型思维模式的实践者。要以发展新质生产力为支撑点，打破传统思维定式，在准确识变、科学应变、主动求变的过程中提升思想观念，瞄准核心技术攻关，发挥自身潜能，构建符合新质生产力发展的国企理论体系、创造符合新质生产力发展的应用场域，不断推动新质生产力向宏观领域加速延伸与微观领域深入拓展，切实走出一条高水平、高效率、高质量的国企创新之路。

高创新性意味着新质生产力形成的探索性、开拓性，由此造成的极高风险和不确定性使私营企业在面对创新活动时，容易因市场失灵而导致创新供给不足。相比之下，国有企业不仅拥有丰富的创新资源和强大的资金实力，更强调长期定位与战略性创新布局，使其能够作为国家创新政策的执行者引领高水平科技自立自强。从企业高质量发展的约束条件来看，国有企业由于历史成因、现实制约和特殊性质，相对一般性企业高质量发展具有更多重的制约因素，突出表现为更强的路径依赖、制度依赖和社会依赖。第二次工业革命在重工业方面形成的优势恰恰成了发展第三次、第四次工业革命的劣势。国有企业必然要进行自身变革，才能适应这场伟大变革。

国有企业形成新质生产力、实现高质量发展的关键因素是核心竞争力。形成新质生产力、高质量发展的企业，是在全球或国内业界具有持久竞争优势的企业。形成新质生产力、高质量发展的企业不一定就是规模大的企业，但一定是具有一流的核心竞争力、一流的产品和服务、一流的技术、一流的管理、一流的绩效、一流的社会责任、一流的声誉与无形资产的企业。国有企业提升新质生产力、实现高质量发展的关键是要提升国有企业的核心竞争力。这在理念和实践上具有合理性，在逻辑和思路上具有自洽性，是与深化国有企业改革高度契合的前瞻性发展思想和发展范式。无论是哪类国有企业，其围绕新质生产力，提升核心竞争力的路径是相近的，其自身面临的冲击与变革，也是必然的。

以思想变革为指导，为推进新质生产力积厚理论基础。习近平总书记提出了“新质生产力”这一新的重要概念，全面、系统地阐释了新质生产力的重要概念和基本内涵，指出了生产力跃迁发展的路径和方式，为我国企业发展、产业升级和新的国企范式形成指明了方向，提出了新的要求。新质生产力是新时代理论创新与实践创新良性互动的结果。针对“新质生产力新在何处”“为什么要培育新质生产力”“如何培育新质生产力”“国有企业怎样发展新质生产力”等一系列理论和实践问题，我们必须坚持以习近平新时代中国特色社会主义思想的世界观和方法论为根本遵循，立足于全面建设社会主义现代化国家、全面推进中华民族伟大复兴的生动实践，充分运用中国式现代化的新理念、新成果和新经验，进行深入探索并作出系统回答——既要全面厘清新质生产力的科学内涵和价值意蕴，也要准确把握新质生产力形成和发展的逻辑理路、内在规律，更要深入探讨加快培育新质生产力的国企路径和国企方案，认真学习领悟习近平总书记的新质生产力学说，以有力有效的理论创新为发展新质生产力提供正确的方向引领。

以理念变革为前提，为发展新质生产力确立灵魂。每一次重大成果的颠覆性创新与重大理论的革命性突破都活跃着企业的身影。推动新质生产力发展，当代国企人要解放思想、推陈出新，以全局性与创新性兼具的开放式新思维大胆创新、努力创新。高质量发展要求国有企业坚决摒弃片面追求经济增长，忽视环境保护和环境容量；片面追求量的增加，忽视结构改善；片面追求经济增长，忽视文化、社会、生态发展；片面追求资本投入，忽视人力资本投入、科技进步等不合时宜的做法，要真正实现经济效益、社会效益、生态效益的统一。发展新质生产力，必须践行“创新、协调、绿色、开放、共享”的新发展理念。创新是引领发展的第一动力，抓创新就是抓发展，谋创新就是谋未来，只有把创新发展置于新发展理念的基础与核心之上，以创新为核心、为动力、为先导，才能真正实现协调、绿色、开放、共享发展，才能实现新旧动能转换，才能更好地形成并发展新质生产力。

以学习变革为先行，为发展新质生产力提供知识基础。新时代国有企业对新知识、新领域的探索以及可自主利用的资源都远远超越从前。在知识更新迭代加速、社会分工日益精细化的时代，面对不断涌现的新技术、新模式、新业态，新时代国有企业拥有了施展才能与竞展智慧的崭新际遇与机缘，这就要求我们长久保持学习的紧迫感，不断提升个人的内在素质，努力钻研科学知识与掌握专业技能，力求时刻处在科技创新的上游。围绕数字价值链包含的数据生成、数据采集、数据存储、数据分析和数据应用等数据增值环节，衍生数据设备制造、数据服务、数据产品和数据应用等战略性新兴数字业态，加快构建数字价值链是推进数字经济和实体经济深度融合的关键环节。新时代国有企业队伍尤其是国企青年要以高水平的强大认知力与高质量的核心创造力冲破科技创新道路上的障碍，为推动新质生产力发展灌注源头活水，将科技创新的成果及时应用至具体产业和产业链上。

以教育变革为条件，发展新质生产力夯实人才基础。劳动力是生产力的最基本、最活跃要素，在数字经济时代，加快培育一支高层次、高质量的数智化人才队伍，是形成新质生产力的基本条件和重要支撑。一是加强数字经济、人工智能学科建设，做好相关学科调整优化顶层设计，将数字经济、人工智能研究与人才培养更好结合起来。二是加大对高端数智化人才的引进力度，重点引进大数据分析、机器学习、类脑智能计算等国际著名研究团队和高水平研究专家，并鼓励企业、科研机构依托项目合作、技术顾问等形式引进数智化人才。三是以产业需求为导向，推进高校学科交叉融合发展，建立和完善适应数智化发展要求的学习和技能培训体系，围绕数智化产业发展培养一批既掌握数智化技术，又了解现实产业运作的复合型人才，形成产学研深度融合、完整连续的数智化人才培养新体系。

以科技变革为动力，为发展新质生产力注入强劲动能。在新一轮科技革命和产业变革条件下发展新质生产力，从根本上取决于科技创新能力，特别是关键核心技术的创新突破能力。首先，增强关键技术创新能力。瞄准大数据、人工智能、区块链、传感器、量子信息、网络通信、集成电路、关键软件、新材料等战略性、前瞻性领域，进行创新突破，提高数字技术基础研发能力。其次，依托我国超大规模市场优势，推进数字技术与各领域的深度融合，建立以科技创新企业为主导，产业链、创新链、资金链、人才链深度融合的数智化技术创新联合体，推动行业企业、平台企业和数字技术服务企业进行跨界融合创新。再次，进一步完善创新成果快速转化机制，加快实现创新技术的工程化、产业化、市场化。最后，积极发展新型研发机构，打造高校与企业创新联合体等新型创新主体，构建多元化主体参与、网络化协同研发、市场化运作管理的新型创新生态体系。尤其是要推动绿色低碳技术与数字化、智能化技术相结合，为加快形成新质生产力注入源源不断的强大动力。

以产业变革为关键，为发展新质生产力拓展实现路径。当前，国有企业加快发展新质生产力必须把落脚点和突破口放在产业创新上，推动科技第一生产力、人才第一资源、创新第一动力集中融汇，推动创新链、人才链、资金链、供应链、价值链与产业链有机融通，推动数字经济和实体经济深度融合，在以新理念、新要素、新技术、新机制带动传统产业转型升级、促进整体产业结构优化升级的基础上，重点打造新能源、新材料、先进制造、高端装备、电子信息、人工智能、绿色环保、生物制造、商业航天、低空经济等战略性新兴产业，积极开辟元宇宙、量子信息、脑机接口、生命科学、人形机器人、未来网络、新型储能等未来产业新赛道，加快发展智能经济、数字经济、绿色经济、健康经济、太空经济等新业态、新模式，真正实现科技创新引领产业升级，探索培育一批具有竞争力和创造力的经济增长新引擎。

以布局变革为抓手，为发展新质生产力提供产业基础。新产业是加快形成自主可控、安全可靠、竞争力强的现代化产业体系基石，国有企业作为建设现代化产业体系的主力军，必须抢占创新制高点，围绕新一代信息技术、人工智能、生物技术、高端装备、绿色环保等领域进行“靶向创新”，完善和健全新型国有企业创新体制，破除一切制约科技创新的思想障碍，最大限度解放和激发科技作为国有企业第一生产力所蕴藏的巨大潜能，把科技创新自主权牢牢掌握在自己手中，力争尽早在重要创新规划、计划、政策和标准的研究制定，并制定符合国有企业实际的“靶向创新”路线图、施工图和时间表。围绕重点产业链深入推进“强链补链稳链”，发挥“链主”企业带动作用，强化产业链上下游、大中小企业协同攻关，促进全产业链发展。调整优化产业链布局，加快建设一批世界级先进制造业集群，进一步提升战略性矿产资源供应保障能力，加强产业链关键环节产能储备和备份。完善产业安全发展环境，开展重点领域产业竞争力调查和产业安全评估，建立健全产业救济机制和政策体系。

以改革创新为动力，为发展新质生产力提供创新生态。新质生产力必然推动形成新质的国有经济形态，同样地，国资国企改革也有一种新质态。一个可持续、可循环的创新生态是国有企业整合内外部创新资源，激发各类创新主体活力，形成更高创新水平的必要条件。一方面，国有企业要做好“加法”，从能放、能管、管好角度出发，建立国有企业创新权益保障、成果保护、收益分配等机制，健全和完善国有企业科技创新项目市场导向型和任务导向型“双轨评价”制度，为国有企业加快建立以价值、能力、贡献为导向的创新体系奠基。另一方面，国有企业要做好“减法”，完善机构设置，转变工作作风，从抓战略、抓改革、抓规划、抓服务入手，提升能力，减少直接干预，重点强化对规划的引导，给予企业创新主体更多自主权，赋予更大技术路线决定权、经费使用权，让参与创新的人员从烦琐、不必要的机制束缚中解放出来，一门心思搞研究、做创新。

以方法创新为保障，从实际出发谋划新质生产力事业。要深刻理解习近平总书记在江苏代表团讲话时的科学方法论。坚持新质生产力发展要从实际出发，不要从愿望出发；要先立后破，不要先破后立；要重视新旧并进，不要放弃传统产业；要扎实推进，不要泡沫化；要因地制宜，不要一哄而起；要分类指导，不要搞一种模式；要根据条件实施，不要违背条件。因为各地资源禀赋不一，产业基础差异，发展新质生产力注定不能套用同一个模式，必须立足实际，因地制宜，采取务实、灵活、创新的工作方法，根据实际情况和具体问题，因地制宜地采取相应的措施和方法，以达到最佳的效果和效益。

新时代国有企业面临历史上又一次伟大变革。伟大的变革当有伟大变革时代的精神。新时代国有企业是引领社会发展的中坚力量，是最具活力与最富创造性的群体，拥有着千载难逢历史机遇的同时,也面临着比以往更为严峻的挑战。人类与中国的四次工业革命，都是从企业开始的，企业是主战场、是策源地，也是重大变革的实验场地。国企兴则国家兴，国企强则国家强。国有企业要将精神上的强劲力量转化为现实动力，进而推进社会发展。马克思、恩格斯指出：“思想本身根本不能实现什么东西。思想要得到实现，就要有使用实践力量的人。”精神从根本上是引领人积极向上、奋起拼搏的强劲力量，发展新质生产力关键在于要将这样一种精神上的强劲力量转化为现实动力，进而推进社会发展。新时代是造就国有企业的黄金时代，新一代国企人拥有比从前更为充足的资源条件，享受着更为广阔的机遇空间，成为“全面建设社会主义现代化国家的基础性、战略性支撑”。面对日益复杂的国际形势变化与愈加激烈的国际竞争趋势，新时代国企人要以深厚的家国情怀为内生动力增强信心与底气，坚定理想信念，为祖国与人民肩负起时代赋予的伟大使命接续奋斗。国有企业作为推动新质生产力发展的行动主体，要走在科技发展前列，投身科技创新大潮，持续向上攀升、开拓深耕，以更加艰巨的付出、更加艰苦的努力、更加充分的底气与更加坚定的自信为发展新质生产力注入源源不竭的源头活水，在发展新质生产力历史进程中实现国有企业自身的伟大变革，为中华民族伟大复兴贡献国企力量，作出国企贡献。

后　记

党的二十届三中全会要求“健全因地制宜发展新质生产力体制机制”，并作出全面部署。这为我们提高思想认识，强化制度保障，全面贯彻落实，指明了方向，提供了遵循。本书定位为新质生产力的国企学习读本。

新质生产力这个提法出现后，舆论界呈现“忽如一夜春风来，千树万树梨花开”的势态。2023年9月，习近平总书记在黑龙江考察时提出新质生产力的概念，此后讨论便很快展开了。我先是在国资管理年会上演讲，接着在中国现代化40人论坛上做了解读，然后在多家央企讲授国企改革与新质生产力课程。我把这些发言写出来在报纸刊物发表。2024年1月31日，习近平总书记在中共中央政治局学习会议上，就新质生产力发表重要讲话，提出了完整的理论体系。显然，这是发展新质生产力的理论纲领与工作总思路。中央主要领导同志关于国有企业的讲话与重要会议召开，我都是第一时间研究、解读并发出声音，这个习惯已经坚持十多年。党的十八大、十八届三中全会、十九大、二十大，我都从国企角度进行解读，出版了图书并形成国企语系。我素有“国仇未报壮士老，匣中宝剑夜有声”的感叹，有“闻战必喜、我战必胜”的气概。正在思考建立新质生产力国企语系时，中国经济出版社向我约稿。于是，我提出了写国企新质生产力的想法，当夜拿出写作提纲。在春节前一天，中国经济出版社经研究同意这个选题，这对我是极大的鼓励。于是，整个春节期间我都在学习研究新质生产力。

国有企业是发展新质生产力的重要力量。但当时还没有专门从国企角度研究新质生产力的书籍，相关文章也很少。我觉得传播有的时候比研究更为重要。国有企业需要对它们的现实实践有指导作用的书。心中有种军情如火的感觉，不能自安，于是我便日夜兼程地写了起来。有时候晚上12点入睡，凌晨3点便又起来继续写作。

春节期间，除了与家人吃过几次饭，我一直坐在写字桌前。沙发床就放在写字桌旁，一天写作16小时，累了上床，醒了上桌。最多的一天写作长达20小时。这阶段，除学习马克思的生产力理论外，也翻看《第三次工业革命》《第四次工业革命》，重要的是把习近平总书记1月31日的讲话放在电脑桌面的一个文件夹里，每写一节，便调出来看一遍，领悟真谛，以期这本书能成为学习领悟习近平新质生产力重要论述的国企学习读本，因为一开始有这种定位，写作便也顺畅了。后来，两会召开，习近平总书记在几个代表团发表讲话，会后习近平总书记到湖南考察对新质生产力实施作出重要指示，直到党的二十届三中全会召开，一路跟踪，一路解读，成果都收在这本书中。

这本书在春节期间写完了初稿的前半部分。写得艰难的是后面五章。前面偏重理论，重点讲“是什么”“为什么”的问题，后面五章重点讲“做什么”“怎么做”的问题。到后面越写越难，有关国有企业怎么贯彻落实的问题，有些规律靠自己提炼、归纳与总结，有些地方是绕不过去的，犹如攻坚，说别人没有说过的话，就得费心琢磨了。写作期间，学用结合，急用先学，好在许多内容是平时研究过的，便也不算难。我向来要求自己的研究能抓住要害，说得通、讲得透，对实际工作有用。

因为时间关系，本书肯定有需要推敲的地方，国有企业在这方面很多好的案例也未能用上，疏漏之处还望大家批评指正。且把它当作引玉之砖，为的是引起更多的人来研究新质生产力与国有企业。

这个读本，是国有企业学习新质生产力的入门书，期待对国有企业贯彻落实党的二十届三中全会精神、加快国有企业的改革发展，起到传播知识、理解规律、开启思路的作用。

在此，感谢中国经济出版社领导的信任和支持，他们当即决定出版，是我写好本书的强大动力。

李锦

2024年2月18日初稿于九间棚村

8月5日改定于北京